R. J. Müller
… ich höre – nicht alles!

Heidelberger Sonderpädagogische Schriften
Band 21

Herausgeber
Ministerialrat Dr. W. Katein
Prof. H. Kratzmeier, Dipl.-Psych.

René Jacob Müller

... ich höre – nicht alles!

Hörgeschädigte Mädchen und Jungen
in Regelschulen

Edition Schindele

Die Deutsche Bibliothek – CIP-Einheitsaufnahme

Müller, René Jacob:
... ich höre – nicht alles! Hörgeschädigte Mädchen und Jungen in
Regelschulen / René Jacob Müller. – Heidelberg: Ed. Schindele, 1994
(Heidelberger sonderpädagogische Schriften; Bd. 21)
Zugl.: Berlin, Techn. Univ., Diss., 1993
ISBN 3-89149-202-2
NE: GT

Alle Rechte vorbehalten · Printed in Germany
© 1994
Universitätsverlag C. Winter Heidelberg GmbH – Edition Schindele
Fotomechanische Wiedergabe, auch von Teilen des Buches,
nur mit ausdrücklicher Genehmigung durch den Verlag.
Druck: Strauss Offsetdruck GmbH, 69505 Mörlenbach

INHALTSVERZEICHNIS

	Einleitung..9
1.	Von den Wurzeln der Hörgeschädigtenpädagogik bis zur Gegenwart..13
1.1	Peter kann nichts hören? ... das glaub' ich ja nicht!................13
1.2	Peter ist kein Einzelfall: Viele Mädchen und Jungen, die nicht alles hören, sind in Regelklassen..........................15
1.3	Sind hörgeschädigte Mädchen und Jungen besondere Kinder?..16
1.3.1	Definition und Messung des Hörvermögens.........................16
1.3.2	Hörschädigung oder Hörbehinderung?..................................19
1.4	Die Entwicklung des Bildungswesens für Hörgeschädigte im deutschsprachigen Raum.........................23
1.4.1	Epoche I Sporadische Einzelförderungen..........................25
1.4.2	Epoche II Erste Taubstummenanstalten..............................25
1.4.3	Epoche III Verallgemeinerungsbewegung............................27
1.4.4	Epoche IV Hörgeschädigtenschulen und methodische Weiterentwicklung..............................27
1.4.5	Epoche V Die Integrationsbewegung der letzten 30 Jahre..........29
1.5	Die integrative Beschulung in der Region Zürich...................31
1.6	Entwicklung der Kinderzahlen..32
1.7	Die Häufigkeit von Hörschäden bei Kindern..........................34
1.8	Aktuelle Lernorte hörgeschädigter Kinder in der Region Zürich 35
2.	Grenzen der Integration ... ?..37
2.1	Integration als Prozeß..38
2.2	Integration leicht- bis hochgradig hörgeschädigter Mädchen und Jungen................................39
2.3	Resthörige Kinder in Regelklassen?......................................46

3.	Kind und Schule – ökosystemische Sicht	55
3.1	Was ist «ökosystemische Sicht»?	56
3.1.1	Sichtweisen am Beispiel des Schulversagens	58
3.1.2	Ökosystem Kind-Schule	61
3.1.2.1	Das Makrosystem	62
3.1.2.2	Das Exosystem	63
3.1.2.3	Das Mesosystem	63
3.1.2.4	Das Mikrosystem	64
3.1.2.5	Ökosystemische Übergänge	65
3.1.2.6	Umstrukturierung von Denkansätzen	65
3.1.2.7	Beeinflussung des Ökosystems	66
3.2	Das pädagogische Makrosystem der Schweiz	68
3.2.1	Schweizerische Rahmenbedingungen	68
3.2.2	Historische Entwicklung des Schulwesens	70
3.2.3	Heutige Strukturen des Schulsystems	70
3.3	Das pädagogische Makrosystem des Kantons Zürich	73
3.3.1	Regelschulen	73
3.3.2	Die aussondernde Beschulung	80
3.3.2.1	Sonderklassen (Kleinklassen)	81
3.3.2.2	Sonderschulen	83
3.3.2.3	Stütz- und Fördermaßnahmen	83
3.3.3	Integrative Beschulung im Kanton Zürich	84
3.3.4	Integrative Beschulung hörgeschädigter Kinder	85
4.	Eine empirische Erhebung	87
4.1	Einleitung und Begründung der Untersuchung	87
4.2	Überlegungen zu quantitativen Untersuchungen	89
4.3	Der Fragebogen als Untersuchungsinstrument	92
4.4	Auswertung der Fragebogen	96
4.5	Der mittlere Hörverlust der Stichprobe	96
4.6	Allgemeine Ergebnisse der Untersuchung	97
4.6.1	Eltern werden von Fachleuten nicht genug ernstgenommen!	97
4.6.2	Hörgeschädigte Kinder werden zu spät erfaßt!	101
4.6.3	Auch Kinder mit Zusatzschädigungen sind integriert	101
5.	Zur schulischen Leistung von hörgeschädigten Schülerinnen und Schülern	103
5.1	Ist eine solche Untersuchung überhaupt notwendig?	103
5.2	Untersuchung 'zur schulischen Leistungsfähigkeit'	107
5.2.1	Einschulungsalter	107
5.2.2	Häufigkeit des Sitzenbleibens (Repetition)	107
5.2.3	Gesamtleistungseinschätzung im Vergleich mit der Klasse	108
5.2.4	Zensuren in einzelnen Fächern im Vergleich mit der Klasse	109
5.2.5	Vergleich der Leistungen von hörgeschädigten Kindern bei Regel- und Sonderbeschulung	111

5.3	Gründe für die guten schulischen Leistungen bei integrativ beschulten hörgeschädigten Mädchen und Jungen	112
5.3.1	Audiologie	112
5.3.2	Lautspracherwerb: LAD & LASS	112
6.	Belastungen im Alltag	121
6.1	Von Belastung und Überforderung	121
6.2	Belastung als Realität	123
6.3	Der Krisen- bzw. Belastungs-Begriff in der Sprache	126
6.4	Krisen- bzw. Belastungs-'Theorien'	127
6.5	Das 'TOTE'-Modell	129
6.6	Belastungsaspekte greifbar machen – eine Untersuchung	135
6.6.1	Belastung im Alter von 1 bis 16 Jahren (Analyse 1)	136
6.6.2	Das Belastungsempfinden ist nicht konstant (Analyse 2)	139
6.6.3	Belastungen in drei Altersgruppen (Analyse 3)	141
6.6.4	Belastungen in vier Altersgruppen (Analyse 4)	142
6.7	Zusammenfassung der Belastungsaspekte	143
7.	Geschlechtsspezifische Unterschiede	145
7.1	Mädchen und Jungen sind verschieden	145
7.2	Hörgeschädigte Mädchen und Jungen zwischen 10 und 16 Jahren	146
7.3	Psychosomatische Aspekte	147
7.4	Apparative Hörversorgung	148
7.5	Input-Fähigkeiten (andere verstehen)	150
7.6	Output-Fähigkeiten (von andern verstanden werden)	154
7.7	Schulleistungen	155
7.8	Psycho-soziale Situation	156
7.9	Zum Selbstvertrauen von Mädchen	160
7.10	Konsequenzen für die Pädagogik	163
8.	Identität und soziale Situation	167
8.1	Die Bedeutung des Identitätsbegriffs	168
8.2	Identitätsverständnis bei Erikson, Mead und Krappmann	169
8.3	Identität als 'steady state'-Prozeß	173
8.4	Voraussetzungen zur Identitätsentwicklung bei Krappmann	174
8.5	Identitätsbildung bei Schwerhörigen	175
8.6	Ein Seitenblick auf Watzlawick	177
8.7	Auswirkungen auf die Identitätsbildung durch die integrative Beschulung	177
8.8	Untersuchungsergebnisse zur sozialen Situation hörgeschädigter Kinder in Regelklassen	180
8.9	Schlußfolgerungen	183

9.	Vom Pragmatismus zur Utopie	185
9.1	Konkret-pragmatische Beratungsarbeit	187
9.1.1	Pädagogisch-psychologische Beraterinnen und Berater	190
9.1.2	Die 'pädagogisch-psychologische Beratung'	193
9.1.3	Die 'gemeinsame Besprechung'	196
9.1.4	Die 'Zone der nächsten Entwicklung' nach Wygotski	197
9.1.5	Das 'Beratungs-Paradox' nach Drave	198
9.1.6	'Kooperationsmodell' nach Speck	199
9.1.7	'Personenzentrierte Gesprächstherapie' nach Rogers	201
9.1.8	Zusammenarbeit mit Lehrerinnen und Lehrern	205
9.1.9	Zusammenarbeit mit den Eltern	208
9.2	Beratungs- und Förderzentrum für hörgeschädigte Kinder und Jugendliche – eine konkret-utopische Konzeption	210
9.2.1	Begriffsklärung	211
9.2.2	Sonderschule versus Förderzentrum	212
9.2.3	Organisatorische Voraussetzungen für ein Förderzentrum	217
9.2.3.1	Integrationsklassen	217
9.2.3.2	Mobiler oder ambulanter Dienst – Wanderlehrer	219
9.2.4	'Service for Hearing Impaired Children in Leicestershire'	221
9.2.5	Konsequenzen für die Ausbildung von Lehrerinnen und Lehrern	223
9.2.6	Individualisierung des Unterrichts als Voraussetzung	227
9.2.6.1	Individualisierung der Ziele	228
9.2.6.2	Individualisierung der Methoden	228
9.2.6.3	Individualisierung der Leistungsbewertung	229
9.2.7	Aufgaben des Förderzentrums	230
9.2.8	Kosten des Förderzentrums	232
9.3	Gesellschaftliche Perspektiven	235
10.	Literaturverzeichnis	237

EINLEITUNG

Sebastian ist ein Junge in einer 6. Klasse. Sebastian schreibt phantasievolle Aufsätze und Referate, die er mit Begeisterung der ganzen Klasse vorträgt. Er interessiert sich für Astronomie und Politik. In der Freizeit unternimmt er auf seinem Mountain Bike gemeinsam mit seinen Freunden Ausflüge ins Naturschutzgebiet. Dort zeigt er ihnen die verschiedensten Tiere und macht sie auf deren Besonderheiten aufmerksam. Sebastian möchte einmal Verhaltensforscher werden. Sebastian ist ein normaler Junge.

Und da ist Stéphanie. Sie besucht das 9. Schuljahr. Sie möchte Landschaftsarchitektin werden. Stéphanies Hobbys sind Volleyball und Tennis. Auch sie ist eine begeisterte Radfahrerin. Im Sommer fährt sie mit ihren Freundinnen zum See. Dort liegen sie dann miteinander in der Sonne und plaudern oder spritzen sich im Wasser an. Sie ist eine begabte Porzellanmalerin, eine interessierte Leserin und phantastische Dichterin. Stéphanie ist ein normales Mädchen.

Und doch war alles nicht so einfach. Ursprünglich war es nicht vorgesehen, daß Stéphanie und Sebastian in die Schule ihres Wohnortes gehen – so wie die meisten anderen Mädchen und Jungen. Sebastian und Stéphanie hören nämlich nicht gut. Beide sind seit ihrer Geburt hörgeschädigt. Beide tragen je zwei Hörgeräte; Sebastian ultramarinblaue und Stéphanie knallrote. Trotzdem hören sie nicht alles. Das unterscheidet sie von anderen Jungen und Mädchen. Sebastian sagte mir: "Ich höre nicht so gut, aber sonst geht's mir wie den andern in der Klasse." Stéphanie sagte: "Ja, also weißt du, ohne Hörgeräte, da höre ich eigentlich nichts. Aber das macht nicht so viel; ich versteh' dich schon."

Stéphanie und Sebastian gibt es wirklich, ich habe nur ihre Namen geändert. In dieser Arbeit geht es um Mädchen und Jungen, die so sind wie sie: normale Mädchen und Jungen. Ich werde aufzeigen, daß hörgeschädigte Mädchen und

ich höre ... nicht alles!

Jungen in Regelklassen nicht nur erfolgreich beschult werden können, sondern auch, daß sie mit ihren schulischen Leistungen nicht hinter normal hörenden Kindern zurückstehen. Weiter werde ich den Fragen nachgehen, wie belastend sich die integrative Beschulung auf die Kinder, deren Eltern sowie Lehrer und Lehrerinnen auswirkt. Und neben der Frage, ob hörgeschädigte Mädchen und Jungen in Regelklassen unterschiedlich behandelt werden, will ich wissen, wie sich die gemeinsame Beschulung auf ihr Selbstwertgefühl und ihre Identität auswirkt. Abschließend stelle ich eine Konzeption vor, die für alle hörgeschädigten Kinder eine Verbesserung bringen könnte: Ein sonderpädagogisches Förderzentrum.

Stéphanie und Sebastian haben auch Eltern, die wirklich existieren. Sie stehen stellvertretend für rund dreihundert andere Eltern, deren Kinder hörgeschädigt sind und in Regelschulen der Region Zürich beschult werden. Nicht alle dieser Kinder sind so stark hörgeschädigt wie Stéphanie oder Sebastian.

In den Augen von Audiologen gelten Stéphanie und Sebastian als hochgradig schwerhörig. Ihre mittleren Hörverluste liegen jeweils bei etwa 90 dB. Das hatte Konsequenzen. Kaum waren sie – im Alter von gut einem Jahr – als hörgeschädigt diagnostiziert, erhielten sie auch schon eine zwar unsichtbare aber durchaus wahrnehmbare Etikette um den Hals gehängt, auf der 'behindert' stand. Das sollte weitere Folgen nach sich ziehen. Fachleute versuchten, den Eltern klarzumachen, daß ihr Kind später infolge dieses *einen* Mangels in einer Zwangsgemeinschaft von Menschen mit gleichem Handicap seine ganze Schulzeit verbringen müßte.

Von dem Augenblick an war nichts mehr einfach. Von Fachleuten wurde den Eltern zu bedenken gegeben, daß ihre Kinder später neurotisch sein würden, wenn sie nicht in einer Sonderschule für Hörgeschädigte beschult würden. Doch die Eltern fanden das nicht. Sie überlegten, daß die Wahrscheinlichkeit, daß ihre Kinder unter anderen hochgradig hörgeschädigten Menschen in der gleichen Altersgruppe einen Jungen oder ein Mädchen finden würden, der oder die der besonderen Individualität ihres eigenen Kindes in solchem Maße entsprechen würde, daß daraus auch Freundschaften entstehen könnten, auch wechselnde Freundschaften, dermaßen klein ist, daß dies nicht der richtige Weg sein konnte. Wieviel größer sind die Chancen dafür, wenn das hörgeschädigte Kind unter normalhörenden Menschen heranwächst?

Den Eltern von Stéphanie und Sebastian wurde der Entscheid, ob eine integrative Beschulung oder eine Sonderbeschulung der bessere Weg zur Erreichung der gesellschaftlichen Integration ist, nicht einfach gemacht. Aber dieser Entscheid muß bei den Eltern bleiben. Fachleute können und sollen beraten, aber sie sollen das umfassend tun! Die Verantwortung für die Entscheidung darf nur bei den Eltern liegen. Das ist nicht neu. Aber in der Pädagogik wird manchmal so getan, als beharrten die Eltern auf etwas Exotischem, wenn sie die Verantwortung tatsächlich wahrnehmen wollen. ÄrztInnen beispielsweise dürfen über die Köpfe der Eltern hinweg gar nichts tun: keine Tablette verabreichen und auch nicht die kleinste Operation vornehmen, das ist völlig klar. Pädagoginnen und Pädagogen, Vertreterinnen und Vertreter ideologischer Interessen glauben, sich das Recht herausnehmen zu dürfen, über den Lebensweg eines Kindes und damit seiner Familie zu entscheiden. Die langfristigen Folgen dieser Entscheidungen müssen jedoch die Eltern tragen und nicht die Fachleute! Die Heranwachsenden werden sich immer nur mit den Eltern auseinandersetzen können, ob eine in der Kindheit getroffene Entscheidung richtig oder falsch war. Wer der Meinung ist, Eltern seien nicht kompetent genug, um solche Entscheidungen zu treffen, muß bessere Elternberatungssysteme entwickeln oder – im Einzelfall – eine gerichtliche Entscheidung herbeiführen, die bis zum Entzug des Erziehungsrechtes der Eltern führen kann.

Mein Anliegen ist es, mit dieser Arbeit die Vorzüge der integrativen Beschulung für hörgeschädigte Kinder und Jugendliche aufzuzeigen und Eltern und PädagogInnen damit im Erreichen des hochgesteckten Ziels erzieherischer Anstrengungen zu unterstützen. Nur, was ist es denn, dieses Ziel? Eine Pädagogin formulierte es so:

"Ziel pädagogischer Bemühungen soll es sein, einen Zugewinn an Menschlichkeit und Freiheit zu ermöglichen. Das bedeutet: Eine größere Entscheidungsfreiheit in bezug auf die eigene Lebensplanung für jede Frau und jeden Mann und eine Verringerung von Einschränkungen und Zwängen wahrscheinlicher werden zu lassen." (SCHÖLER 1987, S. 12)

Herbst 1993

1. Von den Wurzeln der Hörgeschädigtenpädagogik bis zur Gegenwart

1.1 Peter kann nichts hören? ... das glaub' ich ja nicht!

Nach einem breiten naturwissenschaftlichen Studium und einigen Jahren praktischer Lehrtätigkeit an Gymnasien fand ich eher zufällig den Weg in die pädagogische Arbeit mit hörgeschädigten Kindern. Diese Arbeit faszinierte mich. Ich wollte mehr über Hörschädigungen wissen und erweiterte deshalb meine Ausbildung durch ein Studium in Hörgeschädigtenpädagogik. Als Hörgeschädigtenlehrer unterrichtete ich seit 1979 an der Kantonalen Gehörlosenschule Zürich und an der Berufsschule für Hörgeschädigte. Dabei lernte ich viele hörgeschädigte Kinder, Jugendliche und Erwachsene kennen.

Im Jahre 1985 hatte ich ein Erlebnis, das mich lange beschäftigen sollte. Ich besuchte mit meinen beiden Töchtern, die damals fünf- und siebenjährig waren, einen Wildpark in der Nähe von Zürich. Dort gab es auch einen Kinderspielplatz. Ich saß auf einer Bank und genoß die herbstlichen Sonnenstrahlen, die durch das farbige Blätterwerk eines großen Kastanienbaumes auf mich fielen. Meine beiden Mädchen spielten. Neben mir saß eine junge Frau, die unwillkürlich meine Aufmerksamkeit auf sich zog, als ihr Junge zu ihr gesprungen kam und mit ihr in einen kurzen Dialog trat. Das Außergewöhnliche an dem Gespräch war, daß es sich in Hochdeutsch abspielte. Das ist für meine Gegend ungewöhnlich. Irritiert war ich zudem, weil ich die Mutter vorher mit einer anderen Frau in Dialekt sprechen hörte. Als der Junge weglief, fielen mir seine beiden Hörgeräte auf. Ich fragte die Mutter, ob ihr Junge hörgeschädigt sei. "Er ist gehörlos", antwortete sie mir. "Sie meinen", versuchte ich sie zu korrigieren, "er ist schwerhörig?" "Nein, er hört fast nichts!" Ich war unsicher, ob ich das Gespräch fortsetzen wollte, schließlich glaubte ich ja alle gehörlosen Kinder der Region Zürich zu kennen. Deshalb fragte ich weiter: "Wo wohnen Sie denn?" "Wo ich wohne? Ganz in der Nähe. – Aber weshalb interessiert Sie das?" "Wissen Sie", sagte ich, "ich bin

Lehrer an der Gehörlosenschule, und wenn Ihr Kind wirklich gehörlos wäre, dann müßte ich es kennen. Ich kenne es aber nicht, und darum bereitet es mir Mühe, Ihnen zu glauben, daß Ihr Junge so schlecht hört. – Wo geht er denn zur Schule?" Die Mutter ließ sich nicht aus der Ruhe bringen. Sie sagte: "Er geht in unserem Dorf in die Schule, in die zweite Regelklasse; im gleichen Schulhaus wie seine ältere Schwester, die allerdings normal hört." Ich dachte für mich, daß die Frau sicher nicht wisse, was gehörlos sei, aber das erklärte nicht, weshalb sie in Hochdeutsch mit ihrem Jungen sprach. "Mit der Zeit wird Peter schon noch Dialekt lernen, aber da er als gehörlos diagnostiziert worden ist, haben wir uns bisher auf die Schriftsprache konzentriert." Das hörte sich nun allerdings ziemlich logisch an. Ich begann mich für den Jungen zu interessieren und wollte genaueres wissen: "Welchen Hörverlust hat Peter denn?" Peters Mutter kramte in ihrer Handtasche: "Da, schauen Sie, wir waren gerade heute bei der Hörgeräteakustikerin. Hier ist Peters neustes Audiogramm: links und rechts hat er einen mittleren Hörverlust[1] von je 95 dB." Verwirrt saß ich da und starrte auf das Audiogramm, während Peter wieder zur Mutter kam und in fast normalem Tonfall fragte: "Woher kennst Du diesen Mann, Mami?" Ohne eine Antwort abzuwarten, fragte er weiter: "Darf ich mir ein Eis kaufen?"

Dies war für mich ein Schlüsselerlebnis. Auf dem Heimweg ging ich in die Gehörlosenschule und suchte in den Akten meiner Schülerinnen und Schüler deren Audiogramme. Mit Erstaunen stellte ich fest, daß darunter solche waren, die 'besser' waren als jenes von Peter. Nachdenklich legte ich die Unterlagen zurück und ging nach Hause. Die Sache ging mir nicht mehr aus dem Sinn, denn eines wußte ich: Die Unbeschwertheit und Gelassenheit, mit der sich Peter auf dem Spielplatz bewegte, kannte ich von meinen SchülerInnen nicht. An diesem Tag war in mir der Samen des Zweifels gesät worden, und er begann Wurzeln zu schlagen und zu wachsen. Mich irritierte damals, daß die gemeinsame Beschulung von hörgeschädigten Mädchen und Jungen zusammen mit normalhörenden Kindern innerhalb des Kollegiums der Gehörlosenschule überhaupt kein Thema war. Wir waren dort ganz und gar damit beschäftigt, lautsprachbegleitende Gebärden in den schulischen Alltag zu integrieren.

Anders verhielt sich die Sache bei CHRISTIAN HELDSTAB, dem Leiter der Abteilung für Pädoaudiologie des Kinderspitals Zürich. Von ihm erfuhr ich, daß in der Region Zürich weit über 100 hörgeschädigte Kinder in Regelklassen unterrichtet wurden. Einige dieser Mädchen und Jungen konnte ich später mit ihm besuchen, und bei allen sah ich, daß sie sowohl schulisch als auch sozial gut in ihren Klassen integriert waren. Erst da war ich vollends überzeugt, daß Peter kein Einzelfall war.

---

[1] Eine Definition des 'mittleren Hörverlusts' findet sich in Abschnitt 1.3.1

1.2 Peter ist kein Einzelfall: Viele Mädchen und Jungen, die nicht alles hören, sind in Regelklassen

HELDSTAB sagte mir, daß die Betreuung und Beratung der hörgeschädigten Kinder eine pädagogisch-psychologische Aufgabe sei, die nicht länger vom Kinderspital aus wahrgenommen werden könne. Zudem beschäftigte er sich zu dieser Zeit bereits damit, auch sprachbehinderten Kindern den Weg in Regelklassen zu ebnen. Deshalb war er mit der Schulbehörde des Kantons Zürich, der Erziehungsdirektion, in Verhandlungen getreten, um diese zur Schaffung eines regionalen Beratungs- und Förderzentrums für hörgeschädigte Kinder und Jugendliche in Regelschulen zu gewinnen. Damit war er seiner Zeit offensichtlich weit voraus. Schließlich wurde in der Kantonalen Gehörlosenschule eine für diese Aufgabe zuständige Abteilung eingerichtet, zu deren Leiter ich im Jahre 1986 vom Regierungsrat des Kantons Zürich gewählt wurde.

So war mein Einstieg in diese Arbeit völlig pragmatisch. Erst in den folgenden Jahren erfuhr ich durch persönliche Begegnungen, daß es anderen IntegrationspädagogInnen ähnlich ergangen war, so beispielsweise CHRISTIAN HELDSTAB (Zürich), SUSANNE SCHMID-GIOVANNINI (Wien, später Meggen/Luzern), ARMIN LÖWE (Heidelberg), JOSEPH WEISSEN (Bern), HANS WOCKEN (Hamburg), DAVID HARRISON (Leicester), UWE und SIGRID MARTIN (Bremen), MORAG CLARK (Schottland), PETER RAIDT (Saarbrücken) und JUTTA SCHÖLER (Berlin). Allen war gemeinsam, daß sie aus Sonderschulen herauskamen und aufgrund eigener Erfahrungen davon überzeugt waren, daß die gemeinsame Beschulung von Behinderten und Nichtbehinderten *der* erstrebenswerte Weg sei, für den zu kämpfen es sich lohne.

Die Entwicklung, die ich in dieser Zeit durchlebte, betrachte ich als einen Prozeß. Ging es mir anfangs ausschließlich um das einzelne hörgeschädigte Kind, um seine individuelle schulische und familiäre Position, so setzte ich mich zusehends differenzierter mit der Problematik der gemeinsamen Beschulung von Behinderten und Nichtbehinderten auseinander und näherte mich dabei dem gesellschaftlichen Umfeld des Kindes. Dadurch wurde meine Grundhaltung völlig verändert: Dachte ich früher, daß die Rehabilitation des behinderten Kindes die notwendige Voraussetzung für dessen Integration sei, so erkannte ich nun, daß die Integration selbst die primäre Bedingung für die Rehabilitation ist. Damit wandelte sich die Vorstellung, daß Integration Ziel der Rehabilitation sei, in die Einsicht, daß sie ein Mittel hin zu einer integrierenden und integrierten Gesellschaft ist, die für ein neues Bewußtsein steht, welches das Bild vom 'reparaturbedürftigen' Kind (vgl. ROSER in PREUSS-LAUSITZ, RICHTER, SCHÖLER 1985, S. 74 f.) überwindet und auf die Ganzheitlichkeit, auf das Zusammenspiel der vorhandenen Fähigkeiten des Kindes hinweist, das ihm erlaubt, Defizite auszugleichen, oder funktional sinnvolle Alternativen zu entwickeln (vgl. GIDONI u. LANDI 1989).

1.3 Sind hörgeschädigte Mädchen und Jungen besondere Kinder?

Hörgeschädigte Mädchen und Jungen sind normale Mädchen und Jungen, die nicht alles oder nicht alles richtig hören. Das ist eine triviale Aussage, und es ist meine Absicht, sie so stehen zu lassen. Ich möchte damit die Aufmerksamkeit auf die Individualität der Kinder lenken und darauf, daß sie fast alles ebenso können, als wenn sie normal hören würden. Wenn man das begriffen hat, ist es nur ein kleiner Schritt, *"behinderte und benachteiligte Kinder zurück in die Gemeinschaft der Klasse zu holen – das wiederum wäre aber ein großer Schritt in der Weiterentwicklung unseres Bildungssystems und in der Beachtung von Menschenrechten."* (EIGNER 1992, S. 29)

Es ist an der Zeit, vom 'Defizitblick' wegzukommen, denn solange Kinder mit einer Hörschädigung als behinderte, als nicht 'normale' Kinder betrachtet werden, solange wird es Lehrerinnen und Lehrer geben, die sich nicht genug ausgebildet fühlen, um sie zusammen mit den 'normalen' Kindern zu erziehen und zu unterrichten. Dennoch läßt sich nicht leugnen, daß hörgeschädigte Kinder als Folge der Hörschädigung in einzelnen Bereichen des Alltags Erschwernisse meistern müssen. Aus diesen Erschwernissen resultieren besondere Bedürfnisse, die Eltern, PädagogInnen und andere Bezugspersonen kennen und berücksichtigen sollten. Daher ist es hilfreich, einige wesentliche Faktoren einer Hörschädigung zu kennen. So ist es möglich, hörgeschädigte Mädchen und Jungen (in Regelklassen) helfend zu begleiten und zu beraten.

1.3.1 Definition und Messung des Hörvermögens

Der *Grad des Hörvermögens* bzw. der Grad der Hörschädigung wird durch eine Hörmessung (Audiometrie) bestimmt. Heute sind verschiedene Methoden zur Messung des Hörvermögens gebräuchlich. Mir geht es nicht darum, die verschiedenen Methoden detailliert darzustellen, da diese für mein Thema keine Bedeutung haben. Interessierte LeserInnen verweise ich auf die entsprechende Fachliteratur, z. B. PLATH 1981, LÖWE 1989. Ich beschränke mich darauf, das Prinzip der Hörmessung aufzuzeigen. Hauptsächlich wird zwischen ton- und sprachaudiometrischen Verfahren unterschieden. Bei der *Tonaudiometrie* mißt die Audiologin oder der Audiologe – mit Hilfe eines Audiometers – grundsätzlich zwei Dinge: Erstens welche *Tonhöhe* ein Kind noch hören kann und zweitens *wie laut* dieser Ton sein muß, damit das Kind darauf *reagiert*. Die Tonhöhe (Frequenz) wird in Hertz (Hz oder kHz), die Lautstärke (Intensität) in Dezibel (dB) angegeben.

Der *durchschnittliche* oder *mittlere Hörverlust* wird in der internationalen Praxis üblicherweise durch das arithmetische Mittel der Reintonaudiogrammwerte der Frequenzen 500 Hz, 1'000 Hz und 2'000 Hz auf dem besseren Ohr angegeben. Auch wenn heute vereinzelt der 4'000 Hz-Wert in die Durchschnittsberechnung miteinbezogen wird, was durchaus sinnvoll ist, bleibe ich bei der internationalen Definition, damit die Werte vergleichbar bleiben.

Im pädagogischen Alltag kommt dem Audiogramm und dem mittleren Hörverlust keine große Bedeutung zu. UWE MARTIN gibt dafür folgende Begründung: *"Das eigentliche Hören findet in der Auseinandersetzung mit der Umwelt und durch Signalaustausch im Cortex statt. Die übliche und herkömmliche Interpretation des Audiogramms fokussiert leider nur den Hörverlust und weniger die zur Verfügung stehenden Möglichkeiten."* (MARTIN 1992, S. 65) Der Vollständigkeit halber stelle ich die international gültige Einteilung der Hörschädigungen vor. In der folgenden Tabelle sind die heute üblichen Bezeichnungen verwendet:

Mittlerer Hörverlust	Bezeichnung	Auswirkung
< als 30 dB	leichtgradige Hörschädigung (leichtgradige Schwerhörigkeit)	Ohne Hörgeräte haben Kinder vor allem Probleme im Verstehen von Flüstersprache. Die Lautsprache entwickelt sich mehr oder weniger normal.
30 bis 60 dB	mittelgradige Hörschädigung (mittelgradige Schwerhörigkeit)	Ohne Hörgeräte haben Kinder bereits Probleme, Umgangssprache in normaler Lautstärke zu verstehen, wenn sie über 1 m vom Sprecher entfernt sind.
60 bis 90 dB	hochgradige oder an Gehörlosigkeit grenzende Hörschädigung (hochgradige oder an Taubheit grenzende Schwerhörigkeit)	Ohne Hörgeräte ist ein Verstehen normal gesprochener Sprache nicht mehr möglich.
90 bis 120 dB	Resthörigkeit (Gehörlosigkeit oder Taubheit)	Auch Kinder, die einen Hörverlust in dieser Größenordnung haben, verfügen in der Regel über Hörreste, die für die Sprachwahrnehmung genutzt werden können.
> 120 dB	Gehörlosigkeit/Taubheit	Die Hörschädigung ist so stark, daß auch mit Hörgeräten Sprache nicht mehr verstanden werden kann.

Abb. 1.3.1-1:   Einteilung von Funktionseinschränkungen des Hörens

Diese Einteilung entstand in einer Zeit, in der sowohl die Hörgerätetechnik als auch die Hörspracherziehung noch in den Anfängen steckten. Heute setzt sich langsam eine um rund 10 dB verschobene Einteilung durch. Demnach bedeutet ein mittlerer Hörverlust von weniger als 40 dB eine leichtgradige, einer zwischen 40 dB und 70 dB eine mittelgradige, einer zwischen 70 dB und 100 dB eine hochgradige Hörschädigung bzw. Schwerhörigkeit. Liegt der mittlere Hörverlust zwischen 100 dB und 120 dB, so spricht man von Resthörigkeit oder einer an Gehörlosigkeit oder an Taubheit grenzender Hörschädigung oder Schwerhörigkeit. Zum Begriff der Resthörigkeit meint ARMIN LÖWE: *"Diese Bezeichnung ist allerdings wenig sinnvoll, da auch gehörlose Kinder in der Regel noch Hörreste besitzen und darum ebenfalls als hörrestig bezeichnet werden müßten"* (LÖWE 1987, S. 16). Das hat seinen Grund darin, daß mit neuen Hörgeräten und einer früh einsetzenden Hörerziehung Lautsprache bis zu einem Hörverlust von gegen 120 dB entwickelt werden kann. Kinder, deren mittlerer Hörverlust über 120 dB auf dem besseren Ohr beträgt, erreichen auch mit einer optimalen frühen hörgerichteten Spracherziehung nur selten eine befriedigende Lautsprache; diese Kinder sind gehörlos. Zur Gehörlosigkeit schreibt LÖWE:

> "Bestimmend für das Symptombild der Gehörlosigkeit ist auch die Beeinträchtigung der Sprache. Da sich diese Beeinträchtigung um so nachhaltiger auswirkt, je früher die Gehörlosigkeit eingetreten ist, sind die sprachpathologischen Folgen unterschiedlich. So unterscheidet man zwei Gruppen von gehörlosen Kindern:
>
> - Zur ersten Gruppe gehören die Kinder, deren Gehörlosigkeit bereits von Geburt an vorliegt, sowie die Kinder, die noch vor der Erlernung der Lautsprache im Säuglings- oder Kleinkindalter ertaubt sind.
> - Zur zweiten Gruppe zählen die Kinder, die erst nach Erreichen einer gewissen Stufe der Lautsprachentwicklung gehörlos geworden und im Besitz der Lautsprache geblieben sind.
>
> Die Kinder der erstgenannten Gruppe unterscheiden sich grundlegend von denen der zweiten Gruppe. Während nämlich die Kinder der ersten Gruppe die Lautsprache erst in einem langen Lernprozeß mühsam erwerben müssen, ist es bei der zweiten Gruppe das Hauptanliegen der Hörgeschädigtenpädagogik, die bereits erworbene Lautsprache zu erhalten und weiter zu entwickeln. Folgerichtig bezeichnet man die Kinder, die ohne oder nur mit geringem Hörvermögen geboren worden sind oder dieses vor der Spracherlernung verloren haben, als vorsprachlich (prälingual) gehörlos, und die Kinder, die ihr Hörvermögen erst nach dem Spracherwerb eingebüßt haben, als nachsprachlich (postlingual) ertaubt."
> (LÖWE 1987, S. 13)

Bei der *Sprachaudiometrie* werden dem Kind (ab Tonbandgerät oder CD-Spieler) Wörter in unterschiedlicher Lautstärke abgespielt. Das Kind muß die gehörten Wörter nachsprechen oder auf Bildern zeigen, und aus der Anzahl richtig gehörter Wörter wird das prozentuale Hörvermögen errechnet. Ich werde nicht weiter auf diese Verfahren eingehen, da ich die Hörfähigkeit bezüglich der gemeinsamen Beschulung von hörgeschädigten und normalhörenden Kindern für nebensächlich halte. Zudem verleitet eine Unterteilung in verschiedene Kategorien von Hörschädigungen Ärzten, Psychologen und Pädagogen dazu, Kinder zu etikettieren und ihnen damit bestimmte Schulen vorzuenthalten. LÖWE schreibt diesbezüglich:

> "Viele Eltern und selbst Fachleute (STRAUMANN 1978) neigen bei der Erörterung der Grenzen und Möglichkeiten einer integrierten Beschulung nicht selten zu dem Schluß, daß diese wohl für Kinder mit einer leicht- bis mittelgradigen Schwerhörigkeit erwogen werden könne, nicht aber für Kinder, die hochgradig schwerhörig

oder sogar gehörlos sind. Bereits SÜSS (1966) konnte feststellen, daß es ausgerechnet die Kinder mit den geringsten Hörverlusten waren, die sich in seiner Befragungsgruppe als Versager herausgestellt haben. Zahlreiche neuere Veröffentlichungen (ARNOLD u. WHEELER 1980; LING u. LING 1978; ROESER u. DOWNS 1981 u. a.) weisen darauf hin, daß die Kontinuumstheorie – je geringer der Hörverlust, desto leichter die schulische Integration bzw. je größer der Hörverlust, desto schwerer die schulische Integration – auf schwachen Füßen steht." (LÖWE 1985, S. 24)

1.3.2 Hörschädigung oder Hörbehinderung?

Ich werde hin und wieder gefragt, wann von einem *hörgeschädigten* und wann von einem *hörbehinderten* Kind gesprochen werde. Einfach ist diese Frage nicht zu beantworten. Wenn ich im folgenden allgemeine Aussagen mache, so ist im konkreten Fall immer die Gesamtsituation, in der sich ein Kind befindet, zu betrachten. Zur Veranschaulichung zitiere ich die Äußerung eines 13jährigen Jungen:

"In der Schule geht es mir gut. Ich höre einfach nicht so gut, aber sonst geht's mir eigentlich gleich wie allen andern!"
(Sebastian, 13jährig; mittlerer Hörverlust auf dem besseren Ohr 90 dB)

Ist Sebastian, der dies sagt, hörbehindert oder hörgeschädigt? Als Sebastians Eltern, nachdem sie von mehreren Ärzten nicht ernst genommen waren, endlich einen Ohrenarzt fanden, der ihr Kind untersuchte, warteten sie gespannt auf das Untersuchungsergebnis. Die Diagnose lautete schlicht: "Ihr Kind ist hörbehindert." Damit begann für die Eltern der unbeschreiblich schwierige Prozeß, mit der Diskrepanz zwischen ihren Erwartungen, Hoffnungen und Träumen, die sie für ihr 'normales' Kind hegten und der nun diagnostizierten Behinderung und den daraus resultierenden Unsicherheiten, Einschränkungen und Fragen, fertig zu werden. Was bedeutet diese Diagnose im Falle von Sebastian, der auf die Frage, wie es ihm in der Regelklasse gehe, antwortete: "Ich höre einfach nicht so gut, aber sonst geht's mir eigentlich gleich wie allen andern!"?

In der Äußerung 'das Kind ist behindert' steckt indirekt die Aussage, daß im Kind Behinderungsmerkmale angelegt sind. Das bedeutet, daß Behinderung eine 'individuale' Beeinträchtigung ist. Aber stimmt das wirklich? Spricht Sebastian, der jetzt vor dem Übertritt in ein Regelgymnasium steht, wie ein behindertes Kind? Ich sehe das nicht so, und Sebastian selbst erlebt sich ebenfalls nicht als behindert. In der traditionellen Definition von Behinderung wird nämlich außer acht gelassen, daß zwischen Behinderung und gesellschaftlichem Umfeld Zusammenhänge bestehen. Auf das Vorhandensein solcher Zusammenhänge weist beispielsweise HEINZ BACH hin, wenn er sagt:

"Behinderung ist ihrem Wesen nach keine Eigenschaft, sondern eine Relation zwischen individualen und außerindividualen Gegebenheiten." (BACH 1985, S. 6) Diese Ansicht deckt sich mit den Erfahrungen meiner täglichen Beratungstätigkeit. Ich erlebe immer wieder, daß der Grad der meßbaren Hörschädigung keineswegs proportional zur Qualität der Integration ist.

Um keine Unklarheit darüber aufkommen zu lassen, wie ich persönlich Schädigung und Behinderung verstehe, erachte ich es als sinnvoll, meine Definition von 'Hörschädigung' vorzustellen: Unter einer Hörschädigung verstehe ich jede Schädigung des Gehörorgans oder der individuellen Fähigkeit, Höreindrücke zu sinnvollen Informationen zu verarbeiten. *Hörgeschädigt* ist demnach der umfassende Begriff für *leichtgradig schwerhörig, mittelgradig schwerhörig, hochgradig schwerhörig, resthörig* und *gehörlos* bzw. *taub*. Diese Begriffe sagen nichts aus über das Maß der durch die Hörschädigung bedingten Behinderung. In der Sehgeschädigtenpädagogik findet man übrigens eine analoge Einteilung: *"Der Begriff 'sehgeschädigt' gilt als Überbegriff, der 'sehbehindert', 'hochgradig sehbehindert' und 'blind' beinhaltet."* (DRAVE 1990, S. 11)

Diese Definition mache ich nicht willkürlich, sondern ich lehne mich dabei an die begriffliche Unterscheidung an, wie sie von der WHO[2] (1980) eingeführt wurde. Die WHO spricht von *impairment, disability* und *handicap*. SANDER (1992[2], S. 43), der sich seinerseits auf JANTZEN (1985, S. 106) bezieht, übersetzt diese englischen Begriffe – in dieser Reihenfolge – mit: *Schädigung, Leistungsminderung, Behinderung*. Ich schließe mich dieser Übersetzung an.

Durch eine Infektionskrankheit der Mutter während der Schwangerschaft wurde Sebastians Hörorgan nicht richtig ausgebildet. Deshalb ist Sebastian hochgradig schwerhörig; dies ist seine Schädigung (impairment). Die Hörschädigung bewirkt eine starke Einschränkung von Sebastians lautsprachlichen Fähigkeiten und der damit zusammenhängenden Entwicklung des grammatischen, lexikalischen und semantischen Sprachaufbaus. Dies ist Sebastians Leistungsminderung (disability), aber nicht seine Behinderung. *"Behinderung (handicap) ist gemäß WHO (1980, S. 183) eine auf eine Schädigung oder Leistungsminderung zurückgehende Benachteiligung (disadvantage), die einen bestimmten Menschen teilweise oder ganz daran hindert, eine Rolle auszufüllen, die für ihn nach Alter, Geschlecht und sozio-kulturellen Faktoren normal wäre."* (SANDER 1988, S. 79)

Aus diesen Überlegungen heraus spreche ich im allgemeinen von hörgeschädigten Kindern und nicht von hörbehinderten Kindern. Wenn im realen Leben eines Kindes durch die Interaktionen mit seinem komplexen Umfeld-System, das von der unmittelbaren Mikro- bis zur gesamtgesellschaftlichen

---

[2] Weltgesundheitsorganisation (World Health Organization).

Makroebene[3] reicht, infolge seiner Hörschädigung eine Behinderung entsteht, die das Kind subjektiv ebenfalls als solche empfindet, spreche ich von einem *hörbehinderten* Kind. Die Behinderung kann – bei gleichbleibender Schädigung – stärker oder schwächer sein. Sie hängt vom Ausmaß ab, in dem das Umfeld dem hörgeschädigten Kind erlaubt, trotz Verschiedenheiten dazuzugehören. Im Falle von Sebastian war es während der vierten Klasse so, daß er ein stark behindertes Kind war. Nachdem er jedoch in eine andere Klasse (in ein anderes Umfeld) gehen durfte, verschwand seine Behinderung innerhalb kurzer Zeit. Das bedeutet, daß durch Verändern der Umfeldbedingungen das Maß der Behinderung beeinflußt werden kann. Dieser Zusammenhang zwischen Kind und Umfeld kommt in SANDERs Definition von Behinderung gut zum Ausdruck:

"Behinderung liegt vor, wenn ein Mensch auf Grund einer Schädigung oder Leistungsminderung ungenügend in sein vielschichtiges Mensch-Umfeld-System integriert ist." (SANDER 1988, S. 81)

Daß dies nicht ein theoretisches Modell ist, sondern ein pragmatisch orientiertes Vorgehen, ist schon am Beispiel von Sebastian ersichtlich. Welche weitreichenden Konsequenzen eine derartige Definition von Behinderung hat, zeigt SANDER folgendermaßen:

"Ein solcher ökosystemischer Behinderungsbegriff hat den Vorteil, daß er den Blick unmittelbar auf den Prozeß der Integration des betreffenden Menschen in sein konkretes Umfeld lenkt und damit pädagogische Handlungsmöglichkeiten öffnet." (SANDER 1988, S. 81) Weiter schreibt er: "Behinderung wurde in der bisherigen Sonderpädagogik hauptsächlich dadurch angegangen, daß Spezialisten 'an' dem betreffenden Kind gearbeitet haben. In ökosystemischer Sichtweise wird Behinderung auch dadurch beeinflußbar, daß an den konkreten Umfeldbedingungen integrationsorientiert gearbeitet wird. Für den handelnden Pädagogen, aber auch für das mithandelnde Kind tun sich hier aussichtsreiche Perspektiven auf." (ebd.)

Wenn das hier Gesagte auf die leicht- bis hochgradig schwerhörigen Kinder, Jugendlichen und Erwachsenen zutrifft, so im Grunde genommen auch auf die Resthörigen und Gehörlosen. Hier gilt es allerdings, einen Moment innezuhalten und sich über einen wesentlichen Unterschied zwischen schwerhörigen und gehörlosen Menschen klar zu werden. Bei Schwerhörigen ist es so, daß sie zwar nicht gut hören, aber sie hören. Das bedeutet, daß sie Lautsprache übers Hören weitgehend normal aufbauen können. Bei Gehörlosen ist das nicht so. Auch unter unbeschreiblich großen Anstrengungen gelingt es Gehörlosen nur selten, eine unauffällige Lautsprache zu erwerben. In den Ohren von Hörenden klingen Gehörlose deshalb oft auffällig. Daraus wird nun fatalerweise der Schluß gezogen, Gehörlose seien gezwungenermaßen auch behin-

---

[3] Diese ökosystemischen Begriffe beschreibe ich in Kapitel 3 ausführlich.

dert. Dem muß so aber überhaupt nicht sein. Ich sehe hier viel eher eine Situation, die jener einer sprachlichen und kulturellen Minderheit vergleichbar ist. Befindet sich eine Gruppe fremdsprachiger Männer und Frauen in unserer Nähe, denen wir beim Sprechen und Lachen zuhören können, haben wir doch auch nicht den Eindruck, diese Menschen seien behindert, auch dann nicht, wenn sie für uns unverständlich tönen. Wir sind sicher, daß sie einander mit größter Wahrscheinlichkeit problemlos verstehen, und sollten wir daran zweifeln, dann genügte ein Blick auf die Menschengruppe, um uns davon zu überzeugen, daß die einzelnen Repräsentanten dieser Kultur- oder Sprachgruppe unter sich keine Kommunikationsprobleme haben. Diese Minderheitengruppe ist unter uns Deutschsprachigen nur oder erst dann behindert, wenn wir von ihnen fordern, sich nur in Deutsch zu unterhalten. Damit wird aber sichtbar, daß diese Behinderung eine durch unser System bedingte ist. Ist eine Minderheit groß genug, können einzelne ihrer Mitglieder es sich leisten, ein Leben lang in ihrer Muttersprache zu sprechen, ohne die Sprache unseres Sprachraumes, in den sie immigrierten, je zu erlernen. Beipielsweise wohnte in der unmittelbaren Umgebung, in der ich aufwuchs, eine Italienerfamilie. Während die Kinder schnell Dialekt lernten, taten dies deren Eltern schon beträchtlich langsamer und schlechter, da an deren Arbeitsplätzen ebenfalls vorwiegend Italiener und Italienerinnen tätig waren; sie sahen sich nicht gezwungen, sich unsere Sprache auf einem elaborierten Niveau anzueignen. Noch wesentlich anders verhielt es sich für die Großmutter: Sie verließ die Wohnung eigentlich überhaupt nie, sondern besorgte den Haushalt und versorgte die Kinder. Wenn sie jeweils mit dem Kochen fertig war, kommandierte sie ihre beiden Enkelkinder stets zu sich, indem sie mit lauter Stimme aus dem Fenster rief: "Claudia, Daniela, venite!" Sie sah keinerlei Anlaß, neben Italienisch auch noch unsere Sprache zu lernen, allenfalls verfügte sie über einen sehr restringierten Code. Dieses Beispiel vermag einiges zu illustrieren: Für die Enkelkinder war es klar, daß sie in zwei Kulturräumen daheim waren. Sie spielten nur mit uns, und wir kannten außer unserem Dialekt keine andere Sprache, in der wir uns mit ihnen hätten unterhalten können. Aus diesem Grund entwickelten sie eine Doppelidentität (vgl. 2.1). Je nach Situation hielten sie sich in ihrer familiären Identität oder in jener ihrer Spiel- und Schulgefährten auf. In beschränktem Maße schafften diesen Schritt auch ihre Eltern. Ihre Nonna hingegen sah sich mit der Notwendigkeit, neben ihrer sizilianischen Identität, auch noch eine alemannische Identität anzueignen, kaum jemals konfrontiert. Und solange sie sich in ihrer Wohnung aufhielt, hatte sie vermutlich auch nicht das Gefühl, in unserem Kulturkreis behindert zu sein.

Ist eine Minderheitengruppe jedoch nicht groß genug, um ihren Mitgliedern ein Leben innerhalb ihrer eigenen Normen und Wertmaßstäbe zu ermöglichen, so ist sie gezwungen, sich wenigstens in einem minimalen Maß mit dem sie umgebenden Kulturraum auseinanderzusetzen. Tut sie das nicht, läuft sie Gefahr, von der Majorität verachtet, ausgenützt, abgelehnt und ausgestoßen zu werden. Daß Ablehnung und Ausgrenzung in Sterilisation und Ausmerzung ausarten kann, ist aus der neueren Geschichte hinreichend bekannt (vgl.

SIERCK 1987[2]; BIESOLD 1988) und wird gerade in letzter Zeit durch Angriffe auf Flüchtlingsheime erneut auf sehr schmerzliche Art deutlich gemacht. Ebenso erschreckend sind die Anstrengungen, eine sogenannte 'neue Ethik', die auch vor dem *Infantizid* nicht zurückschreckt, (wieder) diskussions- und salonfähig zu machen (vgl. FEUSER 1992). Solange Gehörlose als eine Behindertengruppe betrachtet werden, besteht eine erhöhte Gefahr, sie auch im geistigen Sinne als behindert zu betrachten. Das bewirkte beispielsweise in der Schweiz, daß man ihnen bis nach dem zweiten Weltkrieg sowohl von medizinischer wie auch von religiöser Seite aus dringend davon abriet, untereinander zu heiraten. Deshalb finde ich es richtig, Gehörlose – wie ich es in meiner Sicht des Behindertenbegriffs dargestellt habe – weniger als eine Behindertengruppe als vielmehr als eine sprachlich-kulturelle Minderheit zu respektieren. Für Gehörlose bedeutet dies, daß sie unsere Lautsprache wenigstens teilweise – in der mündlichen oder schriftlichen Form – beherrschen müssen, wenn sie als vollwertige Mitglieder unseres Kulturkreises betrachtet werden wollen. BOYES-BRAEM zitiert in diesem Zusammenhang eine Untersuchung über Zweisprachigkeit in den USA, die vom Psycholinguisten GROSJEAN durchgeführt wurde:

"Alles in allem, gehörlose Amerikaner teilen viele Eigenschaften anderer sprachlicher Minderheiten in den USA: Sie haben eine eigene Sprache und eine eigene Kultur; sie haben immer wieder Diskriminierung und Benachteiligung in Erziehung und Arbeit erleiden müssen; sie teilen viele der negativen Einstellungen der Mehrheit gegenüber ihrer Sprache und ihrer Kultur; und viele von ihnen sind – bis zu einem gewissen Grade zumindest – zweisprachig." (GROSJEAN 1982, S. 88 nach BOYES-BRAEM 1990, S. 143)

BOYES-BRAEM zieht den Schluß, daß diese Beschreibung für die Gehörlosengemeinschaften in europäischen Ländern ebenfalls zutreffend sei. Wenn dem so ist, ist es umso wichtiger, daß Gehörlose die Möglichkeit haben, sich sowohl Lautsprache als auch Gebärdensprache anzueignen.

1.4 Die Entwicklung des Bildungswesens für Hörgeschädigte im deutschsprachigen Raum

Aus der Beschreibung des 'Behindertenbegriffs' mache ich den Sprung zur Beschreibung der Entwicklung von der Erziehung und Beschulung hörgeschädigter Menschen während der letzten rund 400 Jahre. Dieses Aneinanderfügen der Abschnitte ist nicht willkürlich. Vielmehr ist die Art und Weise, wie während einer geschichtlichen Epoche eine Gesellschaft ihre nicht- oder schlechthörenden Mitmenschen wahrnimmt, für das ihnen zugestandene Maß an Erziehung und Bildung von Bedeutung. Es ist zu beachten, daß von Anfang an verschiedene Methoden zur Erziehung Hörgeschädigter praktiziert und zum Teil heftig ideologisiert und gegeneinander ausgespielt wurden. Der Hauptstreitpunkt war dabei immer, ob Hörgeschädigte Gebärden verwenden sollten oder nicht. In den letzten zwanzig Jahren konnte bleget werden, daß Gebärdensprachen in linguistischer, entwicklungs- und neuropsychologischer Hinsicht vollwertige Sprachsysteme sind. (GÜNTHER 1990, POIZNER, KLIMA u. BELLUGI 1990). Im Zusammenhang mit der aktuellen Debatte um eine gemeinsame Beschulung hörgeschädigter und normalhörender Kinder spitzt sich diese Auseinandersetzung leider eher noch zu.

Wenn im Rahmen dieser Arbeit von der Geschichte der Hörgeschädigtenpädagogik die Rede ist, konzentriere ich mich auf wenige Aspekte systemischer Zusammenhänge und nehme diese als Ausgangspunkt zur Kritik und Hinterfragung der gegenwärtigen Organisationsstruktur der schulischen Situation von hörgeschädigten Kindern. FURCK sagt bezüglich der historischen Forschung:

> "Geschichte hat ... nicht mehr die Funktion, die Entwicklung der Gegenwart aus der Vergangenheit aufzuzeigen und damit zu rechtfertigen, sondern die Funktion, den aktuellen Konflikt zu erklären, sachgerechte Kritik der bestehenden Erziehungsinstitutionen und ihrer Rechtfertigungsversuche zu fördern, um anderen Konzeptionen zur Wirksamkeit zu verhelfen. Das die historische Forschung leitende Interesse bleibt so auf die Veränderung der gegenwärtig bestehenden Erziehungspraxis konzentriert." (FURCK nach ELLGER-RÜTTGART 1986, S. 51)

Dies ist ein Grund, weshalb ein geschichtlicher Überblick notwendig und sinnvoll ist. Einen weiteren Grund sehe ich darin, daß speziell im Bereich der Behindertenpädagogik die Tendenz besteht, sich voll und ganz der neuesten pädagogischen oder psychologischen Erkenntnis zu verschreiben und alle früheren methodischen Überlegungen und Konzepte über Bord zu werfen. Dies kann sich jedoch eine ernsthafte Wissenschaft nicht leisten. Ich beschränke mich hierbei auf eine knappe Übersicht. Eine eingehende Darstellung findet sich bei LÖWE 1992.

Bei der Entwicklung des Bildungswesens für Hörgeschädigte sind fünf große Epochen unterscheidbar:

Epoche I Sporadische Förderung und Erziehung einzelner hörgeschädigter (meistens) Jungen aus adligem Hause, z. B. in Spanien

Epoche II Erste Taubstummenanstalten

Epoche III Verallgemeinerungsbewegung

Epoche IV Hörgeschädigtenschulen und methodische Weiterentwicklung

Epoche V Die Integrationsbewegung der letzten 30 Jahre

1.4.1 Epoche I   Sporadische Einzelförderungen

Um die Wurzeln der Hörgeschädigtenbildung zu finden, müssen wir ins frühe 16. Jahrhundert zurückblicken. In dieser Zeit lebte PEDRO PONCE DE LEÓN (1510-1584). Er war der eigentliche Begründer oder der Erfinder der Kunst des Unterrichtens Hörgeschädigter. Er stammte aus einer alten, vornehmen Familie in der Stadt Sahagún in der Provinz León. Er studierte an der Universität von Salamanca und trat dann in das Benediktinerkloster seiner Heimatstadt ein, das damals eines der berühmtesten Zentren des politischen und religiösen Lebens in Spanien war. Wenige Jahre später wurde er in das zu seinem Orden gehörende Kloster San Salvador in Oña versetzt, wo er den Rest seines Lebens, mehr als die Hälfte des 16. Jahrhunderts, verbrachte. Große Teile dieses Lebens widmete er der Erziehung und Bildung Hörgeschädigter. Als Privatlehrer befähigte er hörgeschädigte Kinder zur Beherrschung der Sprache. Im Jahre 1620 erschien in Madrid das erste Lehrbuch über die Lautspracherziehung hörgeschädigter Kinder von JUAN PABLO BONET: "... arte para enseñar a hablar los mudos" (die Kunst, Tauben das Sprechen zu lehren). Somit ist die Hörgeschädigtenpädagogik die älteste sonderpädagogische Disziplin (vgl. LÖWE 1987, S. 36, LANE 1988, S. 133 ff., MÜLLER 1989).

Weil die Berichte über diese frühe Epoche rar sind, beschränke ich mich im folgenden auf die letzten rund zweihundert Jahre. In dieser Zeit wurde innerhalb der Hörgeschädigtenpädagogik beinahe alles, was man sich vorstellen kann, schon einmal praktiziert.

1.4.2 Epoche II   Erste Taubstummenanstalten[4]

Versetzen wir uns zunächst ins ausklingende Zeitalter der Aufklärung. Die gesamte Pädagogik war damals von einer Aufbruchstimmung geprägt. Der Franzose ABBÉ CHARLES MICHEL DE L'EPÉE (1712-1789) war einer der eifrigsten Kämpfer für die Hörgeschädigten. EPÉE gründete im Jahr 1770 in Paris ein Taubstummeninstitut. Im gleichen Zeitraum, 1778, gründete SAMUEL HEINICKE (1727-1790) in Leipzig die erste deutsche Gehörlosenschule. Ebenfalls in dieser Zeit begann THOMAS BRAIDWOOD (1715-1806) in Edinburgh (Schottland) mit dem Unterrichten gehörloser Kinder. Diese Sonderschulen bestehen noch heute und führten zur Gründung vieler weiterer Schulen zunächst in Europa und später auch in Übersee. Als Beispiel sei die erste amerikanische Gehörlosenschule erwähnt, die THOMAS GALLAUDET im Jahre 1817 in Hartford, Connecticut, gründete.

---

[4] Bis Ende der 70er Jahre dieses Jahrhunderts waren Bezeichnungen wie 'taubstumm' oder 'Taubstummenanstalt' üblich.

Erwähnenswert sind diese Entwicklungen, weil sie zeigen, daß im philanthropischen Denken der Aufklärung erstmals ganze Gruppen von Behinderten ins Blickfeld und damit auch ein Stück weit ins Bewußtsein der Öffentlichkeit rückten. Ganz uneigennützig geschah dies allerdings nicht immer. So entstanden einige Schulen auf handwerklich-kommerzieller Basis mit Unterstützung aus den Privatschatullen der Fürsten oder aus besonderen Fonds. Bezeichnend für die Hindernisse, welche diesen philantropisch-kommerziellen Bestrebungen entgegen standen, ist ein Schreiben des Berliner Oberschulamtes an das Ministerium, als ERNST ADOLPH ESCHKE im Jahre 1788 in Berlin eine Taubstummenanstalt zu seiner eigenen Existenzsicherung gründen wollte. Das Oberschulamt schlug dem König vor,

> "den Fond, den Höchstdieselben für die Schulen auszusetzen beschlossen haben, lieber solchen Schulen ungeteilt allergnädigst zufließen zu lassen, welche so zahlreiche Haufen von Kindern zu bilden bestimmt sind."
> (ANDREAS MÖCKEL 1990[2], S. 31)

Im Zentrum des Interesses waren demnach die nichtbehinderten Kinder. Aus ihnen sollten durch Erziehung und Beschulung vollwertige aufgeklärte Bürger gemacht werden. Weil dieses Ziel unter den damaligen schulischen Rahmenbedingungen kaum erreichbar war, wurde versucht, eine 'Homogenisierung' unter den Schülern und Schülerinnen zu erreichen, indem jenen Kindern, die nicht dieser homogenen Norm entsprachen, die Bildung vorenthalten wurde. Die folgende bürgerlich philantropische Vorstellung der speziellen Heilung, Therapie und Pädagogik für behinderte Kinder führte in den 20er Jahren des 19. Jahrhunderts zur Gründung von Wohltätigkeitsvereinen, und in der Folge entstanden Industrieschulen, Waisenhäuser und viele Heimschulen für sehgeschädigte und hörgeschädigte Kinder. Im Falle von geistig behinderten, verwahrlosten, gebrechlichen oder straffällig gewordenen Kindern und Jugendlichen war man der Ansicht, daß sie nicht so erzogen und beschult werden könnten, daß sie für die Gesellschaft nutzbringend waren. *"Diese Kinder, die entweder in Familien meist ein kümmerliches Dasein fristeten oder in Zuchthäusern verkamen, als gesellschaftlich integriert zu betrachten, ist nicht möglich. Es fehlte ihnen sowohl die öffentliche Beachtung als auch konkrete Hilfe."* (MÖCKEL 1990[2], S. 32) Aus dieser geschichtlichen Sicht bedeutete die Errichtung von Sonderschulen für hör- und sehgeschädigte Kinder einen Fortschritt und hatte seitens der Pädagogik nichts mit Aussonderung zu tun, sondern bot die Gewähr dafür, daß diesen Kindern eine Erziehung zukam, die ihnen ein annähernd 'normales' Leben ermöglichte. Diese Phase bezeichne ich als die *Legitimationsphase der Sonderschulen*.

1.4.3 Epoche III Verallgemeinerungsbewegung

Im Zeitalter der Restauration, 1815-1848, im Anschluß an die Gründung der ersten Taubstummen- und Blindenanstalten, entstand die *'Verallgemeinerungsbewegung'*. Unter Verallgemeinerung ist die Verbreitung der Kenntnisse zu verstehen, welche ein Lehrer nach damaligem Verständnis haben mußte, um gehörlose und blinde Kinder, zusammen mit vollsinnigen Kindern, zu unterrichten. Einen der Gründe für die Verallgemeinerungsbewegung beschrieb LÖWE:

> "Da ... die wenigen damals erst vorhandenen Gehörlosenschulen nur einen Teil der hörgeschädigten Kinder aufnehmen konnten, setzten sich u. a. Pädagogen wie WILHELM HARNISCH, HEINRICH STEPHANI und JOHANN BAPTIST GRASER für eine allgemeine Beschulung dieser Kinder ein. So wurden damals an nicht wenigen Lehrerseminaren bzw. an den mit diesen verbunden gewesenen Übungsschulen besondere Klassen für hörgeschädigte Kinder geführt. In ihnen sollten die Seminaristen mit den Besonderheiten des Unterrichts hörgeschädigter Kinder vertraut gemacht werden, um so später in der Lage zu sein, als Lehrer an einer Volksschule auch einzelne hörgeschädigte Kinder unterrichten zu können. GRASER (1766-1841) ging sogar noch einen Schritt weiter und richtete bereits 1821 an einer Volksschule in Bayreuth eine Klasse für hörgeschädigte Kinder ein. Er gilt seither in der Fachwelt als der Vater der teilintegrierten Beschulung hörgeschädigter Kinder." (LÖWE 1987, S. 27)

So gesehen war die Verallgemeinerung aus einer pädagogischen Notsituation heraus entstanden. Überall waren die Volksschulen überfüllt, und die behinderten Kinder, sofern sie am Unterricht überhaupt teilnehmen durften, waren isoliert. Das Angebot an Sonderschulen war einfach noch zu klein, um die vielen behinderten Kinder aufzunehmen. Einzelne Leute wiesen jedoch bereits darauf hin, daß hörgeschädigte Kinder eigentlich besser in Klassen normalhörender Kinder aufgehoben wären als in den Sonderschulen. So BLANCHET (1856), der damalige Direktor der Nationalen Taubstummenanstalt St. Jacques in Paris zwischen 1850 und 1860. Er argumentierte beispielsweise damit, daß diese Art der Beschulung kostengünstiger sei, oder daß es für die Psyche des hörgeschädigten Kindes schädlich sei, schon so früh aus der Familie und der vertrauten Umgebung herausgerissen zu werden.

1.4.4 Epoche IV Hörgeschädigtenschulen und methodische Weiterentwicklung

Ein einflußreicher Lehrer, der sich in Deutschland der Verallgemeinerung verpflichtet fühlte, war MORITZ HILL (1805-1874). Er war in der Berliner Schule ausgebildet worden, die HEINICKEs Schwiegersohn ESCHKE gegründet hatte. Später wurde er zum Leiter einer kleinen Gehörlosenschule an einem Lehrerseminar in Weißenfels in der Nähe von HEINICKEs Heimat ernannt. Er trat dafür ein, daß gehörlose Kinder Sprache wie hörende Kinder lernen sollten, durch dauernden täglichen Gebrauch. Das war seine Interpretation der einflußreichen Theorien JOHANN HEINRICH PESTALOZZIs, wonach ein Schüler oder eine Schülerin Bildung erwerben sollte, wie ein Kind Kenntnisse von seiner Mutter erwirbt: durch normalen, natürlichen alltäglichen Kontakt. Aus diesem Grund beobachtete er die Verallgemeinerung aufmerksam. 1858 schrieb HILL jedoch: *"Die Hoffnung, daß jeder Taubstumme den notwendigen Unterricht gemeinsam mit hörenden Kindern und ohne Schaden für letztere erhalten könnte, ist aufgegeben worden."* (HILL in GORDON 1885, S. 126) Für die verantwortlichen Regierungen war jedoch immer klar, daß der bessere Lernort für seh- und hörgeschädigte Kinder nicht in der Volksschule, sondern in der Sonderschule war. Nachdem in den deutschsprachigen Ländern mehr und mehr Sonderschulen errichtet worden waren, die schulpflichtige Kinder aufnehmen konnten, war die 'Notlösung' der Integration in die Volksschule für viele Kinder überflüssig (vgl. ULICH 1990, S. 78).

Auch in dieser Phase wäre es völlig falsch, von Aussonderung zu sprechen. Unter den damals vorherrschenden Verhältnissen in Wirtschaft, Gesellschaft, Pädagogik und Medizin waren die ökosystemischen Voraussetzungen, die gegebenen Rahmenbedingungen, noch nicht so, daß sie eine erfolgreiche gemeinsame Erziehung und Beschulung von hörgeschädigten Mädchen und Jungen mit normalhörenden Mädchen und Jungen zugelassen hätten. Das Ziel einer allgemeinen und beruflichen Ausbildung ließ sich damals in den Anstalten besser verwirklichen als in den Volksschulen (vgl. MÖCKEL, 1990[2], S. 33).

Festhalten möchte ich an dieser Stelle, daß sonderpädagogische Institutionen von Anfang an zu allgemeinen Schulen in einem Ergänzungsverhältnis standen, die ersatzweise jene speziellen Hilfen anboten, die in Regelschulen gemeinhin nicht gegeben waren. WOCKEN sagt dazu:

"Sonderschulen sind ... subsidiäre Ersatzlösungen, Lernorte zweiter Wahl, die ihre Rechtfertigung aus dem Ungenügen der allgemeinen Schule beziehen. Eine prinzipielle Eigenständigkeit, eine pädagogische Legitimation ihrer Existenz außerhalb des Kontextes der allgemeinen Schule, kommt den Sonderschulen nicht zu. Die Existenz von Sonderschulen kann nur relativ, nicht aber a priori begründet werden. Sonderpädagogische Institutionen haben die Funktion von Notaufnahmelagern; sie waren historisch notwendig, eine Bestandesgarantie für alle Zeiten kann indes für Übergangs- und Hilfslösungen nicht ausgesprochen werden."
(WOCKEN 1992b, S. 1)

1.4.5 Epoche V Die Integrationsbewegung der letzten 30 Jahre

Ungeachtet des von WOCKEN beschriebenen Sachverhalts stellt gerade das Hörgeschädigtenbildungswesen bis in unsere Zeit hinein einen Bereich dar, in dem sich die integrative Beschulung nicht recht durchsetzen konnte. Wenn ich diesen Abschnitt dennoch mit 'Integrationsbewegung der letzten 30 Jahre' überschrieben habe, so deshalb, weil ich davon überzeugt bin, daß die Integrationsströmung, mit der ich mich im weiteren Verlauf meiner Arbeit auseinandersetze, in den nächsten Jahren zur wegweisenden pädagogischen Kraft werden wird.

Die Hörgeschädigtenpädagogik hat in den letzten rund 200 Jahren eigenständige Bildungseinrichtungen hervorgebracht und nach dem zweiten Weltkrieg weiter ausgebaut und verfeinert: In der Schweiz von der Frühberatung bis zur Berufsausbildung, in Deutschland bis zum Abitur und in den USA bis zur eigenen Hochschule. Als Folge davon entstanden in den meisten Ländern auch eigenständige Fachausbildungen für HörgeschädigtenpädagogInnen. Dies führte zur Gründung neuer Sonderschulen für Hörgeschädigte und Fixierung alter Einrichtungen.

Wie konnte es zu dieser Entwicklung kommen? Die gutgemeinte Absicht, behinderte Kinder zu erziehen und gesellschaftlich nutzbar zu machen, *"kippte ... zunehmend in institutionalisierte Überwachung des 'Andersartigen' und in gesellschaftliche Abwehr von Behinderung um."* (SCHÖNWIESE 1992, S. 5) Tatsächlich entstand innerhalb des nun mächtig gewordenen Sonderschulwesens die Vorstellung, in der Beschulung und Erziehung behinderter Kinder allein kompetent zu sein. WOCKEN bemerkt diesbezüglich treffend:

"Die subsidiäre Funktion der Sondereinrichtung ist leider in Vergessenheit geraten. Man hat sich an die Existenz von Sonderschulen gewöhnt und tut nun so, als ginge es eigentlich gar nicht anders, ja, als sei es sogar besser so. Der subsidiäre Charakter sonderpädagogischen Denkens und Handelns ist immer wieder gegen alle fragwürdigen Autonomiebestrebungen von Sondereinrichtungen bewußt zu machen. Eine höchst bedenkliche Verselbständigung sonderpädagogischen Denkens kommt etwa in dem Begriff der Sonderschulbedürftigkeit zum Ausdruck. Dieser Begriff unterstellt, daß schon im Wesen von Behinderungen notwendigerweise angelegt ist, daß Behinderte an separate Lebens- und Lernorte verbracht werden müssen." (WOCKEN 1992b, S. 2)

So erstaunt es kaum, daß der Integrationsgedanke bis vor drei Jahrzehnten nur vereinzelt ins Bewußtsein von Eltern, geschweige denn von Sonderschulpädagoginnen und -pädagogen drang. Bis heute hat sich diese Situation nicht wesentlich gewandelt. Es sind einzelne engagierte Hörgeschädigtenfachleute und aktive Eltern, die die gemeinsame Beschulung vorantreiben. Die faktische Situation präsentiert sich heute allerdings wesentlich anders.

Der Weg zur Integration

Aus dem Vereinigten Königreich[5], vor allem aus der Gegend von Manchester, drang Ende der 50er Jahre die Kunde von in Regelklassen integrativ beschulten Hörgeschädigten nach Deutschland und in die Schweiz. ARMIN LÖWE, CHRISTIAN HELDSTAB, SUSANNE SCHMID-GIOVANNINI und JOSEPH WEISSEN gehörten zu den ersten PädagogInnen im deutschen Sprachraum, die mit Nachdruck auf die Notwendigkeit der gemeinsamen Beschulung von hörgeschädigten Kindern und normalhörenden Kindern hinwiesen und damit die Diskussion um die Integration Hörgeschädigter in unserem Jahrhundert neu entfachten. ARMIN LÖWE fand, daß der Gedanke der Verallgemeinerung der Hörgeschädigtenbildung in der zweiten Hälfte des 19. Jahrhunderts aufgegeben worden sei, spreche keineswegs gegen seine Brauchbarkeit. Er begründete diese Aussage folgendermaßen:

> "Aus der Sicht unserer Zeit gibt es zahlreiche Gründe für sein damaliges Scheitern. Die heute hierfür als unabdingbar angesehenen Voraussetzungen waren einfach nicht gegeben. So saßen damals einzelne hörgeschädigte Kinder völlig verloren in Klassen von bis zu 130 Schülern. Der von den Befürwortern der Verallgemeinerung für unerläßlich angesehene individuelle Unterricht wurde den hörgeschädigten Kindern nicht gewährt. Ferner gab es noch keine technischen Hilfen zur Ausnützung der diesen Kindern noch verbliebenen Hörfähigkeit, und von einer Kooperation zwischen Elternhaus und Schule war keine Rede. Das Wissen um die Gründe, warum die Verallgemeinerung der Hörgeschädigtenbildung im frühen 19. Jahrhundert scheitern mußte, sollte die Hörgeschädigtenpädagogik davor bewahren, die damals begangenen Fehler noch einmal zu begehen. Nur wer nicht bereit ist, aus der Geschichte zu lernen, läuft Gefahr, bereits früher gemachte schmerzliche Erfahrungen noch einmal machen zu müssen." (LÖWE 1985, S. 27)

LÖWE wußte, wovon er sprach, denn nachdem er 1958 in Heidelberg die erste Pädaudiologische Beratungsstelle für Eltern hörgeschädigter Kinder und damit erstmals im gesamten deutschen Sprachgebiet die Früherziehung hörgeschädigter Kinder im Elternhaus verwirklichte, erkannten viele Eltern, daß sie selbst sehr viel für ihr hörgeschädigtes Kind tun konnten. Voraussetzung dafür war allerdings, daß sie die hierfür notwendigen Anleitungen erhielten. LÖWE schreibt über seine frühen Erfolge:

> "Gut geförderte hörgeschädigte Kinder liefen schon zu Beginn der 60er Jahre den anderen, weniger gut oder überhaupt nicht geförderten Kindern davon: sie übertrafen sie in ihrer emotionalen, kognitiven, psychomotorischen, sozialen und sprachlichen Entwicklung so sehr, daß sie für die traditionelle Sonderbeschulung kaum mehr in Frage kommen konnten. Viele von ihnen hatten bereits zu Beginn

---

[5] Den Ausdruck «Vereinigtes Königreich» (United Kingdom) verwende ich als Kurzform für das Vereinigte Königreich von Großbritannien und Nordirland. «Großbritannien» besteht aus England, Wales und Schottland.

des Schulpflichtalters einen Sprachentwicklungsstand erreicht, den die anderen Kinder erst nach mehrjähriger Sonderbeschulung erreichen konnten. Mit anderen Worten: Die gemeinsame Beschulung hörender und hörgeschädigter Kinder ist das Ergebnis einer besonders erfolgreich verlaufenden Früherziehung."
(LÖWE 1987, S. 38)

1.5 Die integrative Beschulung in der Region Zürich

In der deutschsprachigen Schweiz waren vor allem HELDSTAB, WEISSEN und SCHMID-GIOVANNINI offen für die Idee der Integration. Auch ihre Anstrengungen führten zu guten Ergebnissen, was sich in Veränderungen im etablierten Hörgeschädigtenbildungswesen manifestierte, so beispielsweise im Grad der Hörschädigung, der an den Hörgeschädigtenschulen unterrichteten Kinder: Die mittleren Hörverluste liegen heute höher als früher. Weshalb? Einerseits ist ein Abwandern gehörloser und hochgradig schwerhöriger Schüler und Schülerinnen von der Gehörlosenschule in die Schwerhörigenschule zu verzeichnen und andererseits wurden mittelgradig schwerhörige Kinder weitgehend in Regelklassen integriert.

Ermöglicht wurde diese Entwicklung maßgeblich durch den Auf- und Ausbau der Früherkennung und Frühförderung. Weshalb ist die Frühförderung so wichtig? Um das zu verstehen, ist es wichtig zu wissen, daß die durch eine Hörstörung ausgelöste Behinderung vorwiegend ein soziales Phänomen darstellt. Das erfordert eine soziologische Betrachtungsweise, weil die soziale Umgebung des Kindes – maßgeblich verantwortlich am Ausmaß dessen, was die Behinderung ausmacht – in die Überlegungen miteinbezogen werden muß. Es kann also nicht primär nach Bedingungen innerhalb der hörgeschädigten Person gesucht werden, nach intellektuellen Fähigkeiten oder Motivation, sondern nach jenen Rahmenbedingungen, die ausschlaggebend sind für ihre Interaktions- und Kommunikationsmöglichkeiten. So weiß man, daß sich eine Hörschädigung in der Interaktion und Kommunikation als eine Wahrnehmungsstörung bemerkbar macht, die es erschwert, sich angemessen zu verhalten. *Hörgeschädigte müssen in der Interaktion und Kommunikation mit quantitativ weniger und qualitativ unterschiedlichen Informationen umgehen und interpretieren das Verhalten oder die Aussage ihres Interaktionspartners deshalb möglicherweise nicht immer richtig.* Ist die Hörschädigung angeboren, so hat sie auf die kindliche Entwicklung einen verzögernden Einfluß. Allerdings weiß man auch, daß nur ein geringer Zusammenhang besteht zwischen der Schwere der Hörschädigung und dem Maß der Entwicklungsverzögerung. Des weiteren ist bekannt, daß im Verlauf der familiären Sozialisation geringere Entwicklungsverzögerungen auftreten, wenn rechtzeitig mit der Früherziehung begonnen wird und die Eltern angeleitet werden, eine der Hörschädigung gemäße Erziehung durchzuführen.

1.6 Entwicklung der Kinderzahlen

Die Zahl der betreuten hörgeschädigten Kinder in Kindergärten, Primar-, Real-, Sekundarschulen und Gymnasien wuchs im Laufe der letzten Jahre ständig an. Im Schuljahr 1992/93 wurden von der Beratungsstelle und der Pädoaudiologie des Kinderspitals Zürich gemeinsam 291 Kinder betreut. Aus der folgenden Darstellung ist die Entwicklung der Kinderzahlen seit 1979 ersichtlich. Die Zahl jener hörgeschädigten Kinder, die in der Pädoaudiologie bekannt sind, ist stets größer als jene der gemeinsam beschulten Kinder. Das hängt damit zusammen, daß in der Pädoaudiologie im allgemeinen die ersten Gehörabklärungen durchgeführt werden. Darunter sind selbstverständlich immer Kinder, die noch nicht im Kindergartenalter sind. Bei diesen Kindern kann daher noch nicht von gemeinsamer oder aussondernder Beschulung gesprochen werden.

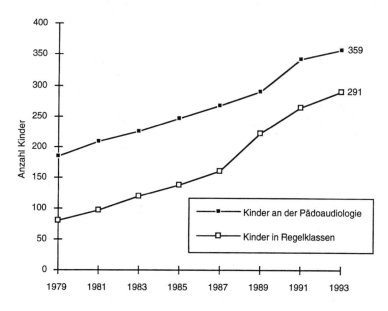

Abb. 1.6-1: Entwicklung der in der Region Zürich an der Pädoaudiologie bekannten Zahlen hörgeschädigter Kinder und jener Kinder, die integrativ beschult werden (1979 bis 1993)

Mit der zunehmenden gemeinsamen Beschulung hörgeschädigter und normalhörender Kinder nahm die aussondernde Beschulung ab. In der folgenden Darstellung sind – stellvertretend für andere Sonderschulen für Hörgeschädigte – die Schülerzahlen der Kantonalen Gehörlosenschule Zürich und der Schweizerischen Schwerhörigenschule Landenhof angeführt:

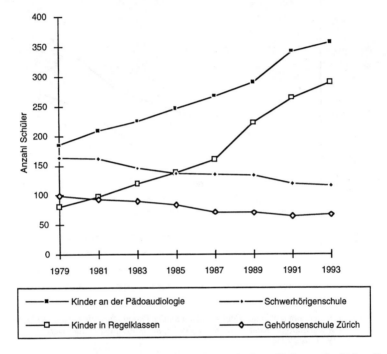

Abb. 1.6-2: *Entwicklung der bekannten Zahlen hörgeschädigter Kinder: an der Pädoaudiologie, in der Schwerhörigen-, der Gehörlosenschule und der Regelschule (1979 bis 1993)*

1.7 Die Häufigkeit von Hörschäden bei Kindern

Zur Zeit besuchen hörgeschädigte Schülerinnen und Schüler im Kanton Zürich zu einem großen Teil die Regelschule, meistens ohne behindertenspezifische Unterstützung, einige mit Betreuung. Etwa ein Viertel besucht spezielle Schulen für Hörgeschädigte (vgl. Abschnitt 1.8).

Nach LÖWE gab es bis etwa 1970 sehr zuverlässige Zahlen über die Häufigkeit (Prävalenzrate) von Hörschäden bei Kindern:

"So wußte man z. B., daß jeweils etwa 0,04% eines Schülerjahrganges eine so starke Höreinbuße hatte, daß die davon betroffenen Kinder als gehörlos angesehen werden mußten. Mit anderen Worten: auf jeweils etwa 2'500 Kinder entfiel ein gehörloses Kind. Die Zahl der einer täglichen sonderpädagogischen Förderung bedürftigen schwerhörigen Kinder lag damals etwa doppelt so hoch und wurde mit 0,08% angegeben (KM RHEINLAND-PFALZ 1974). ... Ob diese Werte gegenwärtig noch zutreffen, ob sie niedriger oder eventuell auch höher liegen, darüber gibt es keine neueren statistischen Angaben." (LÖWE 1987, S. 29)

KAMMERER (1988, S. 15) zitiert MEADOW (1975) und KRÜGER (1982), die Prozentsätze von 0,04% bis 0,05% als international gültige Werte für 'gehörlose' Kinder angeben. Dabei sind mit 'international' sicherlich Länder mit vergleichbarem medizinischen und schulischen Standard gemeint. Berücksichtigt man bei LÖWE und KAMMERER allerdings den unsicheren Begriff 'gehörlos', muß der Wert von 0,04% bzw. 0,05% mit Vorsicht betrachtet werden. Bei meiner eigenen Untersuchung erhielt ich einen Wert von rund 0,06% für Kinder mit einem mittleren Hörverlust von über 90 dB.

1.8 Aktuelle Lernorte hörgeschädigter Kinder in der Region Zürich

Von Interesse für die vorliegende Arbeit ist, welche Schulen von den leicht- bis hochgradig hörgeschädigten Kindern in der Region Zürich besucht werden. Aus der folgenden Tabelle geht hervor, daß 13 Prozent der leicht- bis hochgradig hörgeschädigten Kinder segregativ (in Sonderschulen) und 87 Prozent integrativ (in Regelschulen) beschult werden.

Sonder- bzw. Regelbeschulung	Sonderschule	S'schule in %	Regelschule	R'schule in %	Total der Kinder	Total in %
mittlerer Hörverlust < 90 dB	42	13%	280	87%	322	100%

Abb. 1.8-1: *Beschulung hörgeschädigter Kinder mit einem mittleren Hörverlust < 90 dB (Stand am 1.1.1993)*

Bei den resthörigen Kindern ist das Verhältnis von Sonderbeschulung zu Regelbeschulung gerade umgekehrt: 86,6% werden in Sonderschulen für Hörgeschädigte unterrichtet, während 13,4% Regelschulen besuchen.

ich höre ... nicht alles!

Sonder- bzw. Regelbeschulung	Sonderschule	S'schule in %	Regelschule	R'schule in %	Total der Kinder	Total in %
mittlerer Hörverlust > 90 dB	71	86,6%	11	13,4%	82	100%

Abb. 1.8-2: Beschulung hörgeschädigter Kinder mit einem mittleren Hörverlust > 90 dB (Stand am 1.1.1993)

Insgesamt werden von den 404 in der Beratungsstelle bekannten hörgeschädigten Kindern der Region Zürich 291 (72%) gemeinsam mit normalhörenden Kindern beschult, während 113 (28%) in Sonderschulen sind.

Sonder- bzw. Regelbeschulung	Sonderschule	S'schule in %	Regelschule	R'schule in %	Total der Kinder	Total in %
hörgeschädigte Kinder insgesamt	113	28%	291	72%	404	100%

Abb. 1.8-3: Sonderschule oder Regelschule bei hörgeschädigten Kindern (Stand am 1.1.1993)

2. GRENZEN DER INTEGRATION ... ?

"Es gibt keine objektiven Kriterien, nach denen wir Grenzen menschlicher Entwicklungsmöglichkeiten ziehen können. Wir dürfen auch keine Grenzen ziehen, hinter denen Menschen als 'nicht integrierbar' zurückbleiben. Und wir dürfen auch keine Grenzen ziehen, hinter denen Menschen einen sozialen Tod erleiden, bevor sie sterben." (SCHÖLER 1992, S. 91)

Wenn die Frage nach Grenzen der Integration gestellt wird, sollte man sich bewußt sein, daß durch diese Denkart oftmals indirekt versucht wird, die gemeinsame Beschulung von Behinderten und Nichtbehinderten zu verhindern. Beispielsweise wird argumentiert: "Wenn die Integration nicht bei allen Kindern möglich ist, dann lassen wir sie besser ganz bleiben." Dieser Ansatz bringt die Diskussion nicht weiter. SCHÖLER schlägt vor, den Blick über die Grenzen des deutschsprachigen Schulsystems hinauszulenken und zu fragen: *"Wie gehen die Italiener, die Dänen, die Spanier, die Schweden, Norweger usw. mit diesen Grenzfragen um?"* (SCHÖLER 1992, S. 89) Dieser Ansatz gestattet es, auf den Erfahrungen anderer Pädagoginnen und Pädagogen aufzubauen. Gleichzeitig kann er mithelfen, daß an Kindern nicht jede Idee, die andernorts nach negativen Erfahrungen fallengelassen wurde, als Schulversuch, auf der Suche nach neuesten Erkenntnissen, erneut 'durchgespielt' wird. Bei ihrem Blick hinweg über die Grenzen deutschsprachiger Länder kommt SCHÖLER zu folgenden Ergebnissen:

"Pauschal kann festgestellt werden, daß kein Land, welches durch Gesetzgebung die gemeinsame Erziehung von behinderten und nicht behinderten Kindern zum Regelfall erklärt hat (so Italien 1976 und Spanien 1986), und kein Land, in dem es zwar noch Sonderschulen gibt, aber den Eltern die volle Entscheidung über den Schulweg des Kindes mit Behinderungen überläßt (so Dänemark, Schweden, Norwegen), eine Behinderungsart von dieser Schulreform ausschließt. Diskussionen über Grenzziehungen nach Art und Grad der Behinderung stoßen bei den FachkollegInnen aus anderen Ländern auf großes Unverständnis."
(SCHÖLER 1992, S. 89)

Ausgehend von dieser Sichtweise der 'Grenzfrage' werde ich in Abschnitt 2.1 einige grundsätzliche Ausführungen über mein Verständnis von Integration machen. Darauf aufbauend, werde ich in Abschnitt 2.2 die Frage 'Grenzen der Integration?' bei leicht- bis hochgradig hörgeschädigten Kindern in Regelschulen erörtern, und in 2.3 gehe ich auf die spezielle Situation bei der Integration von Gehörlosen ein.

2.1 Integration als Prozeß

In Abschnitt 1.2 habe ich meine persönliche Entwicklung bezüglich der gemeinsamen Beschulung und Erziehung behinderter und nichtbehinderter Kinder dargestellt. Meine Überzeugung ist, daß Integration nicht Ziel pädagogischen Handelns, sondern ein Weg ist, der während des Gehens entsteht. So betrachtet, bedeutet Integration ein ständig währender Prozeß, ein Fließgleichgewicht, ein Fluktuieren zwischen dem Bedürfnis nach Gleichheit mit anderen Menschen, nach deren Nähe und Gemeinschaft und dem Bedürfnis nach Verschiedenartigkeit, nach Distanz und Eigenständigkeit. Nach REISER ist Integration die immerwährende Lust, eine dynamische Balance herzustellen zwischen Eigenständigkeit und Verbundenheit. Er schreibt:

"Beide Tendenzen sind dialektisch aufeinander angewiesen, ineinander verschränkt. Sie stehen sich nicht als Pole gegenüber, von denen der eine den anderen ausschließt oder mindert, sondern sie bedingen sich gegenseitig."
(REISER 1992[2], S. 14)

Eine solche Denkweise impliziert, daß Integration als ein vielschichtiger Prozeß verstanden wird. Ich werde integriert, ich integriere mich aber auch selbst. Das bedingt, daß 'die anderen' zulassen, daß ich mich integriere und andererseits, daß ich mich 'in die Gemeinschaft der anderen' überhaupt integrieren will. Dies setzt voraus, daß beiden Partnern oder Gruppen von Personen ein Eigencharakter, eine eigene Identität und eine grundsätzliche Gleichberechtigung auch bei unterschiedlicher Leistungsfähigkeit zugestanden wird.

Um das zu ermöglichen, muß ich mir solcher Prozesse bewußt sein und selbständig entscheiden können, ob ich das will oder nicht will. Dazu brauche ich ein gestärktes Selbstbewußtsein und ein Selbstwertgefühl. Ich brauche dazu entwickelte Identitäten.[6] Damit meine ich mindestens zwei Identitäten: eine 'persönliche Identität' und eine 'soziale Identität'.

---

6   Auf den 'Identitäts-Begriff' bei Hörgeschädigten komme ich ausführlich in Kapitel 8 zu sprechen.

Auch REISER spricht von verschiedenen Identitäten innerhalb eines Individuums, wenn er sagt:

> "Ohne Entwicklung einer persönlichen Identität wird die soziale Identität zur Anpassung, zur Reduktion des selbstbestimmten Lebens, ohne Entwicklung einer sozialen Identität wird die persönliche Durchsetzung zum inhumanen Egoismus." (REISER 1992[2], S. 14)

Auch ich bin überzeugt, daß jeder Mensch verschiedene Identitäten in sich trägt oder in sich tragen kann. Beispielsweise herrscht heute in den meisten Städten ein multikulturelles Gemisch von Menschen verschiedenster Nationalitäten vor. Dabei kommt es in einzelnen zugewanderten Kulturen zur Ghettobildung. Und das ist sicher nicht gerade das Produkt einer aktiven Auseinandersetzung mit multikultureller Realität, sondern viel eher das Produkt ihrer Leugnung. Einzelne Angehörige solcher Minderheiten schaffen es aber oftmals recht gut, sich in beiden Kulturräumen zu entfalten und wohlzufühlen. KREIS schlägt deshalb vor:

> "Wir müßten die Doppelidentität fördern, die Menschen in die Lage versetzt, zwischen verschiedenen Kulturen zu wechseln, zum Beispiel durch eine Mehrsprachigkeit, in der die Herkunftssprache gepflegt und anerkannt wird." (KREIS 1993, S. 2)

2.2 Integration leicht- bis hochgradig hörgeschädigter Mädchen und Jungen

In diesem Abschnitt gehe ich der Frage nach, ob es Grenzen bei der Integration von leicht- bis hochgradig hörgeschädigten Mädchen und Jungen gibt und – falls es solche Schranken gibt – welcher Art diese sind. Vorerst jedoch ein Blick auf die allgemeine Integrationsbewegung, wie sie von LERSCH und VERNOOIJ beschrieben wird:

> "Obwohl seit etwa 25 Jahren integrative Erziehung diskutiert und in Modellversuchen erprobt wird, wobei die Wissenschaftler nicht nur bemüht waren, die Möglichkeiten und Grenzen der integrativen Erziehung und Bildung auszuloten, sondern auch Konzepte entwickelten, die als Grundlage für eine allgemeine Schulreform dienen könnten, blieb der Kreis der 'Integrationsexperten' relativ klein. Integration ist noch kein als wichtig anerkanntes Thema in der theoretischen Pädagogik geworden." (LERSCH u. VERNOOIJ 1992, S. 11)

Diese ernüchternde Feststellung bezieht sich auf die allgemeine Pädagogik, wieviel mehr trifft sie dann erst zu auf die Behinderten- oder die Hörgeschädigtenpädagogik. Daher ist es auch nicht erstaunlich, wenn in diesen Spezialbereichen Integration noch immer als etwas Exotisches betrachtet wird, dem man besser mit großer Skepsis begegnet. So habe ich denn bereits unter 1.4.5 erwähnt, daß die Integration hörgeschädigter Kinder bis heute unter vielen Hörgeschädigtenfachleuten umstritten ist. Entsprechend engagieren sich derzeit nur wenige Schulen für Hörgeschädigte in ausreichendem Maße dafür, eine umfassende pädagogisch-psychologische Beratung und Betreuung hörgeschädigter Schülerinnen und Schüler, die in Regelklassen unterrichtet werden, zu gewährleisten. Auch wenn heute die Ablehnung der Integration nicht mehr so heftig vorgetragen wird wie noch vor einigen Jahren, möchte ich stellvertretend die Äußerungen eines vehementen Integrationsverhinderers anführen:

"Die akustische Ausnahmesituation und die damit einhergehende Beeinträchtigung der Kommunikationsfähigkeit ist Ursache dafür, daß die Eingliederung schwerhöriger Kinder in Regelschulen zwangsläufig scheitern muß, es sei denn, man nimmt das Risiko auf sich, schwerhörige Kinder in ihrem schulischen Werdegang, in ihrer persönlichen Entwicklung und damit in ihren Lebenschancen zugunsten sozialromantischer Vorstellungen einzuschränken und damit zu schädigen." (TIEFENBACHER 1974, S. 222)

Als TIEFENBACHER in dieser Form das zwangsläufige Scheitern schwerhöriger Kinder in Regelschulen prophezeite, konnten LÖWE, HELDSTAB, WEISSEN und SCHMID-GIOVANNINI schon auf eine 15jährige Erfahrung in der Integration hörgeschädigter Mädchen und Jungen zurückblicken, ohne daß von ihnen die behaupteten negativen Auswirkungen feststellbar gewesen wären. Aus diesem Grund muß TIEFENBACHERs Ansicht als völlig anachronistisch bezeichnet werden. Eine Untersuchung, die DING bei integriert beschulten hörgeschädigten Kindern durchführte, die *keine* pädagogische Begleitung erhielten, sei hier wiedergegeben:

"Integrierte schwerhörige Schüler ... sind soziometrisch weitgehend unauffällig, zeigen ein mittleres Maß an Kooperationsbereitschaft und Gruppensolidarität und lassen keine extremen sozialen Einstellungen erkennen." (DING 1977, S. 100)

Dennoch hat die skeptische Denkweise die Integrationsdebatte während vieler Jahre stark beeinflußt, und sie tut es noch immer. Beeinflußt beispielsweise in dem Sinne, daß ganze Kataloge aufgeschrieben wurden, in denen die Bedingungen seitens der Regelschule, der Lehrkräfte und - dies vor allem! – seitens des hörgeschädigten Kindes festgehalten waren, die für eine erfolgversprechende Integration erfüllt sein müssen (LÖWE 1987, S. 45; MÜLLER 1989, S. 24). Aus heutiger Sicht sind für mich diese Kriterien zwar nicht völlig vernachlässigbar, aber sekundär. Integration ist für mich primär eine Frage der Menschenrechte (EIGNER 1992, S. 15 ff.) und daher auch als Teil einer gesamtgesellschaftlichen Bewegung zu verstehen (HEESE 1983, S. 327), in der es darum geht, unsere Mitmenschen in ihrem 'Sosein als Person' (RAIDT 1992[2], S. 198) zu akzeptieren.

Die mir bekannten Integrationsfachleute der Hörgeschädigtenpädagogik stimmen mit JUSSENs kritischer Haltung gegenüber der Sonderbeschulung überein, die er – in Anlehnung an HEESE – folgendermaßen formulierte:

"Es ist ein grundlegender Irrtum anzunehmen, daß Isolation (in der Sonderschule; Anm. d. Autors) plus spezialisierte Maßnahme eine optimale Förderung des behinderten Kindes ermöglichen könne." (JUSSEN 1984, S. 287)

Die Frage, ob es bei der Integration von hörgeschädigten Mädchen und Jungen Grenzen gibt, möchte ich pragmatisch angehen. Ich stelle dabei meine persönlichen Erfahrungen und Äußerungen von Lehrerinnen, Lehrern und Therapeuten und Therapeutinnen hörgeschädigter Kinder dar. Aus vielen Gesprächen mit ihnen habe ich folgendes erkannt: Auch bei jenen Personen, die anfangs der Integration eines hörgeschädigten Kindes skeptisch gegenüberstanden, stellte sich schon nach kurzer Zeit die Überzeugung ein, daß es nicht das behinderte Kind ist, das im pädagogischen Alltag jene Probleme bereitet, die Lehrkräfte oftmals verzweifeln lassen, sondern daß dafür häufig die aggressiven, verhaltensauffälligen Jungen verantwortlich sind. SCHÖLER beschreibt ihre Erfahrung ähnlich:

"Sehr häufig (sind es) die Kinder, deren besondere Benachteiligung daraus resultiert, daß ihre Eltern nicht in der Lage sind, ihnen die innere Stabilität zu geben, die für eine positive Persönlichkeitsentwicklung notwendig ist." (SCHÖLER 1992, S. 81; Einfügung vom Autor)

Verschiedene Institutionen im deutschsprachigen Raum, deren Aufgabe die Beschulung hörgeschädigter Kinder ist, bieten zum Teil sehr unterschiedliche Modelle[7] zur Unterstützung an, die von Teilintegration, in der hörgeschädigte Kinder stundenweise dem Unterricht in hörenden Klassen mitmachen können (HARTMANN 1984, 1987, 1989), über kooperative Schwerhörigenschulen, die lediglich innerhalb des Regelschulhauses untergebracht sind, aber getrennt von den hörenden Schülerinnen und Schülern unterrichtet werden (CLAUSSEN 1989, S. 203), kooperative Sonderklassen[8] innerhalb der Regelschule (RAIDT 1987, S. 136) und Regelklassen, die einem sonderpädagogischen Förderzentrum angeschlossen sind (RAIDT 1987, S. 136). Die letzte Variante ist meines Wissens derzeit im deutschen Sprachgebiet allerdings noch nirgends verwirklicht (vgl. auch Abschnitt 9.2). Für die vorliegende Arbeit ist die Darstellung der verschiedenen Unterstützungsmodelle nicht von großer Bedeutung, da sie nicht Integration in meinem Sinne darstellen. Ich verstehe

---

[7] Übersichten über die verschiedenen Integrationsformen finden sich beispielsweise in PRISKA ELMIGER 1992, S. 10-13; PETER RAIDT 1992², S. 197; NORBERT STOELLGER 1992, S. 445-458).

[8] Damit ist eine Sonderklasse in einem Regelschulhaus gemeint. Zeitweise findet aber eine unterrichtliche und auch außerunterrichtliche Zusammenarbeit mit einzelnen Regelklassen statt. Dieses Modell entspricht ungefähr demjenigen, das im Kanton Zürich unter ANDREAS BÄCHTOLD lanciert wurde (vgl. Abschnitt 3.4).

unter integrativer Beschulung, daß die hörgeschädigten Kinder den Unterricht vollständig mit den normalhörenden Kindern erleben und mitgestalten und sich durch den damit verbundenen Kontakt und die Interaktionen mit ihren Klassenkameradinnen und -kameraden sozial und intellektuell möglichst so entwickeln wie die nichtbehinderten Kinder.

Wenn ich im folgenden von integrativ beschulten hörgeschädigten Kindern spreche, dann sind damit – bis auf wenige Ausnahmen – Mädchen und Jungen mit einem mittleren Hörverlust bis etwa 100 dB gemeint. Je nach Bedarf erhalten die Kinder neben dem normalen Unterricht während ein bis drei Wochenlektionen Unterstützung durch eine Logopädin oder einen Logopäden. Vereinzelt werden sie durch eine Wanderlehrerin oder einen Wanderlehrer der Schule für Hörgeschädigte in Meggen, die unter der Leitung von SCHMID-GIOVANNINI steht, betreut. Die Lehrerinnen und Lehrer sämtlicher Kinder können Beratung und Unterstützung durch die Beratungsstelle anfordern. Auf einzelne Aspekte der Beratung gehe ich in Kapitel 9 detailliert ein (vgl. auch RAIDT 1987, S. 136). Nach dem ersten Jahr Aufbauarbeit in der Beratungsstelle fragte ich Lehrer und Lehrerinnen nach ihren persönlichen Erfahrungen mit dem hörgeschädigten Kind in der Klasse. Ich wollte von ihnen wissen, ob sie das hörgeschädigte Kind als Belastung empfinden, um für meine eigene Beratungstätigkeit eine breitere Absicherung zu erhalten. Eine Lehrerin schilderte die Situation (kurz vor dem Übertritt in die vierte Regelklasse) folgendermaßen:

"Es waren nicht immer rosige Zeiten. Es waren für Hans und auch die hörenden MitschülerInnen und mich oft harte Lernprozesse, die Umdenken und Anpassungen erforderten. Vielleicht schneller als sonst kamen ernsthafte Diskussionen zustande, Lebenskunde erteilte ich nicht nach Stundenplan, sondern immer dann, wenn wieder Anlaß zu einem Gespräch war, beispielsweise wenn Hans mit dem Ball aus der Turnhalle rannte, statt beim Völkerball mitzuspielen. Mir selber sind solche Gespräche sehr wichtig, die Zeit dafür spielt keine Rolle, und Ausgefallenes kann immer wieder nachgeholt werden. Aber gerade bei diesen Klassengesprächen stellte sich immer wieder heraus, daß nicht Hans das Problem, daß nicht er der Auslöser war, sondern meistens ein anderer Junge. Tatsächlich wackelte das soziale Gefüge in dieser Klasse anfangs so ernsthaft, wie ich es noch in keinem anderen Klassenzug erlebt hatte, aber das war nicht wegen Hans. Rückblickend muß ich sagen, daß dadurch, daß Hans sich oft mißverstanden fühlte und vielleicht überempfindlich reagiert hatte, in der Klasse Diskussionen und Verstehensprozesse ausgelöst wurden, die ohne ihn überhaupt nicht möglich gewesen wären. Ich glaube heute, daß die verhaltensauffälligen Jungen indirekt dank Hans ausgeglichener geworden sind." (Die Lehrerin der 3. Regelklasse von Hans; sein mittlerer Hörverlust beträgt beidseits je 75 dB.)

Ein Lehrer, der von Anfang an mit einer Belastung rechnete, beschrieb seine Erfahrungen mit einer hörgeschädigten Schülerin folgendermaßen:

Grenzen der Integration ... ?

"Als ich davon hörte, daß ein hörgeschädigtes Kind in meine Klasse kommen sollte, freute ich mich darauf, einmal irgendwie etwas Besonderes für ein Kind tun zu können. Insgeheim hoffte ich, daß vielleicht auch für die ganze Klasse dadurch etwas Positives entstehen könne. Ich war (mindestens theoretisch, im Gespräch mit Kollegen und Kolleginnen) immer davon ausgegangen, daß möglichst alle Kinder (mit verschiedenen Behinderungen) in die Regelklasse integriert werden sollten.

Nun kam ich einmal selbst in diese Situation, die ich mir allerdings sehr viel schwieriger vorgestellt hatte, als sie sich jetzt im Schulalltag erweist. ...

Auf 'mein' hörgeschädigtes Kind wurde ich durch die Beratungsstelle vorbereitet. Bald kam der Berater auch in die Klasse und förderte bei den Mitschülern das Verständnis für schwerhörige Kinder. Das brachte Gespräche mit und unter den Schülern. Das Thema Schwerhörigkeit fand Interesse, ohne auch wieder zu viel Gewicht zu erhalten, was, wie ich fast befürchtet hatte, die betroffene Schülerin hätte bloßstellen können. Ich darf meiner Klasse überhaupt ein Kränzlein winden. Die Schüler sind tolerant und kameradschaftlich, interessiert und hilfsbereit. Ich glaube, besonders in dieser Beziehung hat die ganze Klasse von der hörgeschädigten Beatrice profitiert." (Beatrices Lehrer der 5. Regelklasse; mittlerer Hörverlust von Beatrice: links 70 dB, rechts taub)

Diese zwei Beispiele von hochgradig hörgeschädigten Kindern zeigen, daß bei der integrativen Beschulung seitens der behinderten Kinder keine nennenswerten Hindernisse bestehen. Wie das folgende Beispiel zeigt, kann es vorkommen, daß ein Lehrer oder eine Lehrerin die für das Kind problematischen Lernsituationen erst aufgrund eines Aha-Erlebnisses besser einzuschätzen lernt:

"Kurz nachdem Urs in meine Klasse kam, bemerkte ich während einer Geographiestunde, daß er sich ständig mit seiner Banknachbarin unterhielt, während ich von der Sahara erzählte. Von mir gefragt, was denn sei, sagte er lediglich lächelnd: 'Die Batterien sind leer'. Das war der Moment, in dem ich erstmals wirklich realisierte, daß Urs eine andere Wahrnehmungssituation hat als wir Normalhörenden. Aber sonst war er gleich wie alle anderen Schüler, er unterschied sich kaum von ihnen. Er zählte sogar zu meinen besten Schülern und wird im nächsten Jahr eine kaufmännische Lehre antreten."
(Der Lehrer der 3. Sekundarschulklasse. Urs' mittlerer Hörverlust beträgt links 80 dB, rechts 85 dB.)

Es gibt auch Situationen, in denen sich die Lehrerin oder der Lehrer unsicher fühlt. Ein Informationsmangel ist oftmals Ursache dafür. Mit einer minimalen Beratung kann hier meistens schon viel erreicht werden.

"Ein Problem ist das Singen. Möglicherweise stimmt es, wenn Peter sagt, daß die Geräusche der Orff-Instrumente und Flöten zu stark sind für seine Hörgeräte. Aber ich weiß eben nichts über die Geräte. Ich wäre froh, wenn ich hier Unter-

stützung erhalten könnte, dann könnte ich Peters Situation sicher besser einschätzen und ihn besser verstehen und ihm gezielt helfen. In der Klasse ist Peter gut aufgehoben, aber ich fühle mich als Lehrer manchmal allein."
(Der Lehrer der 2. Sekundarschulklasse. Peters mittlerer Hörverlust beträgt links 55 dB, rechts 70 dB.)

Bleibt in einem solchen Fall die helfende, kollegiale Beratung aus, kann sich daraus leicht eine von Mißtrauen geprägte Stimmung entwickeln. Peters Lehrer hatte, als ich ihn erstmals aufsuchte, bereits die irrige Meinung, Peter wolle ja nur nicht hören. Im nächsten Beispiel, bei Daniela, fand eine eingehende Beratung vor Eintritt in die Klasse statt. Die Lehrerin hatte anfangs große Zweifel, ob sie dieser Aufgabe gewachsen wäre. Dies vorallem deshalb, weil Daniela aus einer Sonderklasse 're-integriert' wurde. Sie hatte sprachlich sehr gute Fortschritte gemacht, so daß man sie eigentlich problemlos verstehen konnte. Ihre Stimmlage war jedoch trotz der Sprachtherapie noch sehr hoch und dadurch auffallend. Neben der Regelschullehrerin war deshalb auch Daniela unsicher, ob sie in der neuen Umgebung gut aufgehoben wäre, aber heute möchte sie nicht mehr zurück in die Sonderklasse. Die Lehrerin berichtete:

"Im Schulhaus wird sie sogar fast verwöhnt, weil sie sehr klein ist und wegen ihrer klar hörbaren Behinderung. Auch in der Klasse ist Daniela gut integriert. Das war nicht immer so. In den letzten drei Jahren hat sich viel geändert. Als sie aus der Sonderklasse in meine vierte Klasse kam, war Daniela überempfindlich und reagierte mit Wutausbrüchen, wenn sie jemand nur berührte oder sie sich angegriffen fühlte. Heute besitzt sie ein viel besseres Selbstbewußtsein und genießt in der Klasse sogar einiges Ansehen." (Danielas Lehrerin der 6. Regelklasse. Danielas mittlerer Hörverlust: links 85 dB, rechts 55 dB.)

Mit diesen Beispielen möchte ich zeigen, daß von Lehrerinnen und Lehrern grundsätzlich keine Grenzen bei der Integration hörgeschädigter Mädchen und Jungen festgestellt werden. Offensichtlich bestätigt sich im Falle Hörgeschädigter, was SCHÖLER (1992, S. 81) sagte: *"Die Grenzen der Integration liegen nicht in dem einzelnen Kind."* Wenn SCHÖLER von Grenzen spricht, so zeigt sie damit, daß sie die zur Zeit existierende Wirklichkeit nicht verleugnet: Es sind tatsächlich Grenzen vorhanden. Es sind jedoch nicht die Grenzen im behinderten Kind, sondern es ist unser Schul- und Gesellschaftssystem, das Grenzen darstellt. Wenn jedoch das Gesellschaftssystem recht starre Grenzen aufweist, so ist beim Schulsystem erfreulicherweise festzustellen, daß diesem eine beschränkte Flexibilität innewohnt. Deshalb lassen sich die Grenzen nicht grundsätzlich festlegen. SCHÖLER (ebd.) fährt weiter: *"Wir müssen allerdings damit rechnen, daß wir auf einem langen Weg eventuell auch an Grenzen stoßen."* Auch dies möchte ich anhand von LehrerInnenaussagen veranschaulichen.

"In meiner Klasse fühle ich mich durch Daniels Hörschädigung überhaupt nicht zusätzlich belastet. Da ich in meiner Klasse Kinder mit den verschiedensten Störungen habe (Wahrnehmungsstörungen, MCD-Kinder[9], Verhaltensstörungen), muß ich meine Zuwendung und Einzelbetreuung stark aufteilen, und dabei kommt sicher immer wieder eines zu kurz. Das ist sicher nicht ideal, ist aber die Realität in einer großen Klasse und hilft dem Einzelnen vielleicht auch wieder, seine Schwierigkeiten besser zu akzeptieren." (Daniels Lehrerin der 6. Regelklasse. Daniels mittlerer Hörverlust: links 65 dB, rechts 70 dB.)

Mit dieser letzten Aussage wird die Aufmerksamkeit vom behinderten Kind weg auf einen anderen Bereich gelenkt: Systembedingte Faktoren erweisen sich als Hemmnisse, als mögliche Schwellen und allenfalls sogar als Grenzen einer Integration. Auch die folgende Aussage weist auf diesen Sachverhalt hin:

"Baris besucht einmal in der Woche den Logopädieunterricht. Das erscheint mir unerläßlich. Zwischen der Logopädin und mir besteht auch eine gute Zusammenarbeit. Ich wünsche mir sogar eine intensivere logopädische Betreuung. Oft plagt mich das schlechte Gewissen, und ich denke, daß Baris sprachlich schon weiter wäre, wenn die Therapie intensiver durchgeführt werden könnte. Aber mangels zusätzlicher Logopädinnen ist es in unserer Gemeinde nicht möglich, für ein einzelnes Kind mehr Logopädiestunden zu beanspruchen. (Baris' Lehrerin der 4. Regelklasse; Baris' mittlerer Hörverlust beträgt links 60 dB, rechts ist er taub.)

Die Plazierung eines hörgeschädigten Kindes in einer Regelklasse bedeutet noch längst nicht eine Integration dieses Kindes. Zwar hat jedes hörgeschädigte Kind einen gesetzlichen Anspruch auf eine seiner Hörschädigung angepaßte Beschulung, aber es ist nicht gesetzlich geregelt, daß die Klassenfrequenz, wenn ein hörgeschädigtes Kind in der Klasse beschult wird, tiefer angesetzt werden muß. So ist denn die folgende Äußerung eines Regelklassenlehrers auch verständlich:

---

[9] 'MCD' bedeutet 'Minimal Cerebral Disfunction', was im deutschen Sprachraum mit 'leichter frühkindlicher Hirnschädigung' übersetzt wird. In einigen Gebieten spricht man vom 'MBD', dem 'Minimal Brain Damage' oder dem 'HKS', dem 'Hyperkinetischen Syndrom' oder dem 'POS', dem 'Psycho-Organischen-Syndrom'. Es handelt sich dabei um eine Anhäufung von einzelnen Symptomen, die in unterschiedlicher Ausprägung auftreten, wobei aber nicht alle betroffenen Kinder in allen Bereichen Störungen aufweisen. Sprachstörungen, Störungen der Grob- und Feinmotorik, Wahrnehmungsstörungen, Störungen im Sozial-Emotionalbereich. Die Ursachenforschung ist bis heute noch zu keinem eindeutigen Ergebnis gekommen. Angenommen wird: Sauerstoffmangel in der prä-, peri- und postnatalen Phase, Stoffwechselstörungen des Gehirns, genetische Faktoren. In der Medizin spricht man in einem solchen Fall von einer 'Idiopathie' und meint damit ein krankhaftes Erscheinungsbild, das zwar feststellbar ist, von dem aber niemand sagen kann, weshalb es entstehen konnte.

"Gerne würde ich auch in Zukunft behinderte Schüler aufnehmen (auch schwer behinderte Kinder), aber nicht bei den gegenwärtigen Schülerzahlen von 24 und mehr." (Ein Lehrer einer 3. Sekundarschulklasse)

Die letzten Beispiele zeigen Hindernisse in materiellen Bereichen. Hierher gehören auch Unzulänglichkeiten in der Ausstattung und Ausgestaltung eines Klassenzimmers, beispielsweise eine mangelhafte Wandtafelbeleuchtung oder eine große Halligkeit. Diese Mängel sind in der Regel kein Hindernis für eine Integration. Sie stellen somit auch keine Grenzen dar; aber für die betroffenen Kinder sind sie eine zusätzliche Belastung, die nach Möglichkeit vermieden werden sollte.

Solange Integrationspädagogik vom Gesellschafts- und Bildungssystem zwar als wünschenswert gilt, jedoch nicht grundsätzlich auf Gesetzesebene verankert ist, ist die ganze Aufmerksamkeit darauf zu richten, die Grenzen, Widerstände und Klippen dieses Systems klar zu erkennen, zu beschreiben und zu umschiffen. *"Nur Grenzen, die ich genau erkenne, kann ich versuchen zu verändern. Die letzten Jahre integrativer Pädagogik zeigen ... deutlich, daß unüberwindbar scheinende Grenzen veränderbar sind, aber auch, wie langsam und in welch kleinen Schritten dies vorangeht."* (REISER 1992[2], S. 19) Die Entwicklung der letzten 30 Jahre im Bereich der Integration hörgeschädigter Mädchen und Jungen in der Region Zürich bestätigt diese Aussage. In konsequenter Ausnützung gesetzlicher Möglichkeiten, die bestehenden ökosystemischen Rahmenbedingungen zu beeinflussen, wurde die gemeinsame Beschulung bei vielen Kindern erst möglich. Im Laufe dieser Zeit hat sich unter anderem gerade dadurch, daß so viele Lehrpersonen hörgeschädigte Kinder als Bereicherung für den schulischen Alltag erlebt haben und erfolgreich gemeinsam unterrichten konnten, bei vielen Kollegen und Kolleginnen eine große Bereitschaft dafür eingestellt, wieder oder erstmals ein hörgeschädigtes Kind in die Klasse aufzunehmen.

2.3 Resthörige Kinder in Regelklassen?

Von den rund dreihundert Kindern, die von der Beratungsstelle betreut werden, haben etwa drei Prozent einen Hörverlust, der an Taubheit grenzt. Nimmt man die hörgeschädigten Kinder mit einem mittleren Hörverlust von über 90 dB dazu, die zur Zeit an Sonderschulen für Hörgeschädigte unterrichtet werden, so sind damit rund zwanzig Prozent aller bekannten hörgeschädigten Kinder in der Region Zürich gemeint. Das sind 82 Kinder. Einige von diesen haben neben der Hörschädigung noch weitere Behinderungen. Ich habe diesen Abschnitt im Kapitel 'Grenzen' angesiedelt, weil ich damit zum Ausdruck bringen möchte, daß die Integrationsdebatte bei diesen Kindern besonders heftig geführt wird. Die Kritik kommt nicht nur seitens der SonderschulbefürworterInnen, sondern auch von einzelnen erwachsenen Hörgeschädigten, die befürchten, ihr 'Nachwuchs' könnte ihnen dadurch entfremden. LYNAS stellt fest:

"Es wird behauptet, daß es unfair und unakzeptabel sei, das hörgeschädigte Kind in eine so schwierige Lage, wie die Regelschule für es ist, zu stellen. Der Platz der hörgeschädigten Kinder sei die Sonderschule, wo sie ihre eigene Sprache und Kultur entwickeln können. Hörgeschädigte Kinder, so wird argumentiert, sollen mittels Zeichensprache – eine Sprache, in der sie nicht behindert sind – Zugang zur Schulbildung haben. Es wird grundsätzlich verneint, daß Hörgeschädigte 'hören' und ausreichende verbale Sprachfertigkeiten entwickeln können, um auf diese Weise bequem mit anderen zu kommunizieren.
Diese ideologische Einstellung findet in den Medien in Großbritannien Unterstützung, und das Argument scheint für die allgemeine Bevölkerung logisch zu sein. Wie weit diese Meinung zukünftige pädagogische Richtlinien beeinflussen wird, ist noch nicht überschaubar. Doch ich glaube nicht, daß diese Einstellung in absehbarer Zukunft überwunden wird, und ich meine, daß es wichtig ist, dieses zu wissen." (LYNAS 1992, S. 81)

Da Integration jedoch ein Menschenrecht und als solches unteilbar ist (vgl. MUTH 1990^2, S. 17 oder SCHÖLER 1990^2), steht für mich ohne Zweifel fest, daß auch gehörlose Kinder das Recht haben, ihre Erziehung und Beschulung gemeinsam mit normalhörenden Kindern zu erleben. Daher stimme ich mit SCHÖLER überein, wenn sie sagt:

"Wenn es Grenzen gibt, dann sind dies unsere Grenzen. Es sind Grenzen der Erwachsenen, die Grenzen der gesellschaftlichen Bedingungen. Es sind unsere Grenzen, wenn wir es nicht schaffen, uns das gemeinsame Leben und Lernen mit einem schwer behinderten Kind vorzustellen, wenn wir die notwendigen organisatorischen Bedingungen nicht herstellen können." (SCHÖLER 1992, S. 81)

Genau dieses Herstellen notwendiger organisatorischer Bedingungen ist es, das vielen Fachleuten und PolitikerInnen Mühe bereitet. Oftmals ist es nicht so, daß diese Leute grundsätzlich dagegen wären, notwendige Veränderungen zu veranlassen, sondern es fehlt ihnen einfach das notwendige Basiswissen, um ihr Vorstellungsvermögen damit zu aktivieren. Sie kennen eben nur jenes System, in dem sie selbst aufgewachsen sind, und ein neues System ist ein unbekanntes, fremdes, möglicherweise gefahrenbeladenes und daher vorsichtshalber abzulehnendes. Die meisten Menschen haben Angst davor, etwas zu unterstützen, von dem sie nicht viel wissen. Deshalb ist es von ausschlaggebender Wichtigkeit, daß von allen, die von der Richtigkeit der Integration überzeugt sind, Öffentlichkeitsarbeit geleistet wird. Solange in den Medien nur jene Fälle breitgeschlagen werden, in denen die Integration angeblich versagte, wird sich auch die gesellschaftliche Meinung gegenüber behinderten Kindern in Regeleinrichtungen kaum ändern. Im Bereich der hörgeschädigten

Kinder weiß ich, daß die meisten Lehrerinnen und Lehrer hervorragende Arbeit leisten, aber diese wird von der Öffentlichkeit im allgemeinen nicht wahrgenommen. Dennoch bin ich optimistisch, denn die beste Öffentlichkeitsarbeit geschieht längerfristig durch die integrierten Kinder selbst sowie ihre Mitschüler und Mitschülerinnen, denn sie erleben täglich, daß die gemeinsame Beschulung nicht nur möglich, sondern auch bereichernd ist. Sie berichten zu Hause von ihrem Schulalltag, und sie werden selbst Eltern werden und sich daran erinnern, daß sie in ihrer Klasse ebenfalls behinderte Kinder hatten. Es sind aber auch die Lehrerinnen und Lehrer, die an dieser Öffentlichkeitsarbeit einen großen Anteil haben: Sie berichten im Lehrerzimmer von ihren Erfolgen und Schwierigkeiten mit den behinderten Kindern, und das regt zur Auseinandersetzung und zum Dialog an. Im Falle hörgeschädigter Kinder ist die Situation in einigen Gegenden des Kantons Zürich so, daß Lehrerinnen und Lehrer mit großer Selbstverständlichkeit auf das Vorhandensein eines solchen Kindes reagieren. Zur Illustration ein Beispiel:

Nach dem Sprachheilkindergarten besuchte Angelika eine Sonderklasse C für Sprach- und Sinnesgeschädigte[10] bei einer Lehrerin. Ihr Hörverlust liegt beidseits bei über 100 dB. Seit letztem Sommer besucht sie den Unterricht in einer vierten Regelklasse. Ihr Lehrer engagiert sich nicht besonders für Angelika, aber er schenkt ihr soviel Aufmerksamkeit, daß sie sich jeden Tag auf die Schule freut. Leistungsmäßig gehört sie zum besten Drittel der Klasse. In der Schule ist sie nun mit den Kindern aus ihrem Wohnquartier zusammen, die sie früher, wenn sie vom Schultaxi abgeholt oder nach Hause gebracht wurde, nur durch die Autoscheibe sah. Jetzt gehört sie voll zu ihnen. Sie hat Freundinnen und fühlt sich einfach glücklich. Während den meisten Stunden des Unterrichts wird eine FM-Anlage[11] verwendet.

In der Schweiz ist es so, daß die meisten Männer jedes Jahr für zwei oder drei Wochen im Militärdienst sind. Während dieser Zeit unterrichtet ein Stellvertreter oder eine Stellvertreterin die Klasse. Bisher hatte Angelika noch nie einen Aushilfslehrer. Angelikas Mutter rief mich an und fragte, was sie an Vorbereitungen treffen sollte, um für Angelika keine unglückliche Situation entstehen zu lassen. Wir beschlossen, daß die Mutter vorgängig mit dem neuen Lehrer Kontakt aufnehmen würde. Das tat sie und rief mich kurz darauf wieder an. Sie erzählte mir erfreut, was ihr der Stellvertreter gesagt hatte: "Ich freue mich darauf, mit Angelika zu arbeiten. Ich habe schon in verschiedenen Klassen ein hörgeschädigtes Kind unterrichtet. Ich weiß auch wie die FM-Anlage zu bedienen ist, das ist kein Problem. Falls Angelika oder ich Probleme haben, können wir ja sofort miteinander Kontakt aufnehmen."

---

[10] Eine detaillierte Beschreibung des zürcherischen Schulsystems findet sich in 3.3.
[11] Eine 'FM-Anlage' oder 'Mikroport-Anlage' ist eine Sende- bzw. Empfangsanlage von der Lehrerin bzw. vom Lehrer zum hörgeschädigten Kind. Eine detaillierte Beschreibung folgt in 7.4.

Zurück zur Grenzfrage: Daß Angelika heute so problemlos in einer Regelklasse an ihrem Wohnort zusammen mit ihren KameradInnen beschult werden kann, ist neben der Elternmitarbeit und einer guten Frühförderung auch den revolutionsartigen Fortschritten in der Entwicklung von Hörgeräten zu verdanken, die die Nutzung minimalster Hörreste ermöglichen, die für die Entwicklung der Hör- und Sprechfähigkeit nutzbar sind. Was aber ist mit jenen Kindern, bei denen auch mit den besten Hörgeräten keine Lautsprachentwicklung einsetzt? Ist bei diesen eine Integration nicht möglich? Die Antwort ist klar: Natürlich ist sie möglich, es gibt ja auch andere Kinder, die nicht sprechen können, und bei diesen hat sich die gemeinsame Beschulung ebenfalls als richtig erwiesen (vgl. SCHÖLER 1992, S. 83). An dieser Stelle weise ich darauf hin, daß die Anzahl jener Kinder, die zu keiner befriedigenden Lautsprache kommt, weiter abnehmen wird. Dies aus folgenden Gründen: Erstens führen die Erkenntnisse im hörgerichteten Spracherwerb (vgl. Abschnitt 5.3.2) bei vielen Kindern, die aufgrund ihrer Audiogramme als gehörlos bezeichnet werden, dennoch zu einer erstaunlich guten Lautsprachkompetenz. Zweitens erhalten zusehends auch Kinder, die prälingual ertaubt sind, ein Cochlea-Implantat, mit dessen Hilfe ihre Lautsprachentwicklung annähernd wie bei Hörenden verläuft. Ob man diese Entwicklung nun befürwortet oder nicht, ändert nichts an der Tatsache, daß sie stattfinden wird.

Andererseits ist es heute noch so, daß einzelne gehörlose oder resthörige Kinder, die Anforderungen der gegenwärtigen durchschnittlichen Regelschule, trotz des teilweise bereits vorhandenen breiten Unterstützungsangebots, nicht erfüllen können. Für diese Kinder mögen derzeit die Hörgeschädigtenschulen noch notwendig sein. Dennoch muß auch hier der Entscheid, ob integrative Beschulung oder Sonderschule der bessere Weg zur Erreichung des Endziels der gesellschaftlichen Integration ist, nach verantwortungsbewußter Beratung durch die Fachleute, von den Eltern gefällt werden.

Im angloamerikanischen Sprachraum bezeichnet man die 'integrative Beschulung mit 'Mainstreaming'. In den USA ist das Mainstreaming seit 1975 durch das 'Public Law 94-142' garantiert und gesetzlich geregelt.[12] Dennoch ist die Situation auch dort noch nicht immer befriedigend, denn sonst wäre es nicht verständlich, daß der amerikanische Psychologe HARLAN LANE an dieser Form der integrativen Beschulung Kritik übt:

---

12 Das 'Public Law 94-142' garantiert allen behinderten Kindern u. a. das Recht auf eine Erziehung (Education) im 'Least restrictiv environment', also in der 'am wenigsten einschränkenden Umgebung'. In der Praxis bedeutet das, daß ein hörgeschädigtes Kind in die seinem Wohnort am nächsten gelegene Schule integriert wird, falls dort angemessene Förderbedingungen geschaffen werden können. Die integrierende Schule ist sodann verpflichtet, einen individuellen Förderplan zu erstellen, der jährlich überprüft wird. Wenn sich die Beschulung in dieser Form als ungünstig herausstellt, erfolgt die weitere Beschulung an einer Schule für Hörgeschädigte.

"Wenn man jedoch beim Mainstream-Unterricht keine Vorkehrungen für die Sprachbarriere trifft, so erweist sich diese Nähe ... als ebenso produktiv wie die zwischen einem Hund und seinen Flöhen. Die Mainstream-Bewegung verfährt unter nahezu völliger Mißachtung der Wünsche der gebärdenden Gemeinschaft, die immer im Streit mit ihren hörenden Wohltätern – den Ohrenärzten, Audiologen, Sprachpathologen – lag." (LANE 1988, S. 10)

Mit den gewünschten Vorkehrungen zum Überwinden der Sprachbarrieren meint LANE den Einsatz von Gebärden in der Erziehung und Bildung Gehörloser. Unterbleibt dies, besteht (nach LANEs Meinung) bei so stark hörgeschädigten Kindern und Jugendlichen die Gefahr einer permanenten Identitätskrise, aus der sich, nach Ansicht verschiedener Fachleute, Neurotisierungen entwickeln können (vgl. CLAUSSEN 1980; KAMMERER 1988, S. 181; AHRBECK 1992). Mögliche Gründe für eine problematische Entwicklung kann man in einer Feststellung von GÜNTHER erkennen:

"Trotz eines häufig hohen Einsatzes seitens der Eltern, Lehrer und Erzieher für die Ziele des hörgerichteten Spracherwerbs darf auch nicht übersehen werden, daß letztendlich von dem gehörlosen Kind eine totale Anpassung an die lautsprachlichen Gewohnheiten der hörenden, ihrerseits nicht adaptionsbereiten Umwelt gefordert wird." (GÜNTHER 1991b, S. 2)

Nachdem heute linguistisch, entwicklungs- und neuropsychologisch belegt ist, daß Gebärdensprachen den Lautsprachen analoge Sprachsysteme sind, die sowohl für die Alltagskommunikation als auch für den wissenschaftlichen Diskurs geeignet sind, ist ihr Einsatz in der Erziehung in Betracht zu ziehen. GÜNTHER macht allerdings eine wesentliche Einschränkung:

"Die Gebärdensprachen verfügen über keine Verschriftungsform und sind deshalb für situationsunabhängige Dokumentations- und Tradierungszwecke notwendig zumindest auf die schriftliche Modalität der Lautsprache angewiesen." (ebd., S. 3)

Diese Schwachstelle in der Gebärdensprache wird auch von eindeutigen Gebärdenbefürwortern wie PRILLWITZ erkannt. Da noch keine entwickelte Gebärdenschriftsprache[13] zur Verfügung steht, ist bis heute die Verwendung der Gebärdensprache *"auf eine face-to-face-Interaktion unter Gehörlosen beschränkt und in institutionellen Bildungs- und Lernprozessen bisher kaum zugelassen"* (PRILLWITZ 1988, S. 74). Nach PRILLWITZ (1989), JOHNSON et al. (1990), WISCH (1990) und GÜNTHER (1990/91) ändert dies nichts daran, daß Gehörlosen damit – wenn auch mittels Dolmetscher – für eine aktive Teilhabe an Gedankenaustausch und Diskussionen ein Sprachsystem zur Verfügung

---

13 Versuche, eine Gebärdenschrift zu entwickeln, wurden unter anderem in den USA von SUTTON (1981) mit der 'Sign-Font', der sogenannten 'Sutton-Schrift' und in Deutschland von PRILLWITZ (1988) mit 'HamNoSys', dem 'Hamburger Notations-System' für Gebärdensprache, unternommen. (vgl. auch PRILLWITZ u. a. 1989)

steht. Nach Meinung dieser Autoren kann die angestrebte Lautsprachkompetenz trotz Einsatz von Gebärden erreicht werden. Als ein verlockender Weg erweist sich in ihren Augen die Idee einer 'gehörlosenspezifischen Zweisprachigkeit'.

Die an diesem Konzept seitens der Befürworter eines hörgerichteten Lautspracherwerbs erhobene Kritik zielt eigentlich nicht grundsätzlich auf den Einsatz von Gebärden, sondern lediglich auf einen zu frühen Einsatz derselben. Es wird befürchtet, daß das hörgeschädigte Kind dadurch ganz verstummen könnte. Nur, wie kann der Lautsprachaufbau gewährleistet werden? Meiner Meinung nach wurde bis heute jenem Argument, das so eindeutig den Vorteil der Integration ausmacht, nämlich der Vorbildfunktion der normal sprechenden Mitschülerinnen und Mitschüler, viel zu wenig Beachtung geschenkt. Tatsächlich ist aber genau dies das Problem der Gehörlosenschulen. Selbst wenn in der Gehörlosenschule die besten Lehrkräfte unterrichten, so ist innerhalb einer Klasse immer nur diese eine normal sprechende erwachsene Person als Lautsprachvorbild vorhanden, und das ist die denkbar ungünstigste Voraussetzung, um sich Lautsprachkompetenz anzueignen. Genau hier muß also ein neues Konzept einsetzen.

Ich bin der Meinung, daß nur die Integration ein ganzheitliches Bildungs- und Erziehungskonzept darstellt. Ich sehe aber auch, daß es für einzelne gehörlose Kinder sinnvoll ist, einen Gebärdeneinsatz zu befürworten. Für mich ist die Schlußfolgerung daraus nun aber nicht, daß diese Kinder deswegen in der Gehörlosenschule bessere Entwicklungsbedingungen hätten.[14] Im Gegenteil, ich bin der Meinung, daß die *Integration sogar notwendige Voraussetzung für den Einsatz der Gebärdensprache* darstellt. Denn es ist unbestritten, daß die besten Voraussetzungen für die Lautsprachentwicklung in den Regelschulen vorhanden sind und nirgends sonst. Kommt die Gebärde in der Regelschule in einzelnen Fächern oder Situationen professionell zum Einsatz, so ist deswegen nicht zu befürchten, daß die Lautsprachentwicklung darunter leiden würde, da diese die grundsätzlich normale Umgebung darstellt. Die Priorität der Lautsprache kann dadurch gewährleistet werden. Dies erachte ich als besonders wichtig, da sie die notwendige Voraussetzung darstellt, daß es zu keiner Abhängigkeit zwischen Gehörlosen und deren DolmetscherInnen kommen kann.

Ich kenne Anja, ein gehörloses Mädchen, das in Reutte, Tirol, in einer Integrationsklasse (erste Hauptschulklasse) unterrichtet wird (SCHÖLER 1990, S. 10-24 und 1992, S. 83; KINTRUP 1992). Alle schulischen Bezugspersonen von Anja wurden auf ihre Aufgabe sorgfältig vorbereitet. Vor einiger Zeit führte SIEGLINDE SCHÖNAUER, die pädagogische Beraterin der Hörgeschädigtenschule Mils, in Grundlagen der lautsprachbegleitenden Gebärdensprache (LBG) ein. Einzelne Klassenkameradinnen und Klassenkameraden haben

---

[14] In den meisten Gehörlosenschulen wird auch heute noch nicht gebärdet.

sich seither nebenbei ebenfalls einige Zeichen angeeignet. Seit einem halben Jahr arbeitet zudem WALTRAUD W., eine junge gehörlose Frau teilweise als Dolmetscherin in der Klasse mit, teilweise im Einzelunterricht mit Anja und teilweise in der Gebärdenvermittlung mit Anja und ihrer Mutter.

REINHARD HUG, der Vorsteher von Anjas Klasse, hielt diesen Sachverhalt in seinem Schultagebuch fest:

> "Waltraud war bisher dreimal in der Schule. Angelika (Anjas Stützlehrerin; Anm. des Autors) ist von den Gebärden begeistert. Sie sagt mir, daß Anja sehr schnell und leicht lernt. Auch ihr macht es großen Spaß.
> Am vergangenen Donnerstag ist Waltraud nach ihrer Stunde mit Angelika und Anja – diese Stunden finden nicht in der Klasse statt – noch länger in der Klasse geblieben, weil fast alle Kinder den Wunsch geäußert haben, auch Gebärden lernen zu wollen." (HUG 1993, S. 11)

Am Beispiel der gehörlosen Anja wird ein *notwendiges Prinzip* des integrativen Unterrichts deutlich:

Auch die Nichtbehinderten müssen etwas Neuartiges lernen, was sie bei aussondernder Erziehung in der Regel nicht lernen können.

Aus diesen Überlegungen heraus ist es logisch, daß sowohl seitens der hörenden als auch der gehörlosen Kinder keine Grenzen für eine gemeinsame Beschulung vorhanden sind. Die Grenzen bestehen derzeit lediglich in den Rahmenbedingungen des Schulsystems. Darum ist es wichtig, daß jene Fälle, in denen Wege gefunden werden, dieses System zu verändern und integrationsfähig zu machen, auch publik gemacht werden, wie das Beispiel von Anja. Damit sage ich nicht, daß es in der Klasse von Anja keine Probleme gibt. Als ich sie im Februar 1993 besuchte, sah ich, daß da Konflikte vorhanden waren. Aber diese Schwierigkeiten haben nicht speziell mit Anja zu tun, sondern sind Erschwernisse, die in jeder Klasse vorkommen. Dazu noch eine Stelle aus HUGs Schultagebuch:

> "Es scheint, daß einige Buben der Klasse größere Probleme haben, Frauen als Lehrpersonen anzuerkennen. Einige Kolleginnen haben sich bei mir bereits über das schlechte Benehmen einiger Schüler beklagt. Zitat einer Kollegin: 'Die Behinderten fallen in dieser Klasse am wenigsten auf. Bei einem Lehrausgang haben einige Buben auf Autos gespuckt, Blumen ausgerissen und einen Warenständer vor einem Geschäft umgestoßen. Ich bin entsetzt!'" (HUG 1993, S. 9)

Einen Schritt weiter ginge die Verwirklichung einer Klasse, in der nicht ein gehörloses Kind *allein* integrativ beschult wird, sondern *zwei* oder *drei*. GÜNTHER führt aus, was die Vorteile dieses Modells wären:

"Was das Konzept für die Bildung und Erziehung gehörloser Kinder ... so attraktiv macht, ist, daß es in natürlicher Weise eine ungleich intensivere und variationsreichere lautsprachliche Umgebung für die gehörlosen Schüler schafft, als es in der Gehörlosenschule möglich ist, und damit auch die Realität der Lebensbewältigung in der hörenden Umwelt im Kleinen gleichsam simuliert, zugleich aber auch die Möglichkeit bietet, mit Gleichbehinderten in eigener Weise zu kommunizieren." (GÜNTHER 1991b, S. 7)

Dieses Modell kommt dem Wunsch jener Gehörlosen entgegen, die der Ansicht sind, eine Identität als gehörlose Person könne nur im engen Zusammensein mit anderen Gehörlosen erlangt werden. Zudem kann es durch das stark vernetzte Zusammenleben mit hörenden Kindern wesentlich dazu beitragen, bestehende Vorurteile gegenüber gehörlosen Menschen abzubauen.

Ein hoffnungsvolles Projekt in dieser Richtung nahm im August 1992 in Berlin seinen Anfang: Eine hochgradig hörgeschädigte und eine hörende Erzieherin betreuen in einer Regel-Kindertagesstätte eine Gruppe gemischten Alters, zu der neben zehn hörenden auch zwei gehörlose Kinder gehören. Kommunikationsmittel sind die deutsche Lautsprache und die deutsche Gebärdensprache. Das Besondere an diesem Modellversuch ist, daß mit den gehörlosen Kindern – anders als bisher üblich – weder rein oral noch bimodal[15], sondern wirklich zweisprachig gearbeitet wird. Dieser bilinguale Integrationsversuch wird von zwei hörenden Team-Mitarbeiterinnen wissenschaftlich begleitet und ausgewertet, wobei linguistische und integrationspädagogische Fragestellungen im Mittelpunkt des Interesses stehen. Das Projekt ist von REGINE SALZSÄULER et al. (1992) ausführlich beschrieben worden. Die Resultate dürfen meines Erachtens in dieser vielversprechenden Zusammensetzung des Teams und der Kindergruppe auf einen Erfolg hoffen lassen. Es wird in den kommenden Jahren mit Sicherheit von besonderem Interesse sein, die Entwicklung in dieser Richtung weiterzuverfolgen.

Eines der zentralen Prinzipien der Zweisprachigkeitsforschung, das mit dieser personellen Ausgangslage gewährleistet wird, ist das, daß eine Person nur für eine Sprache zuständig sein soll. (vgl. OKSAAR 1977) Das dafür konsequenterweise erforderliche Zwei-Lehrermodell – eine lautsprachlich kommunizierende und eine gebärdensprachlich kompetente Lehrkraft – ist voll gewährleistet. Dieses Modell bietet den gehörlosen Kindern eine enorme Motivationshilfe im Erlernen der Lautsprache, weil sie ständig in einem realen Umfeld leben, in der dies Sinn macht.

Als ehemaligem Gehörlosenlehrer ist es mir ein Anliegen, daß auch für die gehörlosen und die an Taubheit grenzenden hörgeschädigten Schüler Beschu-

---

15 Als 'bimodal' bezeichnet man eine Fördermethode, bei der mit lautsprachunterstützenden (LUG) oder lautsprachbegleitenden Gebärden (LBG) gearbeitet wird.

lungsformen entwickelt werden, die sie zu einer gehörlosenspezifischen Zweisprachigkeit führen. Ziel einer solchen Zweisprachigkeit ist es,

> *"daß gehörlose und resthörige Kinder am Ende des schulischen Bildungsprozesses über eine Sprachkompetenz sowohl in Laut- und Schriftsprache wie in Gebärdensprache derart verfügen, daß sie frei und selbständig für ihr weiteres Leben entscheiden können, ob und in welchen Situationen sie gebärdensprachlich bzw. lautsprachlich kommunizieren wollen."* (GÜNTHER 1991a, S. 338)

So haben die jugendlichen Gehörlosen eine echte Entscheidungsgrundlage, wann sie wieviel in welcher Gemeinschaft verkehren wollen. Die Gemeinschaft der Hörgeschädigten ist etwas Großartiges. Doch muß es so sein, daß für jede Gehörlose und jeden Gehörlosen das gilt, was zwei Mütter gehörloser Kinder nach einem Besuch in der Gehörlosenschule Örebro in Dalarna (Schweden) im Hinblick auf diese Gemeinschaft sagten:

> "... ob sie (die Gehörlosengemeinschaft; Anm. des Autors) wirklich der einzige Ort ist, wo man als Gehörloser ein sozial erfülltes Leben verbringen kann, müssen die Betroffenen selbst beantworten."
> (ESTHER GRATWOHL, THERESA LIENIN 1993, S. 13)

3. KIND UND SCHULE – ÖKOSYSTEMISCHE SICHT

"Menschen besitzen ein natürliches Potential zum Lernen. Sie sind neugierig gegenüber ihrer Welt, wenn diese Neugier nicht durch die Erfahrung, die sie in unserem Erziehungssystem machen, abgestumpft wird. Sie sind in ambivalenter Weise begierig, sich zu entwickeln und zu lernen. ... Diese innere Kraft und dieser Wunsch zum Lernen, zum Entdecken, zur Erweiterung von Wissen kann unter angemessenen Bedingungen freigesetzt werden." (ROGERS 1988, S. 169)

Wenn behinderten Kindern in ihrem schulischen und sozialen Alltag optimale Daseins- und Entwicklungsbedingungen ermöglicht werden sollen, darf man nicht weiterhin am hergebrachten *Defekt-Denken* festhalten. Viel eher müssen Kind, Familie, Schule und Gesellschaft als Subkomponenten eines Fließgleichgewichtssystems betrachtet werden, zwischen denen sensitive Abhängigkeiten bestehen. Ist das erreicht, kann es nicht mehr allein darum gehen, Diagnosen zu erstellen, um zu entscheiden, welches Kind in welche Sondereinrichtung eingewiesen werden kann, sondern darum, daß nach Wegen und Mitteln gesucht wird, das Kind dort zu belassen, wo es wohnt und auch seinen sozialen Lebensmittelpunkt hat, nämlich in der Familie und am Wohnort. Darum geht es im ersten Teil dieses Kapitels.

Im zweiten Teil werde ich – ausgehend von den historischen Entwicklungen – die ökosystemischen Rahmenbedingungen innerhalb schweizerischer Schulsysteme beschreiben.

Im dritten Teil lenke ich die Aufmerksamkeit auf das schulische Ökosystem des Kantons Zürich, um Leserinnen und Leser in die Lage zu versetzen, die Lernsituation integrativ beschulter behinderter Kinder besser nachempfinden zu können.

3.1. Was ist «ökosystemische Sicht»?

"Ungefragte Antworten und unbeantwortete Fragen!"
KARL POPPER

Mit dieser Feststellung beschrieb POPPER (1985) die damalige Situation der Pädagogik. Das geschah ausgerechnet in einer Zeit, in der alles darauf hindeutete, daß die Zukunft des Menschen mit grundlegend neuen Gefährdungen und Anforderungen gerade auf eine Erziehung angewiesen ist, die offene Fragen beantwortet. SPECK kennzeichnet die Ohnmacht der Pädagogik eindrücklich:

> "Sie (die Pädagogik; Anmerkung des Autors) scheint sich aus dem unmittelbaren Alltagsfeld der Erziehung mit ihren bedrängenden Fragen abgehoben zu haben. Ihre Möglichkeitsentwürfe erreichen offensichtlich die schwieriger gewordene Wirklichkeit der Erziehung immer weniger." (SPECK 1988, S. 11)

Seit rund einem Jahrzehnt beginnt man in den verschiedensten Forschungsgebieten zu realisieren, daß man einzelne Ereignisse nicht isoliert betrachten kann, wenn man sie in ihrer ganzen Bedeutung verstehen will. Man hat erkannt, daß ein dynamisches Denken und Handeln in umfassenden Vorgängen notwendig ist. So konnte beispielsweise das eigenartige Wanderverhalten einzelner Indianerstämme am Amazonas erst erklärt werden, nachdem festgestellt wurde, daß das Wasser in den Amazonasnebenflüssen jahreszeitlich schwankende Säuregrade aufweist. Durch die Unterschiede im Säuregrad konnten sich einzelne Fischarten unterschiedlich gut vermehren oder suchten neue Flußabschnitte auf. Da diese Fische jedoch die Hauptnahrung der an den Amazonasarmen wohnenden Indianerstämme darstellten, zogen diese den wechselnden Fischaufenthaltszonen nach. Natürlich wird auch mit der Feststellung des wechselnden Säuregrades längst nicht alles erklärt, was für die 'Wanderung' dieser Indianerstämme verantwortlich ist. Eine Frage, die von entscheidender Wichtigkeit ist, wäre beispielsweise, weshalb der Säuregegrad des Wassers nicht stabil bleibt.[16]

Es besteht der Anspruch, daß möglichst viele Aspekte eines Vorgangs und deren Wechselwirkungen Berücksichtigung finden sollen. Aber in der Kenntnis, daß eigentlich alles berücksichtigt werden müßte, kann eine wohlbegründete Auswahl der für einen Vorgang als wesentlich erkannten Merkmale getroffen werden. In der Pädagogik wird von einer ökosystemischen Sicht- oder Be-

---

[16] ERHARD KEPPLER (1989) beschreibt am Beispiel des Phänomens des »El Niño« eindrücklich, wie komplex globale ökosystemische Zusammenhänge sind. Im Zusammenhang mit ökosystemischem Denken ist es von Interesse, mitzuverfolgen, welche neuen Erkenntnisse die *Chaosforschung* in den nächsten Jahren hervorbringen wird.

trachtungsweise erst seit wenigen Jahren gesprochen. SCHÖLER bringt die vielfältigen Verflechtungen in verständlichen Worten zum Ausdruck:

"Wird die Behinderung eines einzelnen Kindes nicht ausschließlich als sein individuelles Merkmal gesehen, das zu therapieren, zu behandeln, wegzufördern ist, dann müssen alle Faktoren des gesellschaftlichen Umfeldes Beachtung finden."
(SCHÖLER u. SEVERIN 1991, S. 17)

SANDER hat hierfür den Begriff der 'Kind-Umfeld-Diagnose' geprägt. Er selbst bezieht sich auf die theoretischen Ausführungen von URIE BRONFENBRENNER (1980), der sich mit der Ökologie der menschlichen Entwicklung auseinandersetzte, die er als fortschreitenden wechselseitigen Anpassungsprozeß zwischen dem aktiven, sich entwickelnden Menschen und den wechselnden Eigenschaften seiner unmittelbaren Lebensbereiche verstand.

Wo immer es darum geht, für ein Kind optimale Lern- und Entwicklungsbedingungen zu schaffen, kommt man nicht darum herum, eine ökosystemische Analyse, eine Kind-Umfeld-Diagnose, durchzuführen, denn ein Kind ist immer direkt oder indirekt eingebunden in die verschiedenen Ebenen des gesellschaftlichen Systems; von der Familie bis hin zum Staat. Darum schreibt SCHÖLER:

"Über diesen ökosystemischen Ansatz gewinnen wir den methodischen Zugang zu Erklärungen, weshalb z. B. ein Kind mit einer relativ schwerwiegenden körperlichen Behinderung aus seinem Umfeld nicht ausgeschlossen wird, während ein anderes aufgrund scheinbar 'harmloser' Beeinträchtigungen zum 'Sündenbock' der Familie oder zum Außenseiter in der Klasse wird und die Gefahr besteht, daß es in ein besonderes System abgeschoben wird."
(SCHÖLER u. SEVERIN 1991, S. 17)

Es ist hauptsächlich SANDERs (1985, 1987, 1988, 1990, 1992[2]) und SCHÖLERs (1987, 1991) Verdienst, daß wir heute im deutschsprachigen Raum im Bereiche der Integrationspädagogik bereits über ein großes Wissen bezüglich ökosystemischer Zusammenhänge verfügen. So legt SANDER beispielsweise die traditionelle Sonderpädagogik mit ihren Aussonderungstendenzen radikal offen, indem er sagt:

"In der traditionellen Sonderpädagogik dienen Art und Grad der Behinderung eines Kindes als selektionsdiagnostische Kriterien. Die Behinderung wird vermeintlich objektiv, valide und reliabel diagnostiziert und das Kind demzufolge in den geeigneten Schultyp plaziert. Die Logik dieses Verfahrens, das seit Jahrzehnten auf viele Hunderttausende von Kindern in Deutschland angewendet wird, ist ganz offensichtlich von linear-kausaler Art und wird deshalb der realen Komplexität der einzelnen Kind-Umfeld-Systeme nicht gerecht. Zwar kann auch bei systemischer Betrachtung ein sektoral begrenzter Zusammenhang durchaus linear-kausal erscheinen, aber ein Blick über die Sektorgrenzen hinaus enthüllt in der Regel nicht-lineare Systemzusammenhänge von komplexer zirkulärer oder oszillierender Art." (SANDER 1992, S. 42)

Mit 'Systemzusammenhängen' sind demnach sowohl das Netz der sozialen Wechselbeziehungen zwischen den beteiligten Menschen als auch die materiellen Gegebenheiten des betreffenden Umfeldes, also die gesamte Ökologie der Klasse, der Schule oder des Schülers bzw. der Schülerin gemeint. SANDER sagt: *"Die ökosystemische Sicht ist also der Versuch, ökologische und systemische Betrachtungsweisen zu verknüpfen und im erziehungswissenschaftlichen Feld anzuwenden."* (SANDER 1990, S. 65) Daher spricht man hier von einem 'ökosystemischen' Ansatz.[17]

3.1.1 Sichtweisen am Beispiel des Schulversagens

Anhand von vier verschiedenen historischen Erklärungs- und Interpretationsansätzen für das *Schulversagen* stelle ich SANDERs ökosystemischen Ansatz vor. Obwohl das zentrale Anliegen meiner Arbeit nicht das Schulversagen behinderter Kinder und Jugendlicher ist, lassen sich aus SANDERs Erkenntnissen wertvolle Schlüsse für andere Gebiete der Pädagogik ableiten, insbesondere für meines, bei dem es um die Optimierung der ökosystemischen Rahmenbedingungen bei der Integration hörgeschädigter Mädchen und Jungen geht. Ich lasse SANDER selbst zu Wort kommen:

"In der Epoche um die letzte Jahrhundertwende hätte ein Pädagogen-Kongreß die Frage nach der Entstehung von Schulversagen ziemlich einheitlich beantwortet: Schulversagen resultiert aus der Schwäche bestimmter Kinder, aus 'Kinderfehlern'. ... Damit war der Pädagoge weitgehend entlastet; handelte es sich doch um ein Anlagenprodukt, bei dem nicht viel zu ändern ist. Umweltfaktoren kam nach damaliger Auffassung keine nennenswerte Bedeutung zu.
Die pädagogische Theoriebildung blieb auf einer solch umweltabstinenten Position nicht sehr lange stehen. Schon in den zwanziger und dreißiger Jahren wurde ... eine neue Ätiologie des Schulversagens begründet, die die ursächlichen Faktoren nicht mehr allein in der Person des Kindes sah. Die Lebensverhältnisse der Familie, ihr ökonomischer, sozialer und kultureller Hintergrund, wurden mit in den Blick genommen. ... Radikale Vertreter der soziokulturellen Theorien des Schulversagens ließen nur noch Faktoren außerhalb des Kindes gelten; Zugehörigkeit zu bestimmten sozialen Schichten, Herkunft aus bestimmten Soziotopen genügte ihnen zur Erklärung von Schulversagen. Auch diese zweite Position entlastete die Pädagogen weitgehend; denn niemand konnte von ihnen erwarten, daß sie den sozioökonomischen Status der Familien schulversagender Kinder verbesserten.

---

[17] Eine ausführliche Beschreibung unterschiedlicher Erklärungsansätze für Schulschwierigkeiten findet sich auch in ANDREAS BÄCHTOLD u. a. 1990, S. 81 bis 92.

Kritische Fachleute waren damit nicht einverstanden, weil diese Position keine hinreichende Handlungsgrundlage für die praktische Pädagogik hergab. So begab man sich auf die Suche ... und entdeckte die Schule selbst. Schulreformen verschiedenster Arten waren angesagt, von vordergründig unterrichtstechnologischen Ansätzen bis hin zu komplexen Radikalreformen. Das Wenigste davon wurde zwar in den Schulen verwirklicht; aber die Schulversagensforschung konnte sich endlich dem Feld zuwenden, das pädagogischer Beeinflußung grundsätzlich zugänglich sein mußte. ... Leider zeigt die neuere Erfahrung, daß die Reformvorschläge mehr oder weniger verpuffen. ... Diese Beobachtung ... lenkt den Blick auf die Notwendigkeit, jede Schule, jede Klasse als einmaliges System mit bestimmten einmaligen Potenzen und Schwierigkeiten zu betrachten. ... Für eine handlungsorientierte Schulversagensforschung gibt es nicht *die* Klasse oder *die* Schule, sondern nur eine konkrete Klasse, die viele Mikrosysteme umfaßt und ihrerseits in verschiedene innerschulische und auch außerschulische Systemzusammenhänge verflochten ist." (SANDER 1990, S. 65 ff.)

SANDERs vier Ansätze lassen sich wie folgt zusammenfassen:

- das Kind ist schuld,
- die Familie bzw. die soziale Schicht ist schuld,
- die Schule ist schuld,
- das System ist schuld.

Was bedeutet das?

Daß sich kein Kind ganz allein entwickelt, sondern immer im Zusammenspiel und in Wechselwirkung mit all jenen Komponenten seines es umgebenden Systems, ist eine banale Feststellung. Das Prinzip dieser wechselseitigen Abhängigkeit beinhaltet auch, daß menschliches Verhalten eine Funktion des Zusammenspiels von Person und Umwelt ist. LEWIN (1982) beschäftigte sich bereits Ende der 30er Jahre eingehend mit diesen Zusammenhängen und stellte eine *Feldtheorie* auf. Er glaubte, daß die psychologischen Felder, die die Persönlichkeit mit ihrem Lebensraum verbinden, stark genug seien, um die Bedeutung der 'Fakten' zu verändern. *"LEWINs Interesse galt dem Erscheinen der Realität in der psychischen Organisation der Person, d.h. der Art und Weise, wie die Umwelt von den Menschen wahrgenommen wird, die in ihr und mit ihr interagieren."* (HAGMANN 1990, S. 39) Die Systemkomponenten bleiben jedoch keineswegs nur auf die psychischen Aspekte begrenzt, sondern beinhalten auch soziale und materielle Anteile (HOBBS 1975).

Ein bestimmtes Kind in einer bestimmten Klasse bildet ein bestimmtes und einmaliges Ökosystem Kind-Schule. Dieses System verändert und entwickelt sich laufend. Darüber, wie sich dieses Kind-Schule-System im Bereich der Schulleistungen entwickeln soll, bestehen ziemlich klare Hoffnungen seitens der Eltern und präzise Zielvorgaben seitens der Gesellschaft, in der diese Schule besteht: Das Kind soll durch die Schule angeregt werden, etwas zu lernen. Bestimmte Lerninhalte sollen vom Kind in einer bestimmten, in einem Curriculum ziemlich genau vorgegebenen Zeitspanne, erlernt, bewältigt oder verinnerlicht werden. *"Schulversagen ist also, ökosystemisch betrachtet, eine in unerwünschter Richtung verlaufende Entwicklung im Leistungssektor des Kind-Schule-Systems."* (SANDER 1990, S. 67)

Selbstverständlich sind sich die meisten darüber einig, daß eine solche Entwicklung bei den eigenen Kindern unerwünscht ist. Ist sie aber *in jedem Fall* und vor allem, ist sie aus der Sicht *aller* unerwünscht? SANDER deckt in diesem Zusammenhang eine unschöne Seite unseres Bildungssystems auf, wenn er sagt:

> "Wenn man jedoch politisch wertet, dann ist Schulversagen in unserem Bildungssystem keineswegs ungewollt. Wer den Leistungswettbewerb will, will auch die Leistungsversager. Schulversagen ist die notwendige Kehrseite unseres leistungsorientierten Schulwesens. Schulversagen ist öffentlich gewollt. ... Unser Schulwesen hat sich die Aufgabe zuweisen lassen, alle Schüler leistungsmäßig zu fördern und sie dabei zugleich in Erfolgreiche und Versager zu selektieren."
> (SANDER 1990, S. 67)

Am Sachverhalt des Schulversagens läßt sich zeigen, daß die ökosystemische Begriffsbildung differenziert werden muß. Zumindest zwischen dem 'Mikrosystem' und dem 'Makrosystem' (vgl. 3.1.2) muß unterschieden werden:

> "Schulversagen ist auf der Ebene des Mikrosystems, des einzelnen betroffenen Kind-Schule-Systems, eine Entwicklung in unerwünschte Richtung; makrosystemisch betrachtet gilt Schulversagen in unserem Bildungssystem jedoch als eine durchaus akzeptierte, das Makrosystem stützende Entwicklung. Die praktische Pädagogik ist traditionell auf die Ebene von Mikrosystemen Kind-Schule beschränkt und vernachlässigt die gesellschaftlichen Zusammenhänge; sie vollbringt daher – wenn auch im Einzelfall Wertvolles – insgesamt nur Sisyphusarbeit. Es scheint nun an der Zeit, daß die Erziehungswissenschaft die auf der Makrosystemebene vorhandenen Rahmenbedingungen stärker reflektiert, sie öffentlich kritisiert und an ihrer Veränderung arbeitet." (SANDER 1990, S. 68)

Diese Feststellungen decken sich völlig mit jenen, die ich im Rahmen der Tätigkeit an der Kantonalen Beratungsstelle für hörgeschädigte Kinder in der Regelschule mache: Der wesentliche Teil der Anstrengungen, damit ein hörgeschädigtes Kind integrativ beschult werden kann, ist von den Systemkomponenten Kind und Familie zu erbringen; seitens der Gesellschaft wird sehr wenig erbracht (vgl. dazu auch Kapitel 9.1).

3.1.2 Ökosystem Kind-Schule

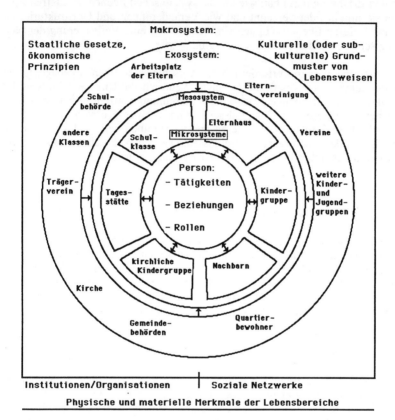

System-ökologische Definition von Behinderung (nach Alfred Sander; 1988):

"Behinderung liegt vor, wenn ein Mensch auf Grund einer Schädigung oder Leistungsminderung ungenügend in sein vielschichtiges Mensch-Umfeld-System integriert ist."

Abb. 3.1.2-1: Ökosystem von ANDREAS BÄCHTOLD (1991); Vorlesungszyklus 'Integrative Pädagogik' am Institut für Sonderpädagogik, Universität Zürich

Insbesondere für viele behinderte Kinder und Jugendliche, aber auch für viele Nichtbehinderte, wünschen wir uns oft Veränderungen auf einer oder mehreren Ebenen des Kind-Schule-Ökosystems. In der Integrationspädagogik ist es besonders hilfreich, wenn man über diese systemtheoretischen Ansätze Bescheid weiß, wenn man sich des Vorhandenseins systemischer Ebenen bewußt ist und Erfahrung darin hat, wie die ökosystemischen Ebenen beschaffen sind, wie sie miteinander verzahnt und wie Veränderungen und Umstrukturierungen auf diesen Ebenen möglich sind, damit sich eine Verbesserung der pädagogischen Situation für das Kind ergibt.

Vorerst scheint es mir erforderlich, die verschiedenen Ebenen pädagogischer Ökosysteme etwas näher zu betrachten. Wenn wir die Um- oder Mitwelt des Kindes als eine ineinandergeschachtelte Anordnung konzentrischer Strukturen verstehen (vgl. Abb. 3.1.2-1), müssen wir uns entscheiden, von welcher Seite aus wir diese Strukturen definieren und beschreiben wollen. Ich habe mich für ein deduktives Vorgehen entschlossen. Das bedeutet, daß wir uns dem Individuum von außen, von seinem Makrosystem her, nähern.

3.1.2.1 Das Makrosystem

Das umfassendste System ist das Makrosystem. Es bezieht sich auf gesellschaftliche und kulturelle Konventionen. Diese unterliegen einem historischen Wandel. Der einzelne beteiligte Mensch innerhalb eines Entscheidungsprozesses wird dieses Makrosystem nur selten verändernd beeinflussen können, trotzdem ist es wichtig zur Einordnung der handlungsleitenden Interessen seiner selbst, und auch zur besseren Einschätzung der übrigen im Ökosystem beteiligten Personen, sich dessen Normen bewußt zu machen.

Einige Beispiele:

- Noch im 18. Jahrhundert galten gehörlose Kinder als nicht bildungsfähig. Also wurden sie nicht gefördert und erschienen deshalb als 'Idioten' (vgl. MALSON 1972). Viele Menschen, deren Hörfähigkeit heute durch Operationen oder technische Hilfsmittel erheblich verbessert werden kann, lernten meist gar nicht oder nur schwer verständlich sprechen. Daher wurden sie oft zu 'Schwachsinnigen' erklärt (vgl. SCHMITTEN 1985).

- MARIA MONTESSORI durfte als erste Frau in Italien Medizin studieren. Sie begann 1897 ihre pädagogische Arbeit mit geistig behinderten Kindern, die zuvor in einem psychiatrischen Krankenhaus wie Tiere lediglich gefüttert wurden und niemanden sahen, außer ihren Wärterinnen und den anderen Kindern (vgl. SCHÖLER 1992, S. 91).

- Während des Nationalsozialismus wurde Menschen mit Behinderung das Recht auf Leben abgesprochen. Es wurden Wege gefunden, um sie zu töten (vgl. ALY u. a. 1985).

• In der gleichen Epoche wurden Schülerinnen in Hilfsschulen für Lernbehinderte gegen ihren Willen sterilisiert (vgl. RUDNICK 1985).

3.1.2.2 Das Exosystem

Exosysteme sind Bedingungsgefüge, die (noch) außerhalb des kindlichen Erfahrungsraumes liegen, denen jedoch die Eltern und die beteiligten PädagogInnen größere Beachtung schenken. Dem einzelnen Kind ist es zunächst 'egal', auf was für eine Schule es geht, ob der Schulweg länger oder kürzer – zu Fuß oder mit dem Bus zurückgelegt wird. Für das Kind ist die Gemeinsamkeit mit den anderen Kindern am wichtigsten. Wenn es gute Freundinnen und Freunde im Bus trifft, ist der Schulweg angenehm. Als Aussonderung erlebt das Kind diesen Weg nur dann, wenn es aus der Gruppe der anderen Kinder herausgenommen, eventuell sogar als einziges transportiert wird.

3.1.2.3 Das Mesosystem

Zum Mesosystem gehört die soziale Vernetzung der verschiedenen Lebensräume, in denen ein Kind lebt. Neben der Familie sind für das einzelne Kind die im Laufe seiner Entwicklung in ihrer Bedeutung wechselnden Lebensräume des Mesosystems die wesentlichen prägenden Faktoren.

Die begriffliche Abgrenzung zwischen Meso- und Mikrosystem ist fließend und nicht formal und starr zu sehen. Die Unterscheidung liegt weniger in der Aufzählung der verschiedenen beteiligten Personen und Instanzen, sondern ist eher in folgenden analytischen Fragestellungen zu sehen:

Mesosystem	*Mikrosystem*
Wie gehen die Erwachsenen, die zu unterschiedlichen Zeiten mit dem Kind zu tun haben, miteinander um? Gibt es Spannungen, Kommunikationsstörungen unter den Bezugspersonen oder bestimmt ein vertrauensvolles, offenes Klima das tägliche Leben?	Wie verhalten sich die Erwachsenen und die anderen Kinder gegenüber dem einzelnen Kind?

Wenn Störungen oder Übereinstimmungen auf der Ebene des Mesosystems auftreten, können diese für das einzelne Kind entweder Brüche und Unsicherheiten oder Vertrauen und innere Sicherheit für seine Persönlichkeitsentwicklung mit sich bringen, z. B.:

- Ein Lehrer unterrichtet in seiner Klasse ein behindertes Kind und hat damit allgemein keine größeren Schwierigkeiten. Er wird jedoch regelmäßig in Rechtfertigungszwänge gebracht:

    a) von gewerkschaftlich stark engagierten KollegInnen, die sich gegen unbezahlte Mehrarbeit wehren und
    b) von seinem Schwiegervater, welcher Schulleiter an einer Sonderschule ist, auf die das behinderte Kind 'eigentlich' gehört.

- Zwischen der Logopädin, die für den Lautsprachaufbau eines integrativ beschulten hörgeschädigten Kindes verantwortlich ist und der Regelklassenlehrerin werden keine Gespräche geführt. Unklarheiten über das Vorbereiten von Sprachübungen werden nicht zwischen den Erwachsenen geklärt, sondern allein dem Kind angelastet.

- Ein hör- und sehgeschädigtes Mädchen gestaltet die Arbeitsblätter in der Geographie nicht so, wie es sich der Lehrer wünscht. Auf Anregung des pädagogischen Beraters, dem Mädchen zu erlauben, selbständig am Fotokopierer die Vorlagen so weit zu vergrößern, daß es lesen und erkennen kann, was darauf geschrieben und gezeichnet ist, entgegnet der Lehrer, daß nur die Erwachsenen den Kopierer bedienen dürfen und *er* nicht immer Zeit habe, um alles zu vergrößern, nur für ein Mädchen.

Bei derartigen – oder ähnlichen – Störungen im Mesosystem kann es leicht geschehen, daß unter einem schwer durchschaubaren Vorwand ein einzelner Konflikt mit dem behinderten Kind zum Anlaß genommen wird, um diese 'Störung' zu beseitigen.

3.1.2.4 Das Mikrosystem

Die Familie ist zunächst der Lebensraum des Kindes. Lebensraum schließt hier die subjektive Bedeutung der Umwelt im alltäglichen menschlichen Leben mit ein. Besteht dieser Lebensraum anfangs nur aus wenigen Regionen, die fließend ineinander übergehen, so vermehren sich die Lebensräume und Handlungsbereiche mit zunehmendem Alter.

Die Lebensrealität des einzelnen Kindes ist durch seine Interaktionen mit seinen täglichen Bezugspersonen geprägt. Für Kinder mit Behinderungen gilt dies im selben Maße wie für alle nicht behinderten Kinder. Die Behinderung ist lediglich eines von vielen Merkmalen, die sein Leben prägen. Erst wenn die Behinderung als die Normalität des Kindes akzeptiert wird, kann der Blick frei werden für die prägenden Wirkungen der Merkmale des Mikrosystems:

- Lebt das Kind mit einer alleinerziehenden Mutter oder erlebt es Mutter und Vater als gemeinsam Verantwortliche für seine eigene Entwicklung?

- Sind die Eltern eines hochgradig hörgeschädigten Kindes selbst gehörlos? Hat eine lautsprachliche Frühförderung stattgefunden? Hat das Kind außer der Therapeutin noch andere Bezugspersonen, die ihm als Lautsprachvorbilder dienen können?

- Ist die Familie isoliert und hat keine oder negative Kontakte zu MitbewohnerInnen im Haus, oder gibt es gute, vertrauensvolle Kontakte zu Großeltern, Tanten oder Nachbarn, bei denen sich auch das Kind geborgen fühlt?

3.1.2.5 Ökosystemische Übergänge

Wenn eine Person ihre Position in der ökosystemisch verstandenen Umwelt durch einen Wechsel ihrer Rolle oder ihres Lebensbereiches verändert, findet ein ökosystemischer Übergang statt. Solche ökosystemischen Übergänge kommen das ganze Leben hindurch vor: Eintritt in den Kindergarten, die Schule, Übertritte von einer Schulstufe in die nächste, Wechsel von Arbeitsplatz oder Wohnort, Heirat, Trennung, Emigration, Krankheit usw. Jeder ökosystemische Übergang ist sowohl Folge als auch Anstoß von Entwicklungsprozessen.

3.1.2.6 Umstrukturierung von Denkansätzen

Die folgende Mullahgeschichte des Gestaltpsychologen WERTHEIMER soll den Prozeß der Umstrukturierung veranschaulichen und verdeutlichen:

"Eines Nachmittags wanderte ein Mullah aus einer Oase mehrere Kilometer in die Wüste hinaus. In der Ferne sah er eine große Karawane, die sich langsam auf die Oase bewegte. Als die Karawane den Mullah erreichte, grüßte der reiche Karawanenführer und rief seinen zwei Unteroffizieren zu: 'Machen wir eine kurze Pause! Bis zur Oase ist es nicht mehr weit. Machen wir zur Abwechslung auch einen kleinen Wettkampf. Der Weg war lang. Wir schwitzen alle und haben großen Durst. Meine lieben Reiter', sprach der Karawanenführer zu den beiden Unteroffizieren, die auf schönen Pferden saßen, 'ich gebe demjenigen einen Preis, dessen Pferd zuletzt in der Oase ankommt. Sehen Sie diesen mit Gold beladenen Esel? Er und seine Last sind der Preis des Gewinners. Aber nun weiter! Die Kamele, Pferde, Esel und Menschen brauchen Wasser und Schatten. Vorwärts!' Und damit setzte sich die Karawane wieder in Bewegung. Es dauerte einige Minuten, bis die ganze Karawane am Mullah vorbeigezogen war. Die beiden Unteroffiziere sahen einander an und ritten langsam los. Als der eine etwas langsamer ritt, drosselte auch der

andere sein Tempo. Schließlich hielten beide an. Als die Karawane bei der Oase ankam, hatten die beiden Offiziere mehrere Kilometer Rückstand. Jeder wartete darauf, daß der andere so matt und durstig würde, daß er aufgeben und zur Oase reiten würde. Aber beide waren tapfer. Nach einer Weile stiegen sie von den Pferden, setzten sich in den Sand und warteten. So saßen sie da, und der Mullah stand stumm daneben. Es herrschte eine unerträgliche Hitze. Niemand sprach. Nach einigen Minuten schauten die Unteroffiziere einander an. Dann wandte sich der eine an den Mullah: 'Lieber Mullah, könnten Sie uns gnädigerweise aus unserer Notlage helfen?' Der andere nickte bestimmend. 'Seid Ihr sicher, daß Ihr Hilfe wollt?', fragte der Mullah. Beide bejahten. Darauf sprach der Mullah langsam drei Worte, und die Unteroffiziere sprangen auf die Pferde und ritten, so schnell sie konnten, gegen die Oase. Nun, was hatte der Mullah ihnen empfohlen?"
(WERTHEIMER 1963, zitiert nach HAGMANN 1990, S. 14)

Die Lösung des Problems möchte ich an dieser Stelle noch nicht preisgeben. Sicher ist, daß das vorliegende Problem mit traditionellen Überlegungen und Strategien nicht zu lösen ist. Wir kommen nicht darum herum, unsere Gedanken in neue Bahnen zu lenken, wir müssen umstrukturieren, nur so finden wir einen erfolgversprechenden Lösungsansatz. Zwei mögliche Lösungen sind am Ende dieses Kapitels nachzulesen.

3.1.2.7 Beeinflussung des Ökosystems

Durch die Einführung und Verwendung des Denkansatzes 'Ökosystem' in der Erziehungswissenschaft resultiert ein Fortschritt oder mindestens ein Anstoß für die integrative Praxis. Nach den bisherigen Erfahrungen im Bereich der Integration hörgeschädigter Kinder kann ein konkretes Kind-Schule-System von verschiedenen Punkten des Ökosystems aus beeinflußt werden (vgl. Abschnitt 9.1). In jedem einzelnen konkreten Ökosystem ist ein anderer Ansatzpunkt der effektivste, von dem aus das System in seinem gegenwärtigen Entwicklungsstadium am besten zu beeinflussen ist. Möglich ist eine solche Beeinflussung nur deshalb, weil Ökosysteme in einem mehr oder weniger labilen Gleichgewicht, in einem flexiblen Fließgleichgewicht stehen.

Leider tritt auch der Fall ein, in dem ein Wechsel des Unterstützungssystems angezeigt ist. Das kann beispielsweise dann zutreffen, wenn es die Lehrperson nicht versteht, ihren Unterricht wenigstens bis zu einem minimalen Grad zu individualisieren. Die nebenstehende Karikatur illustriert in überspitzter Weise eine solche Unterrichtssituation.

Abb. 3.1.2.7-1: Gleicher 'Input' für alle Schüler und Schülerinnen?

Aus ökosystemischer Sicht ist es klar, daß genauso wie alle Schülerinnen und Schüler unterschiedliche biographische Hintergründe mitbringen, sie in der Regel auch in unterschiedlicher Weise auf den gleichen 'Input' reagieren. Die Gleichschaltung der Schüler und Schülerinnen hat in einer ökosystemischen Unterrichtsweise einfach keinen Platz.

Zum Beispiel kann das klasseninterne Mikrosystem eines hörgeschädigten Schülers, der nur mit großen Problemen dem Unterrichtsgeschehen folgen kann und dadurch von Schulversagen bedroht ist, vielleicht schon durch die Änderung seines Sitzplatzes oder einen Drehstuhl wesentlich beeinflußt werden. In einem anderen Fall mag die Einrichtung eines Förderunterrichts leistungsschwachen SchülerInnen helfen. Diese Beispiele illustrieren Aktivitäten der Schule ohne Unterstützung von außen. Nicht in allen Fällen von Schulversagen – und erst recht dann nicht, wenn diese durch eine Wahrnehmungsbeeinträchtigung im Bereich des Seh- oder Hörsinnes verstärkt werden – wird die Schule mit ihren vorhandenen eigenen Möglichkeiten zum Erfolg kommen. Dann sind externe Unterstützungssysteme (Support Systems) erforderlich. Unterstützungssysteme gegen Schulversagen bei hörgeschädigten Kindern sind beispielsweise der von außen kommende pädagogische Berater, die Logopädin, ein Wanderlehrer[18] bzw. eine Wanderlehrerin oder der schulpsychologische Dienst. In vielen Fällen spielen auch informelle Unterstützungssysteme eine entscheidende Rolle, beispielsweise eine systemische Familientherapie oder von einem privaten Träger angebotene pädagogisch-therapeutische Schülerhilfen. Die Aktivierung solcher Unterstützungssysteme bedeutet natürlich nicht zwangsläufig eine Garantie gegen Schulversagen, aber ihre Unterlassung bedeutet freien Lauf für unerwünschte Systementwicklungen.

3.2 Das pädagogische Makrosystem der Schweiz

Vielfalt und Unterschiedlichkeit charakterisieren das Bildungssystem der Schweiz: Hier existieren 26 Kantone nebeneinander und jeder dieser Kantone hat sein eigenes Schulsystem. Daher ist es problematisch von einem schweizerischen Schul- oder Bildungssystem zu sprechen.

Um diese Situation besser zu verstehen, ist es sinnvoll, sich skizzenartig die kulturellen, politischen, religiösen, wirtschaftlichen und demographischen Verhältnisse der Schweiz zu vergegenwärtigen, um auf diesem Hintergrund die Entwicklung des Schul- sowie des Sonderschulsystems darzustellen (vgl. auch DITTLI und STURNY-BOSSART 1991, S. 11 ff.).

3.2.1 Schweizerische Rahmenbedingungen

Kulturell gehört die Schweiz sowohl dem germanischen wie auch dem romanischen Bereich an. Im Schulwesen hat dies zu unterschiedlichen Entwicklungen in den verschiedenen Landesteilen beigetragen.

Zur *politischen Situation* seien folgende Merkmale erwähnt: Aus dem im Jahre 1291 begründeten losen Staatenbund entstand 1848 die Schweiz als Bundesstaat. Innerhalb des Bundesstaates sind verschiedene Aufgaben und Kompetenzen den *Kantonen und Gemeinden* übertragen. Darum kann sich das politische Kräftespiel von Kanton zu Kanton sehr unterschiedlich auswirken. Die parteipolitische Situation eines Kantons beeinflußt sein Bildungssystem.

Die Schweiz ist ein mehrsprachiges Land: Wir haben *vier offizielle Landessprachen*: Deutsch, Französisch, Italienisch und Rätoromanisch. Diese Beschreibung wird der Wirklichkeit allerdings nicht gerecht. In der Deutschschweiz spricht man von Region zu Region unterschiedliche Dialekte, die sich

---

18 Der Ausdruck 'Wanderlehrer' wird synonym für 'Ambulanzlehrer' verwendet.

vom Hochdeutschen so stark unterscheiden, daß dieses von vielen als Fremdsprache[19] empfunden wird. Außer in einzelnen Schulfächern wird die Hochsprache nur schriftlich gebraucht. Im zwischenmenschlichen sozialen Bereich kommt ihm *keinerlei* Bedeutung zu, hingegen ist die Beherrschung der deutschen Sprache in bezug auf die Schule eines der härtesten Selektionskriterien. Für hörgeschädigte Kinder haben diese Umstände eine besonders belastende Bedeutung, da sie – um sich sowohl schulisch als auch sozial integrieren zu können – eigentlich gerade zwei Sprachen unter erschwerten Bedingungen erlernen müssen.

Auch *wirtschaftliche* Entwicklungen haben das Bildungswesen beeinflußt. Die Schweiz hat sich vom Agrarland zu einem modernen Industriestaat entwickelt. Das in der vorindustriellen Zeit vorherrschende bäuerliche Erwerbsleben stellte geringe Ansprüche an die Schulbildung der Bevölkerung. Mit dem Aufblühen der Industrie und des Handels, aber auch mit der zunehmenden Verwaltung von Gemeinwesen veränderte sich dies. In den stärker industrialisierten Kantonen des Mittellandes war der Bedarf an qualifizierten und ausgebildeten Arbeitskräften größer als in den Bergkantonen, wo sich neue Wirtschaftszweige nur zögernd und in beschränktem Maß ansiedelten. So entstanden im Mitteland 'Industrieschulen', die sich später teils zu Oberrealschulen oder Realgymnasien entwickelten.

Die Schweiz zählt heute rund 6,7 Millionen Einwohner, davon sind 19% Ausländerinnen und Ausländer. Bei Schülerinnen und Schülern beträgt der Anteil ausländischer Nationalität rund 21%. Die *Bevölkerung* ist regional ungleichmäßig verteilt: Mehr als die Hälfte der Einwohner lebt im Mittelland, nur eine Minderheit hingegen in den flächenmäßig größeren Bergregionen. Auch der Ausländeranteil variiert von Kanton zu Kanton sehr stark. In der Sonderbeschulung ist der Ausländeranteil überproportional hoch (vgl. 3.3.2).

Eine Untersuchung von STURNY-BOSSART zeigt auf, daß gesamtschweizerisch in Kleinklassen und an Sonderschulen, die von der Invalidenversicherung subventioniert[20] werden, im Schuljahr 1991/92 40% der Schüler ausländischer Herkunft waren. *"In Klassen der obligatorischen Schule mit Normallehrplan (Primarstufe und Sekundarstufe I) waren es 19%. 14 Jahre früher, Schuljahr 1977/78, betrug der Ausländeranteil in Kleinklassen und Sonderschulen 21%. Im Vergleich Klassen mit Normallehrplan: 15%."* (STURNY-BOSSART 1992, S. 22)

---

[19] Eine junge Engländerin, die in Zürich als Au-pair arbeitete, beschrieb mir ihre Sprachsituation: "Ich habe in England fünf Jahre Deutsch gelernt. Aber in Zürich spricht man nicht Deutsch. Als ich in die Schweiz kam, hatte ich nicht geahnt, wie wenig Schweizerdeutsch mit Deutsch zu tun hat. – Am Anfang habe ich am Mittagstisch kein Wort verstanden."

[20] Eine Sonderschule, die von der Invaliden-Versicherung (IV) subventioniert wird oder die vorwiegend Kinder aufnimmt, die an ihre Beschulung finanzielle Beiträge der Invaliden-Versicherung erhalten, wird als IV-anerkannte bzw. als IV-subventionierte Sonderschule bezeichnet. Da praktisch alle Sonderschulen von der Invaliden-Versicherung anerkannt und subventioniert sind, spreche ich im folgenden nur von Sonderschulen.

3.2.2 Historische Entwicklung des Schulwesens

Die Bildungsangebote für *behinderte* Kinder und Jugendliche besitzen historisch gesehen zwei Wurzeln (vgl. DITTLI u. STURNY-BOSSART 1991, S. 11 ff.):

1. Die heutige *Sonderschule* hat ihre Vorläufer in der sogenannten Armenerziehung, um die sich seit dem Mittelalter vor allem Klöster bemüht hatten. Im 18. Jahrhundert lebten behinderte Menschen vielfach in Waisen- oder Erziehungshäusern, ohne jedoch gezielt gefördert zu werden. Ende des 18. Jahrhunderts wurden die ersten spezialisierten Bildungsanstalten für behinderte Kinder gegründet. Anfangs des 20. Jahrhunderts schlossen sich Lehrkräfte zunehmend zu Berufsverbänden zusammen. Einen wichtigen Beitrag zur Beschulung behinderter Kinder und Jugendlicher hat die 1960 in Kraft getretene Eidgenössische Invalidenversicherung (IV) geleistet. Anfänglich wurden vorwiegend sogenannt 'bildungsfähige' Kinder und Jugendliche unterstützt. Schwerbehinderte Kinder und Jugendliche galten als 'bildungsunfähig'. Erst mit der Revision der Statuten der Invaliden-Versicherung im Jahre 1968 wurde die heilpädagogische Förderung der schwerbehinderten Kinder und Jugendlichen dem herkömmlichen Sonderschulunterricht gleichgesetzt.

2. Die Beschulung in *Kleinklassen*, die von den Kantonen zur Förderung von Kindern mit Schulschwierigkeiten eingerichtet wurden, hängt stark mit dem 1874 obligatorisch erklärten Volksschulunterricht zusammen. Die Klassen waren damals mit durchschnittlich 60 bis 80 Kindern überfüllt. Zudem herrschte, wie auch heute noch, das Prinzip der Jahrgangsklassen, das davon ausgeht, daß sich alle Gleichaltrigen etwa gleich schnell entwickeln. Diese Rahmenbedingungen führten dazu, daß ein Teil der Schülerinnen und Schüler überfordert war und zurückblieb. Um diesen unbefriedigenden Zuständen zu begegnen, entstanden Mitte des 19. Jahrhunderts erste 'Spezialklassen' oder 'Hilfschulen', zuerst auf privater, später auch auf staatlicher Basis. Durch zunehmende Sensibilisierung für die Probleme behinderter SchülerInnen kam es im 20. Jahrhundert zu Differenzierungen innerhalb der Sonderklassensysteme der einzelnen Kantone. Diese wurden ausgebaut; heute besteht schweizerisch gesehen ein schwierig zu überblickendes Überangebot an Sonderklassen.

3.2.3 Heutige Strukturen des Schulsystems

Trotz des vielfältigen und uneinheitlichen Angebots in den verschiedenen Kantonen der Schweiz lassen sich die wesentlichen Züge des Schulsystems zusammenfassen.

Die *Vorschulstufe* wird üblicherweise an einem öffentlichen Kindergarten absolviert. Sein Besuch ist in fast allen Kantonen *fakultativ*. Der Eintritt erfolgt zwischen dem 3. und 6. Lebensjahr. Als Ziele des Kindergartenunterrichtes gelten u. a. Entfaltung der kindlichen Persönlichkeit, Sozialisierung und Vorbereitung auf die Pflichtschule.

Neben dem öffentlichen Kindergarten bestehen auch private Einrichtungen wie Krippen, Tagesheime, Kindergärten nach MONTESSORI, RUDOLF STEINER (WALDORF) usw. In den größeren Gemeinden findet man auch Sonderkindergärten. Zudem bieten heilpädagogische Stellen Früherziehung für behinderte Kinder an.

Unter *Primarschule* wird der Elementarunterricht verstanden, der im allgemeinen in sämtlichen Fächern *von einer Lehrerin oder einem Lehrer allein* erteilt wird. In den Klassen werden Mädchen und Jungen gemeinsam (koedukativ) unterrichtet. Die Primarschule dauert je nach Kanton zwischen vier und sechs Jahren und bezweckt primär den Erwerb von kulturellen Grundkenntnissen und -fertigkeiten wie Lesen, Schreiben, Rechnen sowie die Entfaltung körperlicher, musischer und sozialer Fähigkeiten.

Die *Sekundarstufe I* oder Volksschuloberstufe schließt an die Primarschule an und dauert zwischen drei und fünf Jahren. Der Unterricht wird im allgemeinen *von wenigen Lehrern* erteilt (im Kanton Zürich durchschnittlich von zwei Lehrern bzw. Lehrerinnen). Je nach Kanton werden neben dem Langzeitgymnasium zwei bis drei verschiedene Oberstufenstränge mit unterschiedlichen Leistungsanforderungen geführt. Entsprechend breit gestreut sind ihre Zielsetzungen. Mit Abschluß der Sekundarstufe I endet die obligatorische Schulzeit.

Im Anschluß daran bestehen auf der *Sekundarstufe II* verschiedene Ausbildungswege:

a) Allgemeinbildende, weiterführende Schulen wie Diplommittelschulen, Lehramtsschulen und Kurzzeit-Gymnasien, die ihrerseits wiederum in verschiedene Typen gegliedert sind.

b) Berufslehren, die während zwei bis vier Jahren praktisches Lernen in einem Betrieb und theoretischen Unterricht an einer Berufsschule miteinander verbinden. Für die meisten SchulabgängerInnen ist dies der übliche Bildungsgang. Handelsschulen (Dauer: 3 bis 4 Jahre) bereiten auf einen kaufmännischen Beruf vor. Eineinhalb- bis zweijährige Anlehren, die hauptsächlich von ehemaligen SchülerInnen aus Sonderschulen oder Sonderklassen absolviert werden.

Die *Tertiärstufe* kann in drei Züge unterteilt werden: Universitäten (inkl. Eidgenössische Technische Hochschulen in Zürich und Lausanne), Lehrer und

Lehrerinnenseminare sowie höhere Fachschulen im technischen wie im sozialen Bereich (z. B. Fachschulen für Sozialpädagogik, für Sozialarbeit, für Ergotherapie usw.).

3.3 Das pädagogische Makrosystem des Kantons Zürich

Die allgemeine Schulpflicht ist in der *Bundesverfassung* verankert: *"Die Kantone sorgen für genügenden Primarunterricht, welcher ausschließlich unter staatlicher Leitung stehen soll. Derselbe ist obligatorisch und in den öffentlichen Schulen unentgeltlich."* (Art. 27 Abs. 2) Natürlich gibt es auch private Schulen, diese stehen aber ebenfalls unter staatlicher Aufsicht. Etwa vier Prozent aller Kinder besuchen eine private Primarschule. Die Schulpflicht setzt nach Vollendung des 6. Lebensjahres ein. Bei mangelnder Schulreife besteht die Möglichkeit, die Schulpflicht um ein Jahr hinauszuschieben.

3.3.1 Regelschulen

Der Besuch des Kindergartens ist im Kanton Zürich freiwillig und unentgeltlich. Die Kindergärten stehen unter der Hoheit der Gemeinden. Im 7. Lebensjahr treten die Kinder im allgemeinen in die 1. Klasse der Volksschule ein. Der Eintritt in die erste Klasse ist nicht so determinierend wie das in der folgenden Karikatur vielleicht zum Ausdruck kommt, aber es ist ein Eintritt in ein Schulsystem, das die Kinder schon innerhalb weniger Jahre in unterschiedliche Schultypen selektioniert.

Abb. 3.3.1-1: Geschieht die Selektion schon beim Schuleintritt?

Primarschule

Die ersten 6 Jahre der Volksschule bilden die Primarschule. Hier unterrichtet nur eine Lehrerin oder ein Lehrer, was für die Integration von behinderten Kindern ein Vorteil ist. Rund 95% aller Mädchen und Jungen besuchen Regelklassen der Primarschule. Bei ungenügender Schulleistung ist es möglich, eine Klasse zu wiederholen.

Sekundarschule und Gymnasium

Nach der 6. Klasse sind die Schülerinnen und Schüler mit einer viergliedrigen[21] Oberstufe konfrontiert, die drei Jahre dauert. Ein Übertrittsverfahren bestimmt, welchen Oberstufentyp ein Kind besuchen darf. Die Kinder mit den besten Zensuren treten nach einer unumgänglichen Aufnahmeprüfung ins sogenannte Langzeit-Gymnasium ein. Hier erwartet sie eine dreimonatige Bewährungszeit. (Das gilt grundsätzlich auch für die wenigen privaten Gymnasien, nur werden hier im allgemeinen weniger Schülerinnen und Schüler abgewiesen.) Das *Gymnasium* dauert 6,5 Jahre und schließt mit einer Eidgenössischen Matura ab. Im Kanton Zürich befinden sich 11% aller Schülerinnen und Schüler während ihres 8. Schuljahres im Gymnasium. In den Gymnasien wird nach dem *Fachlehrersystem* unterrichtet. Das bedeutet, daß für jeden Unterrichtsgegenstand eine andere Lehrperson verantwortlich ist. Die pädagogisch-psychologische Ausbildung der Fachlehrer ist oftmals unbefriedigend. Dies sind Gründe, weshalb sich die Integration eines behinderten Kindes auf der Gymnasialstufe schwierig gestaltet.

Das höchste Niveau neben dem Gymnasium stellt die *Sekundarschule* dar. Schülerinnen und Schüler, die im Zwischenzeugnis der 6. Klasse einen Notendurchschnitt von 4,5 (6 ist die *beste* Zensur) oder mehr in den Promotionsfächern – Deutsch mündlich, Deutsch schriftlich und Rechnen – erreichen, können prüfungsfrei in die Sekundarschule eintreten. Es folgt jedoch auch hier für alle eine obligatorische dreimonatige Bewährungszeit. Nach Abschluß der Bewährungszeit können Schüler und Schülerinnen, die den Anforderungen der Sekundarschule nicht genügen, zurückgewiesen werden. Die Rückweisungsquote betrug im Schuljahr 1990/91 bei den Mädchen 3,9 Prozent und bei den Jungen 6,2 Prozent. In der Sekundarschule unterrichten *in der Regel zwei Lehrkräfte*. Nach zwei bzw. drei Jahren Sekundarschule ist noch einmal ein Übertritt ans Gymnasium möglich (Kurzzeit-Gymnasium; es dauert 4,5 Jahre und schließt wie das Langzeit-Gymnasium mit einer Eidgenössischen Matura ab). Dies selbstverständlich wiederum nur mit Aufnahmeprüfung und anschließender Bewährungszeit.

---

[21] Betrachtet man die Sonderklassen Typen B und C der Oberstufe als separate Abteilung, dann ist sogar ein fünfgliedriges Oberstufensystem vorhanden. Diese Klassen werden von ca. 2% der SchülerInnen besucht.

Realschule

Das mittlere Niveau der Oberstufe stellt die *Realschule* dar. Hier unterrichtet *nur eine Lehrerin oder ein Lehrer* in der Klasse, was sich für die Integration von behinderten Kindern als sehr hilfreich erwiesen hat. Schüler und Schülerinnen mit einem Notendurchschnitt über 3,5 können prüfungsfrei in die Realschule eintreten. Auch hier folgt für alle eine obligatorische dreimonatige Bewährungszeit. Im Schuljahr 1990/91 betrug die Rückweisungsquote der Realschule bei den Mädchen 2,1 Prozent und bei den Jungen 4,2 Prozent.

Oberschule

Schülern und Schülerinnen, die weniger als 3,5 im Notendurchschnitt erreichen, bleibt die *Oberschule*, in der ebenfalls *nur eine Lehrperson* unterrichtet. Hier gibt es keine Bewährungszeit – wohin könnte man die Schüler und Schülerinnen denn noch zurückweisen?

Zusammenfassend läßt sich sagen, daß der Kanton Zürich eines der selektivsten Schulsysteme im europäischen Vergleich hat. Das Prinzip dieses Systems wird aus der untenstehenden Karikatur nachvollziehbar.

Abb. 3.3.1-2: Das selektive Übertrittssystem im Kanton Zürich

Durchschnittliche Klassenfrequenz im Kanton Zürich

Wie schon früher gezeigt, war die Verringerung der Klassenfrequenz, wie sie in den 70er und 80er Jahren im ganzen Kantonsgebiet stattgefunden hat, wesentlich dafür mitverantwortlich, daß hörgeschädigte Kinder integrativ unterrichtet werden konnten. SCHÖLER schreibt in 'italienische verhältnisse' zur Klassengröße:

> "Die Klassenfrequenz in der Pflichtschulzeit (1. bis 8. Klasse) beträgt im statistischen Mittel 17 Schüler (1987). Klassen mit 12 bis 15 Schülern sind häufig anzutreffen. Per Gesetz haben die Eltern den Anspruch, daß eine Klasse ab 26 Schülern geteilt wird. Keine Klasse im 1. bis 8. Schuljahr darf mehr als 25 Schüler haben. Nach dem Integrationsgesetz von 1976 darf eine Klasse, in die ein behindertes Kind aufgenommen wird, nicht mehr als 20 Kinder haben."
> (SCHÖLER 1987, S. 103 f., vgl. auch SCHÖLER 1991, S. 8)

Andere ErziehungswissenschaftlerInnen kommen ebenfalls zum Schluß, daß eine der wesentlichen Voraussetzungen für die integrative Beschulung eine Klassenfrequenz von maximal 20 SchülerInnen ist (HEYER 1990, S. 19, 22, 196; PREUSS-LAUSITZ in HEYER 1990, S. 32, 147, 149; BÄCHTOLD 1990, S. 61, 176).

Solche notwendigen Integrationsvoraussetzungen gehören bei uns leider in vielen Fällen der Vergangenheit an. Denn dort, wo keine gesetzlichen Grundlagen zur Beschränkung der Klassenfrequenz bei integrativer Erziehung behinderter Kinder vorhanden sind, unterliegt genau dieser ökosystemische Faktor einer sehr starken Abhängigkeit: In Zeiten vermehrter Sparanstrengungen seitens der Verwaltung steigen die Klassenfrequenzen stets an. Zumindest ist das in der Schweiz die Regel. Statistische Zahlen vermögen die Wirklichkeit nur unscharf wiederzugeben. So ist im neusten statistischen Bericht der Pädagogischen Abteilung der Erziehungsdirektion des Kantons Zürich zwar von 19,6 Kindern in der Primarschule und von 16,4 Kindern in der Oberstufe die Rede, dies sind jedoch Durchschnittswerte. Erste Klassen mit 24 oder 25 Kindern sind keine Ausnahmen, daran vermag die Tatsache nichts zu ändern, daß in abgelegenen ländlichen Gebieten kleine Klassen geführt werden. In einer großen Klasse mit einer multikulturellen Zusammensetzung helfen dem behinderten Kind und seiner Lehrerin oder seinem Lehrer die Beschwichtigungen, daß dies nur eine vorübergehende Maßnahme sei, nichts, denn für sie ist das der Alltag, die Wirklichkeit und keine Ausnahmesituation. Die nebenstehende Tabelle zeigt die Situation in Klassen von integrativ beschulten hörgeschädigten Kindern:

Klassenfrequenzen bei integrativ beschulten hörgeschädigten Kindern		
Schultyp	Klassenfrequenz	kleinste/größte Klasse
Kindergärten	17,5	12/22
Kleinklassen A bis D	10,2	4/13
1. bis 6. Regelklassen	20,8	16/28
Realschulklassen	13,3	8/21
Sekundarschulklassen	19	8/24

Abb. 3.3.1-3: Klassenfrequenzen in Regelklassen mit hörgeschädigten Kindern

Ausländische Kinder in der Volksschule des Kantons Zürich

Meine Erfahrungen zeigen, daß es für ein hörgeschädigtes Kind nicht von Nachteil ist, in einer Klasse mit fremdsprachigen Kindern unterrichtet zu werden. Denn dadurch, daß auch andere Kinder nicht eine perfekte deutsche Aussprache beherrschen, fällt das hörgeschädigte Kind weniger auf. Dennoch hat es aber die gute Sprachförderung durch die Lehrperson, die sich – gerade wegen der fremdsprachigen Kinder – in besonderem Maße um einen guten Sprachaufbau bemüht. Zudem werden dadurch auch Deutschschweizer Kinder auf natürliche Weise motiviert, Schriftdeutsch zu sprechen. Da es sich bei den fremdsprachigen Kindern in der Regel um ausländische Kinder handelt, ist in diesem Zusammenhang der Anteil ausländischer Kinder in Regelklassen von Interesse.

"Der Anteil ausländischer Kinder in den Primarschulen des Kantons Zürich liegt bei 19,5%. An der Oberstufe zeigt sich kein einheitliches Bild: 14,9% Ausländer und Ausländerinnen in den Sekundarschulen, 29,5% in den Real- und 58,7% in den Oberschulen. Die Sonderklassen weisen mit 49,9% auch einen überdurchschnittlich hohen AusländerInnenanteil auf. In der gesamten Volksschule liegt der AusländerInnenanteil bei 21,7%." (SCHULSTATISTIK DES KANTONS ZÜRICH 1/1991, S. 7)

Der Anteil ausländischer Kinder unter den integrativ beschulten hörgeschädigten Mädchen und Jungen beträgt 21,4%. Im Vergleich dazu beträgt der Anteil ausländischer Kinder an der Kantonalen Gehörlosenschule Zürich (Stand 1.1.1993) 41,8%.

Folgende Tabelle gibt darüber Aufschluß, wie groß der Anteil ausländischer Kinder in Regelklassen ist, in denen ein hörgeschädigtes Kind integrativ unterrichtet wird.

Ausländische SchülerInnen in Klassen mit hörgeschädigten Kindern			
Schultyp	AusländerInnenanteil in %	kleinster/größter Anteil	
Kindergärten	27,0%	5%	75%
Kleinklassen A bis D	24,2%	0%	45%
1. bis 6. Regelklassen	14,9%	0%	45%
Realschulklassen	33,4%	0%	90%
Sekundarschulklassen	10,5%	0%	26%

Abb. 3.3.1-4: AusländerInnenanteil in Regelklassen mit hörgeschädigten Kindern

Unterrichtszeiten, Elternarbeitszeiten, Freizeit der Kinder

Es ist wünschenswert und notwendig, daß dem behinderten Kind neben Pflichtunterricht, Hausaufgaben und Therapie genügend Freizeit bleibt. Dies ist mitunter einer der einschneidendsten Faktoren für den Erfolg der Integration. Genau dieser Faktor unterliegt aber den regionalen Schulsystemen und ist von Kind und Eltern kaum zu kompensieren. Die diesbezüglichen ökosystemischen Rahmenbedingungen im Kanton Zürich sind alles andere als ideal.

Beispielsweise findet der Unterricht an den Volksschulen der Stadt Zürich vormittags von 7.30 Uhr bis 12 Uhr und nachmittags von 13.30 Uhr bis 15.30 bzw. 16.30 Uhr statt. Eine Lektion dauert teils 45 Minuten, teils 50 Minuten. Der Mittwochnachmittag ist in der Regel schulfrei. Das heißt aber nicht, daß diese Schulen Tagesschulen wären, in denen die Kinder über die Mittagszeit betreut werden und ihr Essen erhalten. Ganz im Gegenteil: Bedingt durch das System der Teilungsstunden, in denen die Lehrerin oder der Lehrer jeweils nur die eine Hälfte der Klasse unterrichtet, sind bis zur 3. Klasse die Kinder beispielsweise an einem Morgen nur von acht bis zehn Uhr, am nächsten Morgen von zehn bis zwölf Uhr und am dritten Morgen von neun bis elf Uhr in der Schule. Wenn Geschwister da sind, ist das darüber hinaus keineswegs koordiniert. Mit anderen Worten: Unsere Schulen verunmöglichen es den Eltern geradezu, einer Berufstätigkeit nachzugehen, die an den zeitlichen Abläufen des Wirtschaftslebens orientiert ist. Insbesondere trifft das alleinerziehende Mütter sehr hart. Es ist praktisch undenkbar, eine

Teilzeitstelle zu besetzen und dennoch dann, wenn das Kind nach Hause kommt, für es da zu sein. Aber nicht nur Mütter sind von diesem anachronistischen System arg tangiert, sondern auch die Väter. Wenn sie nicht ganz in der Nähe des Wohnorts eine Arbeit mit einer genügend langen Mittagspause haben, können sie die Kinder nur abends sehen. Das bedeutet, daß die Kinder die Essenszeit meistens ohne Vater erleben. Das ist schlecht für die Kind-Vater-Beziehung, aber ebenso schlecht ist das für die Kind-Mutter-Beziehung, denn die Sorgen des Alltags werden so meistens direkt der Mutter aufgebürdet, da sie ja die einzige ansprechbare Person ist. Die Mutter muß so oft Entscheidungen fällen, für die sie im Nachhinein nicht selten allein verantwortlich gemacht wird. Seit Jahrzehnten wird über dieses fragwürdige System diskutiert, aber eigentlich hat sich bis heute nicht viel geändert.

Das bestehende Unterrichtszeitensystem ist nicht nur für Mütter und Väter unbefriedigend, sondern vor allem auch für die Kinder selbst. Durch die komplette Zerstückelung des Tages finden die Kinder kaum genug Zeit, sich außerschulisch mit Gleichaltrigen zu treffen. Gerade im Pubertätsalter sind Sozialkontakte in der Peer-group[22] jedoch sehr wichtig.

Unterrichtsverpflichtung der Lehrer und Lehrerinnen

Die wöchentliche Unterrichtsverpflichtung im Kanton Zürich beträgt 29 Lektionen. Bisher wird den Lehrerinnen und Lehrern, die ein behindertes Kind in ihrer Klasse unterrichten, keine Stundenreduktion gewährt (Ausnahme: Lehrkräfte die an den Schulversuchen für 'Integrative Beschulungsform' (vgl. Abschnitt 3.3.3) beteiligt sind, erhalten zwei Reduktionsstunden).

Ein neuer Lehrplan für die Volksschule des Kantons Zürich

Derzeit werden die Schulgesetze und Lehrpläne in den meisten europäischen Ländern in die Richtung verändert, daß die gemeinsame Erziehung und Unterrichtung von Behinderten und Nichtbehinderten geregelt wird. Am Kanton Zürich geht diese Entwicklung offenbar ohne Wirkung vorbei. Zumindest läßt der ab dem Schuljahr 1992/93 gültige Lehrplan diesen Eindruck entstehen. Diese Arbeit ist nicht das Forum, den neuen Lehrplan ausführlich darzustellen. Dennoch möchte ich einen kritischen Blick auf jenen Bereich werfen, der für die Integration von Behinderten von Interesse ist. Unter der Überschrift 'Individuelle Förderung, Sonderklassen (Kleinklassen), Sonderschulen' steht folgendes:

---

22 Die *Peer-group (lat.-fr.-engl.)* ist die Bezugsgruppe eines Individuums die aus Personen gleichen Alters, gleicher oder ähnlicher Interessenlage und ähnlicher sozialer Herkunft besteht und es in bezug auf Handeln und Urteilen stark beeinflußt.

"Die Lehrkräfte fördern im Rahmen der Möglichkeiten die Schülerinnen und Schüler nach ihren individuellen Bedürfnissen. Kinder, welche die erwarteten Schulleistungen nicht oder nur mit großen Schwierigkeiten erbringen, erhalten spezielle pädagogische oder sonderpädagogische Hilfen. Genügen diese nicht wie z. B. bei langandauernden und schwerwiegenden Lern- und Verhaltensstörungen, so können die Kinder nach den notwendigen Abklärungen einer Sonderklasse (Kleinklasse) zugeteilt werden. – Der Lehrplan ist auch für Sonderklassen (Kleinklassen) verbindlich, sofern nicht maßgebliche Behinderungen der Schülerinnen und Schüler Abweichungen bedingen. – Für Kinder, die aufgrund ihrer Behinderung weder eine Regel- noch eine Sonderklasse der Volksschule besuchen können, stehen geeignete Institutionen der Sonderschulung zur Verfügung." (LEHRPLAN FÜR DIE VOLKSSCHULE DES KANTONS ZÜRICH 1991, S. 10)

Da ist weder eine Neuerung gegenüber den bisherigen Regelungen (vgl. die Abschnitte 3.3.2.1 und 3.3.2.2) enthalten, noch die Rede von der 'Integration' oder der 'gemeinsamen Beschulung Behinderter und Nichtbehinderter'.[23]

3.3.2 Die aussondernde Beschulung

Auch mit dem neuen Lehrplan wird sich also nichts daran ändern, daß Kinder mit Behinderungen im Kanton Zürich entweder in den Sonderklassen der Volksschule oder in den Sonderschulen ihre Beschulung und Erziehung erfahren werden. Dennoch nimmt die Tendenz, behinderte Kinder integrativ in Regelklassen zu beschulen, zu. An dieser Entwicklung maßgeblich beteiligt war und ist die Gruppe um BÄCHTOLD vom Institut für Sonderpädagogik der Universität Zürich: URS STRASSER, URS CORADI (Heilpädagogisches Seminar Zürich), JOSEPH HILDBRAND (Pädagogische Abteilung der Erziehungsdirektion des Kantons Zürich). Vorerst gibt es jedoch noch keinen gesetzlichen Anspruch auf die integrative Beschulung, den Eltern für ihr behindertes Kind durchsetzen könnten. Wie folgendes Beispiel – es stammt zwar nicht aus dem Kanton Zürich, könnte aber auch hier so geschehen sein – zeigt, ist es weiterhin so, daß in den Richtlinien und Reglementen der Schulgesetzgebung Kriterien festgelegt sind, die definieren, wann ein Kind einer Sonderklasse oder einer Sonderschule zugewiesen werden soll:

"Die Versetzung eines Schulkindes in die Kleinklasse gegen den Willen der Eltern verstößt nicht gegen die persönliche Freiheit, *wenn das Wohl des Kindes dies verlangt* (kursiv durch den Autor). Das Bundesgericht wies die staatsrechtliche Beschwerde von betroffenen Eltern ab, die sich gegen Anordnungen der Erziehungsdirektion und des Staatsrates des Kantons Freiburg richtete. ...

---

[23] Eine Integrationspflicht kennt einzig der Kanton Tessin, der offiziell keine Sonderschulen mehr führt.

Wegen Sprachentwicklungsstörungen sollte ein neunjähriger Knabe im Kanton Freiburg in die Kleinklasse einer Nachbargemeinde versetzt werden. Ein entsprechender Beschluß des Schulinspektors und der Erziehungsdirektion wurde vom Staatsrat des Kantons Freiburg bestätigt. Die Eltern sahen darin eine Verletzung der persönlichen Freiheit und verfassungsmäßig garantierter Elternrechte. Die 2. öffentlichrechtliche Abteilung des Bundesgerichtes stellte fest, durch die verfügte Maßnahme werde eine Ausbildung bezweckt, die sich an seine Persönlichkeitsentwicklung anpasse. Zum Kernbereich der Persönlichkeitsentfaltung gehöre es aber nicht, daß die Schule im eigenen Dorf – unbesehen ihrer Eignung – besucht werden könne. Zwischen beiden Ortschaften bestehe sowohl ein organisierter Schülertransport, als auch eine offizielle Buslinie."
(TAGES-ANZEIGER, 12. April 1991, S. 9)

3.3.2.1 Sonderklassen (Kleinklassen)

Sonderklassen im Kanton Zürich sind Kleinklassen der Volksschule für schulisch bildungsfähige, aber körperlich, geistig oder mehrfach behinderte, im Verhalten gestörte oder sonstwie einer besonderen Förderung bedürftiger Kinder. In den RICHTLINIEN ZUM REGLEMENT ÜBER DIE SONDERKLASSEN, DIE SONDERSCHULUNG UND STÜTZ- UND FÖRDERMASSNAHMEN (1985 S. 328) ist folgendes festgehalten:

"Hauptziele der Sonderklassen sind die Rehabilitation des behinderten Kindes im ganzen Persönlichkeitsbereich und seine spätere Reintegration in den Normalschulbereich oder seine direkte Vorbereitung auf das Berufsleben. Diese Zielsetzung bedingt Kontinuität in der Arbeit. Darum sind unbedachte einschneidende Veränderungen im Angebot, wie z. B. die Abschaffung der Sonderklassen, im Interesse vieler Kinder zu vermeiden."

Im allgemeinen sind Sonderklassen innerhalb der Regelklassenschulhäuser untergebracht, was ein bescheidenes integratives Zusammenleben ermöglicht. Im Schuljahr 1990/91 waren 4,7% aller Schüler der Primarschule in Sonderklassen. Im Kanton Zürich werden folgende Sonderklassentypen unterschieden (DIE SCHULEN IM KANTON ZÜRICH 1990/91, S. 9):

- *Sonderklasse A* (Kleinklasse A, Einschulungsklasse) für Schüler mit ungenügender Schulreife.
  Hier wird der Schulstoff der 1. Regelklasse auf zwei Jahre verteilt erarbeitet.
  Nach zwei Jahren erfolgt in der Regel der Übertritt in die 2. Regelklasse.

- *Sonderklasse B* (Kleinklasse B) für Schüler mit ungenügender intellektueller Leistungsfähigkeit.

- *Sonderklasse C* (Kleinklasse C) für Schüler mit Hör- und Sprachbehinderung.
  Die Sonderklasse C dient der Schulung und Erziehung normalbegabter Schüler, die wegen ihrer Hör- und Sprachbehinderung den Unterricht in Regelklassen nicht mit Erfolg besuchen können und deshalb einer besonderen Förderung bedürfen.

- *Sonderklasse D* (Kleinklasse D) für Schüler mit Lern- und Verhaltensschwierigkeiten

- Für mehrfach behinderte Schüler können Sonderklassen A/C und B/C geführt werden.

- *Sonderklasse E* (Kleinklasse E) für fremdsprachige Schüler.
  Schüler der Sonderklassen E treten sobald wie möglich (in der Regel spätestens nach einem Jahr) in die ihrem Alter entsprechende Regelklasse über.

Von besonderem Interesse für diese Arbeit sind die Sonderklassen C, da sie für hör- und sprachbehinderte Schüler zuständig sind. Aus diesem Grund sind die weiteren Richtlinien hier festgehalten:

§ 22 "In die Sonderklasse C werden aufgenommen:

a) hörbehinderte Schüler, bei denen der fachärztliche Befund eine wesentliche Herabsetzung des Hörvermögens ergibt, insbesondere dann, wenn infolge des Gehörschadens auch die Sprach- und Persönlichkeitsentwicklung verzögert sind;

b) sprachbehinderte Schüler, wenn zur Behebung der Sprachstörung eine längere Behandlung nötig ist.

Schulunreife oder lernbehinderte[24] Kinder mit Hör- und Sprachbehinderungen werden nach Möglichkeit einer Sonderklasse A/C bzw. B/C zugewiesen. Ausgenommen sind Schüler, bei denen Art und Grad der Hör- und Sprachbehinderung eine Sonderschulung erfordern. Nicht aufgenommen werden außerdem Schüler, deren Behinderung ambulant behandelt werden kann.

Eine frühzeitige Erfassung hör- und sprachbehinderter Kinder im Kindergarten und in der Unterstufe ist anzustreben.

§ 23 Sind die Schüler in bezug auf ihre Hör- und Sprachbehinderung so weit gefördert, daß sie der besonderen Schulung in der Sonderklasse C, A/C oder B/C

---

[24] Diese statischen Begriffe werden im Reglement nicht näher umschrieben. Überhaupt fällt auf, daß in den kantonalen Gesetzen die Bezeichnungen für behinderte oder 'sonderschulbedürftige' Kinder nicht einheitlich verwendet werden. So findet man beispielsweise im Bereich der 'Körperbehinderungen' folgende Vielfalt: 'körperlich behindert', 'körperlich gebrechlich', 'motorisch behindert' oder 'handicap instrumental'.

nicht mehr bedürfen, werden sie einer ihrer Leistungsfähigkeit entsprechenden Klasse zugeteilt.

§ 24 Der Unterricht richtet sich nach den für die Normalklassen geltenden Lehrplänen.
Die Schüler erhalten eine ihrer Behinderung entsprechende individuelle Förderung: im Klassenverband durch den Lehrer sowie gegebenenfalls in zusätzlicher Einzel- oder Gruppenbehandlung durch einen Logopäden oder einen Lehrer für Hörbehinderte.
Abteilungen A/C und B/C zählen in der Regel nicht mehr als 8 Schüler."
(REGLEMENT ÜBER DIE SONDERKLASSEN, DIE SONDERSCHULUNG UND STÜTZ- UND FÖRDERMASSNAHMEN 1984, S. 5 u. 6.)

3.3.2.2 Sonderschulen

Was mit jenen Kindern zu geschehen hat, die auch den Rahmenbedingungen der Sonderklasse (Kleinklasse) nicht zu genügen vermögen, ist in den RICHTLINIEN ZUM REGLEMENT ÜBER DIE SONDERKLASSEN, DIE SONDERSCHULUNG UND STÜTZ- UND FÖRDERMASSNAHMEN (1985, S. 332) festgehalten:

"Die *Sonderschule* (kursiv durch den Autor) ist für Kinder bestimmt, die den Anforderungen einer Normal- oder Sonderklasse nicht gewachsen sind. Individueller Unterricht, individuelle Erziehung, Betreuung und Behandlung richten sich nach der Behinderung des Kindes. Hauptziel ist eine optimale Förderung des Kindes, die je nach Art der Behinderung ihr Schwergewicht im schulisch-erzieherischen Bereich oder in der Vorbereitung auf das Leben als Erwachsener hat.

Eine Sonderschulung wird nur dann zu befürworten sein, wenn den besonderen Schwierigkeiten des Schülers in einer Sonderklasse oder mit ambulanten Stütz- und Fördermaßnahmen nicht wirksam begegnet werden kann. Wird die Sonderschulung von einer Schulpflege abgelehnt, so hat sie unaufgefordert zu prüfen, ob eine Schulung in einer Sonderklasse oder Stütz- und Fördermaßnahmen angezeigt sind."

3.3.2.3 Stütz- und Fördermaßnahmen

Im gleichen Reglement finden sich Erklärungen bezüglich der schulbegleitenden Stütz- und Fördermaßnahmen. Sie sollen der Behebung oder Milderung von Lern- und Verhaltensschwierigkeiten dienen.

"Sie sind in jenen Fällen anzuordnen, in denen die Behandlung von den Bedürfnissen des Kindes aus gesehen notwendig ist und in engem Zusammenhang mit dem Verhalten und dem Leistungsvermögen des Kindes in der Schule steht. Die Notwendigkeit einer Stütz- und Fördermaßnahme muß immer dann als gegeben erachtet werden, wenn das schulische Fortkommen eines Kindes ohne die betreffende Maßnahme erheblich beeinträchtigt wäre. Fragen nach Erheblichkeit der Beeinträchtigung oder Ausgeprägtheit der Behinderung sind weitgehend Ermessensfragen und müssen von der Schulpflege gestützt auf die Untersuchungsberichte im Interesse des Kindes nach pflichtgemäßem Ermessen beantwortet werden. Kinder, bei denen diese Fragen und damit die Notwendigkeit der Stütz- und Fördermaßnahme bejaht werden, haben einen Rechtsanspruch." (RICHTLINIEN ZUM REGLEMENT ÜBER DIE SONDERKLASSEN, DIE SONDERSCHULUNG UND STÜTZ- UND FÖRDERMASSNAHMEN 1985, S. 338)

Für hörgeschädigte Kinder bedeutet das, daß sie beispielsweise Anspruch haben auf eine Sprachheilbehandlung (Logopädie) und allenfalls auf einen Stütz- bzw. Nachhilfeunterricht.

3.3.3 Integrative Beschulung im Kanton Zürich

Vor dem widersprüchlichen ökosystemischen Hintergrund des zürcherischen Bildungssystems konnten sich innerhalb der letzten rund zehn Jahre dennoch innovative Modelle integrativer Beschulung wenigstens ansatzweise durchsetzen. In genauer Kenntnis der Situation im Kanton Zürich schrieb BÄCHTOLD:

"Diese lokalen Innovationsbemühungen in Richtung schulischer Integration und Nichtaussonderung von Schülern mit Schulschwierigkeiten (offizielle Diagnosen: lernbehinderte und verhaltensgestörte Schüler) wurden durch den Zusammenbruch des reglementskonformen differenzierten Sonderklassenwesens mit fünf Sonderklassentypen im Agglomerationsgürtel um die Stadt Zürich ausgelöst. Zwei Hauptgründe haben zu dieser Situation geführt: der allgemeine Schülerrückgang und eine zunehmende Zurückhaltung bei der Aussonderung von Schülern mit Schulschwierigkeiten. Für den Kanton Zürich ist mit einschlägigen Studien nachgewiesen worden, daß das etablierte Sonderklassenwesen nur funktioniert, wenn einerseits eine genügend große Schülerpopulation vorhanden ist, wie beispielsweise in der Stadt Zürich, und wenn andererseits Aussonderung nach dem Prinzip der Separation um jeden Preis zur Aufrechterhaltung des Sonderschulsystems betrieben wird, also Aussonderung im Interesse der Besitzstandswahrung der Sonderklassen. Aufschlußreich in diesem Zusammenhang sind die Motive der lokalen Integrationsbewegungen: Kritik an einer als überbordend empfundenen Leistungs- und Selektionsorientierung der Schule und an einer dadurch beeinträchtigten Persönlichkeitsentwicklung sowie als oberstes Ziel die soziale Integration von Schülern mit Schulschwierigkeiten in die Regelklassen. Dieser Standpunkt ist unschwer als *lebensweltorientiertes Innovationsverständnis* einzuordnen. Ganz anders der Standpunkt der Oberbehörde des Erziehungswesens: Zunächst wurden die Gesuche der lokalen Innovationsgruppen um Anerkennung und Legalisierung ihrer Integrationsprojekte abgelehnt. Da die Basisbewegungen, unterstützt durch Schulpsychologen und die lokalen Laienbehörden (Schulpflege), nicht aufgaben und das Sonderklassenwesen weiter einbrach, wurden von der Oberbehörde schließlich Schulversuche bewilligt." (BÄCHTOLD 1990, S. 269)

In der Folge wurden zwei verschiedene Integrationsmodelle erprobt. 'Versuchsmodell 1' favorisierte eigentliche Integrationsklassen, in denen die behinderten Kinder durchwegs anwesend waren und auch in den Klassen individuell gefördert wurden. Unterrichtet wurde von zwei Lehrkräften mit insgesamt etwa 1,5 Lehrerstellen. 'Versuchsmodell 2' baute auf Regelklassen und sogenannten Fördergruppen auf. Dieses Modell sah die Führung einer bisherigen alters- und typengemischten Sonderklasse als Fördergruppe durch einen Sonderklassenlehrer vor, in der die Schüler mit besonderen Schwierigkeiten individuell und in kleineren Gruppen gefördert werden. Neu daran war, daß diese Kinder einer ihnen entsprechenden Regelklasse (Bezugsklasse) zugeteilt waren und dort, je nach ihren Möglichkeiten, einen Teil der wöchentlichen Unterrichtszeit verbrachten.

Abgesehen von diesen Bemühungen um die 'Integrative Beschulungsform' bestehen die Sonderklassen im Kanton Zürich nach wie vor und können nicht über einen Schülerrückgang klagen. Die Reform beginnt sich in den Agglomerations- und Landgemeinden indes durchzusetzen.

3.3.4 Integrative Beschulung hörgeschädigter Kinder

Im Gegensatz zu den oben beschriebenen Bemühungen, die schulische Situation für Kinder mit Schulschwierigkeiten durch eine reglementierte integrative Schulform zu verbessern, wurde im Bereich der hör- und sehgeschädigten Kinder ein völlig anderer Weg beschritten. Bezüglich der gemeinsamen Beschulung von hörgeschädigten Kindern habe ich diesen pragmatischen Weg in Kapitel 1 von seinen Anfängen bis zur Gegenwart beschrieben. Dort ging hervor, daß in der Region Zürich 291 hörgeschädigte Mädchen und Jungen in Regelklassen gemeinsam mit normal Hörenden unterrichtet werden. Trotz dieser großen Zahl, tauchen immer wieder 'neue' hörgeschädigte Kinder auf, für die SchulpsychologInnen, LehrerInnen, ÄrztInnen und Eltern von der Beratungsstelle Unterstützung wünschen. Viele dieser Kinder fallen während der Primarschulzeit auf und sind mittelgradig hörgeschädigt. Aufgrund dieser Tatsache, nehme ich an, daß erst etwa 80% der leicht- bis mittelgradig hörgeschädigten Kinder bekannt sind. Die Tabelle auf der nächsten Seite gibt Aufschluß darüber, in welchen Regelschulen die 291 hörgeschädigten Kinder ihre Erziehung erhalten.

Hörgeschädigte Kinder in Regelklassen		
Schultyp	Anzahl Kinder	Anteil in %
Regelkindergarten (inkl. Sprachheilkindergarten)	40	13,7%
Primarstufe in Regel- und Kleinklassen (1. bis 6. Klasse)	163	56,0%
Sekundarstufe I in Regelklassen (7. bis 9. Schuljahr) (Ober-, Real-, Sekundarschule, Gymnasium)	88	30,3%
Summe aller integrativ beschulten hörgeschädigten Kinder	291	100,0%

Abb. 3.3.4-1:   Hörgeschädigte Kinder in Regelklassen (Stand 1.1.1993)

Viele der 291 integrativ beschulten hörgeschädigten Kinder sowie deren Eltern, Lehrkräfte, Logopäden und Logopädinnen benötigen eine von Sonderschulen unabhängige fachkompetente Anlaufstelle, die eine systemische pädagogisch-psychologische Beratung und Betreuung gewährleistet. Diese Aufgabe wird von der *Kantonalen Beratungsstelle für hörgeschädigte Kinder in der Volksschule* wahrgenommen, die 1986/87 von der Erziehungsdirektion des Kantons Zürich geschaffen wurde. Aus den vorangegangen Ausführungen (vgl. 3.1) wird verständlich, daß der Auftrag des Beratungsstellenteams immer wieder darin besteht, steuernde Eingriffe auf der Mikro- und Mesosystemebene zu initiieren und so der potentiellen Selbstregulation des Makrosystems Schule, die in einer aussondernden Wirkung besteht, vorzubeugen.

Lösungen für das Problem in der Mullahgeschichte von MAX WERTHEIMER:

So schön die Geschichte ist, um den Paradigmenwechsel, – das notwendige Umdenken – zu verdeutlichen, so bleibt sie selbst doch genau in jenen Denkschematas verhaftet, aus der sie die LeserInnen ja herausheben möchte, nämlich in der vom Mittelschicht-Mann geprägten westlichen Kultur. Daher ist auch die von WERTHEIMER vorgeschlagene Lösung nicht erstaunlich, wenn er den Mullah sprechen läßt: 'Tauscht die Pferde'. Eine andere Lösung wäre, wenn die beiden Männer die Ruhe und den gemeinsamen Gedankenaustausch genossen hätten, statt sich einer völlig willkürlich angeordneten Konkurrenzsituation zu unterwerfen. Dies wäre ein Paradigmenwechsel in zweifacher Hinsicht.

4. EINE EMPIRISCHE ERHEBUNG

"Das Wesentliche ist für die Augen unsichtbar."
ANTOINE DE SAINT-EXUPÉRY

In den Kapiteln 5, 6 und 7 stelle ich die Ergebnisse einer *quantitativen Untersuchung* über die schulische Situation hörgeschädigter Mädchen und Jungen in Regelklassen der Region Zürich vor. Zunächst einige grundsätzliche Überlegungen darüber, weshalb ich diese Erhebung durchführte.

4.1 Einleitung und Begründung der Untersuchung

Seit Ende der 50er Jahre besuchen in der deutschen Schweiz mehr und mehr hörgeschädigte Kinder zusammen mit normalhörenden Kindern Regelklassen am Wohnort. Der Anteil integrativ beschulter hörgeschädigter Kinder mit einem mittleren Hörverlust von unter 90 dB auf dem besseren Ohr beträgt beispielsweise in der Region Bern sowie den deutschsprachigen Gebieten von Freiburg und Wallis etwa 90 Prozent (PRISKA ELMIGER 1992, S. 21). In der Region Innerschweiz (Luzern, Nidwalden, Obwalden, Schwyz und Uri) sind es 80 Prozent und in der Region Zürich 87 Prozent (vgl. 3.5.3). Das bedeutet, daß heute in weiten Teilen der deutschsprachigen Schweiz die integrative Beschulung hörgeschädigter Mädchen und Jungen die Regel ist.

Einer der Hauptgründe dafür ist der, daß wir in der Integration hörgeschädigter Kinder über eine Erfahrung von über 30 Jahren verfügen. Durch die guten Ergebnisse in schulischer aber auch in emotional-sozialer Hinsicht ermuntert, hat sich im Laufe dieser Zeit ein Beratungs- und Betreuungssystem herauskristallisiert, das in Kapitel 9.1 ausführlich beschrieben wird. Auch in anderen Regionen der Schweiz entstanden Begleitsysteme, so in Bern, Luzern, Basel, Aargau, St. Gallen, Graubünden, Thurgau und Schaffhausen, von denen aus praktisch die ganze deutschsprachige Schweiz abgedeckt wird. Die Unterstützungssysteme sind nicht einheitlich (vgl. MÜLLER u. a. 1989). Aus diesem Grund lassen sich nicht alle in dieser Arbeit gemachten Überlegungen unbesehen auf andere Kantone oder Bundesländer in Deutschland oder Österreich übertragen.

Ungeachtet der überzeugenden Ergebnisse bei der Integration Hörgeschädigter, wird von seiten einiger Hörgeschädigtenfachleute noch immer behauptet, die integrative Erziehung bedeute eine unverantwortbare zusätzliche Belastung für das hörgeschädigte Kind und seine Bezugspersonen. Trotz einer enorm größeren Belastung würden die Kinder selten eine genügende Schulleistung erbringen, und deshalb hätten die integrativ unterrichteten hörgeschädigten Kinder ein schlechteres Selbstwertgefühl als hörgeschädigte Kinder, die in der Sonderschule unterrichtet werden. Später hätten diese erwachsenen hörgeschädigten Männer und Frauen viel größere Identitätsprobleme als wenn sie in Sonderschulen herangewachsen wären (vgl. CLAUSSEN 1971, S. 807).

Als Leiter der kantonalen Beratungsstelle für hörgeschädigte Kinder in der Volksschule stehe ich täglich in intensivem Kontakt mit Eltern, LehrerInnen und TherapeutInnen sowie integrativ beschulten hörgeschädigten Kindern und sehe solche Befürchtungen nicht bestätigt. Das gilt auch für erwachsene hörgeschädigte Frauen und Männer, die vor über zwanzig Jahren ihre Schulzeit zusammen mit normalhörenden Kindern verbrachten. Kollegen und Kolleginnen anderer Beratungs- und Betreuungsstellen in der Schweiz und im Ausland, die nach ähnlichen Modellen hörgeschädigte Kinder und Jugendliche sowie deren Eltern und schulischen Bezugspersonen beraten und begleiten, können diese Bedenken genauso wenig teilen.

Bis heute sind im deutschen Sprachraum erst wenige Untersuchungen über hörgeschädigte Kinder und Jugendliche in Regelklassen durchgeführt worden. Eine davon ist jene von LÖWE und LERCH (1985) in den Jahren 1982/83 initiierte Erhebung mit dem Titel: 'Hörgeschädigte Kinder in Regelschulen'. Darin wurden die Eltern und Lehrkräfte von rund 300 Kindern aus dem Gebiet der alten Bundesrepublik und der deutschsprachigen Schweiz befragt. LÖWE wollte mit seiner Erhebung herausfinden, ob es Faktoren gibt, die in der Beratung und Schullaufbahnplanung hörgeschädigter Kinder für oder gegen eine Regelbeschulung sprechen. Eine weitere breitabgestützte Untersuchung, die sich auf weite Teile der deutschsprachigen Schweiz bezieht, ist jene von ELMIGER (1992): 'Soziale Situation von integriert geschulten Schwerhörigen'. Im Sinne einer größeren Klarheit bezüglich der schulischen und psychosozialen Situation integrativ beschulter hörgeschädigter Kinder und Jugendlicher war es mir ein Anliegen, Urteile von betroffenen Eltern, Lehrerinnen und

Lehrern sowie den hörgeschädigten Jungen und Mädchen zu erhalten. Zu diesem Zweck erstellte ich zwei Fragebogen; einen für Eltern und einen für Lehrkräfte. Die Fragebogen verschickte ich an die von der Beratungsstelle betreuten Kinder in den Kantonen Zürich, Schaffhausen, Glarus sowie teilweise Schwyz und St. Gallen. Dadurch sollte eine Klärung beispielsweise folgender Fragen erreicht werden:

- Welche schulischen Leistungen erbringen hörgeschädigte Mädchen und Jungen? Sind sie vergleichbar mit jenen normalhörender Gleichaltriger?

- Wie erleben Eltern, Lehrerinnen und Lehrer hörgeschädigte Mädchen und Jungen im Alltag in der Familie bzw. in der Klasse. Erleiden sie durch das hörgeschädigte Kind in ihrer individuellen Befindlichkeit und Stimmung, ihren Erlebnis-, Verarbeitungs- und Handlungsmöglichkeiten Beeinträchtigungen, die subjektiven Leidensdruck hervorrufen, wodurch sie sich belastet fühlen? Wo steht das hörgeschädigte Kind selbst, und wie ist seine individuelle Befindlichkeit?

- Sind die Voraussetzungen bei der Integration für Jungen und Mädchen identisch oder gibt es geschlechtsspezifische Unterschiede?

- Wie ist die soziale Situation hörgeschädigter Mädchen und Jungen in Regelklassen? Leiden sie unter Isolationsgefühlen und ständigem Überfordertsein?

Mein Ziel war es, aus den Ergebnissen der Erhebung Folgerungen für die Unterstützung von Eltern, Lehrkräften, Therapeutinnen, Therapeuten und hörgeschädigten Kindern und Jugendlichen in Regelklassen abzuleiten.

4.2 Überlegungen zu quantitativen Untersuchungen

Eine quantitative Untersuchung kann viele Daten liefern, aber sie kann nicht alles liefern. Eine normierte Datenerhebung hat eine große Einschränkung und teilweise Destruktion des Objektivitätsanspruches zur Folge. Der Wirklichkeitsgehalt der pädagogischen Situation wird mit der quantitativen Erhebung nur beschränkt erfaßt und kann zu verzerrten oder falschen Resultaten und Interpretationen führen. Deshalb ST. EXUPÉRYs eingangs erwähnte Zitat. Ich füge aus seinem Büchlein 'Der kleine Prinz' noch ein zweites an: "Was ich da sehe, ist nur eine Hülle. Das Eigentliche ist unsichtbar." (EXUPÉRY 1950, S. 76) Obwohl sich dieser Ausspruch von ST. EXUPÉRY nicht auf die Empirie bezog, beschreibt er genau den problematischen Kern einer quantitativen Erhebung: Es besteht eine große Schwierigkeit, menschliche Gefühlslagen und

Lebenssituationen durch eine Befragung erfassen zu können, denn eine solche ermöglicht immer nur eine psychische Momentaufnahme. Wir sind zu sehr dem Fluß der Zeit ausgesetzt. Zu viele Komponenten unseres Umfeldes beeinflussen uns laufend und in ständig wechselnder Intensität, und zu diffus ist unser Einschätzungsvermögen bezüglich der Frage, welche Größen in welcher Weise auf uns einwirken. Aus diesem Grund üben verschiedene AutorInnen berechtigte Kritik an empirischen Untersuchungen, die sich allein auf die Auswertung von Fragebogen verlassen. Beispielsweise wird gesagt, die Umfrageforschung gaukle eine Phantomgesellschaft atomisierter Individuen vor, die aus ihren Sozialbeziehungen in Familie und Haushalt, Gemeinde und Betrieb abstrahiert seien (MAYER 1980). PETER LIENHARD beschreibt eine Erfahrung, die er bei einer quantitativen Erhebung machte:

"Je intensiver man sich mit den Rohdaten auseinandersetzt, Korrelationen und Varianzen herausfiltert, desto weiter weg entfernt man sich vom Erleben des einzelnen Individuums." (LIENHARD 1992, S. 82)

Tatsächlich ist eine quantitative Forschung kaum in der Lage, die gesamte Komplexität von Situationen und Problemen zu erfassen. Es besteht auch die Gefahr, die psychologischen und sozialen Gegebenheiten zu wenig zu berücksichtigen, und schließlich gelingt es nur mit Tricks, aktuelle und situative Gegebenheiten einer biographischen Entwicklung festzustellen und in ihren sozialen und umweltbezogenen Abhängigkeiten zu beleuchten.

Das Ausfüllen eines quantitativen Fragebogens geht zwangsläufig einher mit einer temporären Einschränkung des objektiven und subjektiven Gesichtsfeldes der befragten Person. Typisch dafür sind Fragebogen-Items wie diese: 'Wurden Ihre Bedenken bezüglich des Gehörs Ihres Kindes von den Fachleuten ernstgenommen?' Für die Beantwortung wird vielleicht folgende Ratingskala zur Verfügung gestellt:

- 'Ja, wir wurden ernstgenommen; die entsprechenden Untersuchungen wurden umgehend eingeleitet.'
- 'Man wartete noch kurze Zeit zu und machte dann die Untersuchungen.'
- 'Es wurde bis zu einer genauen Untersuchung sehr lange zugewartet.'
- 'Wir wurden überhaupt nicht ernstgenommen; wir mußten mehrmals darauf bestehen, daß endlich eine Abklärung durchgeführt wurde.'

Welche Auswirkungen, welche inneren Nöte, Unsicherheiten, Zwiegespräche mit dem Partner oder der Partnerin, schlaflose Nächte usw. in der damals tatsächlich erlebten Situation vorhanden waren, kann mit einem solchen Befragungssystem allein nicht eruiert werden. Aus diesen Gründen erachte ich es zur umfassenderen Beurteilung individueller Situationen als unerläßlich, die traditionelle Empirie mit qualitativen Vorgehensweisen etwa aus der Handlungsforschung zu verbinden (vgl. KLAFKI 1973). Wird das vernachlässigt, kann leicht das geschehen, was LIONEL STRACHEY einmal folgendermaßen formulierte: "Die Statistik ist eine große Lüge, die aus lauter kleinen Wahrheiten besteht." Und WINSTON CHURCHILL soll einmal gesagt haben, er glaube nur noch an Statistiken, die er selbst gefälscht habe. Man ist versucht, fortan diesem Motto zu folgen, wenn man sieht, wie viele Tücken und Fallstricke in den Zahlenreihen so mancher Untersuchungen versteckt sind. In Kenntnis dieser Gefahren, habe ich die erste Auswertung zusammen mit einer kleinen Expertengruppe[25] diskutiert und mit diesen Personen nach Interpretationen gesucht. Auch Äußerungen die während meiner Besuche in den Klassen und anläßlich von Teambesprechungen gemacht wurden, ließ ich in die Deutung der Ergebnisse einfließen. Ich bin mir bewußt, daß ich mit meiner Erhebung dennoch nur begrenzt objektiv sein kann. Eine absolute Objektivität war aber weder meine Absicht, noch kann und darf sie bei psychologischen Fragestellungen erklärtes Ziel sein, wie beispielsweise bei einem labormäßig durchgeführten Reaktionsexperiment. ASCHENBACH u. a. drücken diesen Umstand – insbesondere bezogen auf qualitative Erhebungsmethoden – in selten zu findender Direktheit aus:

"Tatsächlich erfordert ja auch nicht jegliche Verfolgung von Forschungsinteresse (statistische) Repräsentativität, prinzipiell läßt sie sich in der Psychologie kaum erreichen und faktisch findet man sie auch in der quantitativen Forschung kaum." (ASCHENBACH u. a. 1985, S. 35)

Nach LIENHARD scheint wichtiger zu sein,

"daß in jeder Auswertungs- und Interpretationsstufe das Bewußtsein erhalten bleibt, daß die Daten mit einer bewußt in Kauf genommenen (und eigentlich auch gewünschten) subjektiven Sichtweise zustande gekommen sind. In all denjenigen Fällen, wo der Forscher dem Leser die notwendige Transparenz des gesamten Ablaufs vorenthält, sind die gewonnenen Aussagen mit größter Vorsicht zu genießen." (LIENHARD 1992, S. 84)

Ein letzter Aspekt, der im Zusammenhang mit einer quantitativen Untersuchung Bedeutung hat, ist die Größe der zu untersuchenden Personengruppe, der Stichprobe. CLAUSS und EBNER stellen fest, daß keine allgemeinverbindlichen Angaben gemacht werden können. Es komme vor allem auf die Streubreite des zu untersuchenden Materials an. Dennoch nennen sie konkrete Zahlen: *"Für den Statistiker gilt eine Stichprobe als 'groß', sobald sie mehr als 30 Elemente umfaßt."* (CLAUSS u. EBNER 1989, S. 176) Natürlich genügt es dennoch nicht, sich nur um die Größe der Stichprobe zu kümmern. Genau definierte Auswahl- und Ausschlußkriterien müssen hinzugezogen werden, um den erwünschten Homogenitätsgrad in bezug auf bestimmte zu definierende

---

[25] Unter *Expertengruppe* verstehe ich eine Gruppe von direkt betroffenen Eltern, Lehrerinnen, Lehrern, Therapeutinnen, Therapeuten, Schülerinnen und Schülern.

Kriterien (z. B. Minderung der Hörfähigkeit) und zugleich eine erwünschte Heterogenität (z. B. das Geschlecht oder das Alter) zu erreichen.

4.3 Der Fragebogen als Untersuchungsinstrument

Ziel der Untersuchung ist, Qualität und Bedingungen schulischer und sozialer Integration hörgeschädigter Mädchen und Jungen in Regelklassen zu erforschen. Insbesondere möchte ich aufzeigen, daß die Integration im allgemeinen erfolgreich ist, daß hörgeschädigte Mädchen und Jungen eine mit normalhörenden Kindern vergleichbare schulische Leistung erbringen, daß die aus der Integration resultierenden Belastungen im Alltag der betroffenen Personen nicht größer sind als bei einem normalhörenden Kind und weiter, daß die psychosoziale Situation integrativ unterrichteter hörgeschädigter Mädchen und Jungen vergleichbar ist mit jener normalhörender Mädchen und Jungen. Diese Beweise können selbstverständlich nicht auf direktem Weg erbracht werden, da es sich um Problemstellungen handelt, welche sich nicht allein mit direkt gestellten Fragen erhellen lassen. Es ist daher erforderlich, bei der Auswertung und Interpretation einzelne Fragenbereiche miteinander in Beziehung (in Korrelation) zu setzen.

Die versandten Eltern- und Lehrer-Fragebogen sind weitgehend identisch. Bewußt sollte in einigen Bereichen das subjektive Empfinden oder Einschätzen von Eltern und Lehrkräften ausfindig gemacht werden, um deren möglicherweise unterschiedliche Sichtweisen miteinander vergleichen können. In der folgenden Zeichnung 'Der Fragebogen als Instrument der Untersuchung' habe ich sämtliche Bereiche, die mit dem Fragebogen erfaßt wurden, dargestellt. Fragen, die ausschließlich Lehrern bzw. Lehrerinnen gestellt wurden, sind daran zu erkennen, daß sie Nummern zwischen 81 und 93 tragen.

Die erfragten Aspekte können in Fragen-Komplexe zusammengefaßt werden:

Persönliche Angaben: Fragen 1 bis 10

- Alter, Geschlecht, Muttersprache, Geschwister, Wohnsituation, Berufstätigkeit der Eltern; fakultativ: Name, Adresse

Krankengeschichte: Fragen 11 bis 13, 43 bis 47

- psychosomatische Symptome, mittlerer Hörverlust, Zusatzbehinderungen
- Wer hat die Hörschädigung bemerkt?
- In welchem Alter wurde die Hörschädigung bemerkt?
- Wurden die Eltern von den Fachleuten ernstgenommen?
- Ursache(n) der Hörschädigung?

Eine empirische Erhebung

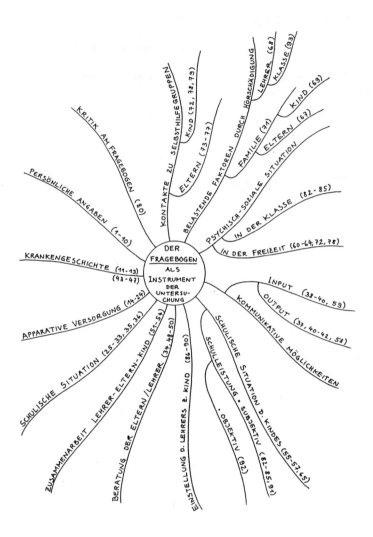

Abb. 4.3-1: Der Fragebogen als Untersuchungsinstrument

Apparative Versorgung: Fragen 14 bis 24

- Alter der ersten Hörgeräteversorgung, Art und Nutzen der Hörgeräte, Kontrolle der Hörgeräte
- FM-Anlage

93

Schulische Situation: Fragen 25 bis 33, 35, 36

- aktuelle Klasse, öffentliche oder private Schule, seit wann beim gleichen Lehrer?
- Einschulung, Sonderschulung, Gründe für Regelbeschulung
- Wiederholung einer Klasse

Zusammenarbeit Lehrer-Eltern-Kind: Fragen 51 bis 54

- Zusammenarbeit Eltern-Lehrer
- Wie groß ist der persönliche Einsatz des Lehrers für das hörgeschädigte Kind bzw. die Klasse?
- Hat sich die Lehrer-Kind-Beziehung im Laufe der Zeit verändert?

Schulische Situation des Kindes: Fragen 55 bis 57, 65

- Gesamteinschätzung der schulischen Leistung
- Stärken des Kindes
- Hausaufgaben
- Aufwand für sonderpädagogische Förderung

Kommunikative Möglichkeiten des Kindes: Fragen 37 bis 42, 58, 59

- Wie verständlich war das Sprechen bei Schuleintritt (Output)?
- Wie gut konnte das Kind bei Schuleintritt andere verstehen (Input)?
- Subjektive Einschätzung des Hörvermögens
- Lippenlesen (Input), Rückfragen (Hörtaktik), Gespräch dominieren
- Wie verständlich ist das Sprechen jetzt (Output)?
- Wie gut kann das Kind jetzt andere verstehen (Input)?

Soziale Situation des Kindes: Fragen 60 bis 64, 72, 78

- Aufnahme in der Klasse und aktuelle soziale Stellung in der Klasse
- aktuelle soziale Stellung im Wohnquartier, in der Freizeit
- Freizeitaktivitäten
- Kontakte zu anderen hörgeschädigten Kindern
- War das Kind schon in der Ferienfreizeit für hörgeschädigte Kinder?

Beratung der Eltern: Fragen 34, 48, 49, 50

- Welche Institution hat die Elternberatung durchgeführt?
- Wie wird die Qualität der Frühberatung eingeschätzt?
- Wie wird die Qualität der kantonalen Beratungsstelle für hörgeschädigte Kinder in der Volksschule eingeschätzt?
- Wünsche und Vorschläge für eine Verbesserung der Elternberatung.

Belastende Faktoren: Fragen 67 bis 71

- Belastung der Eltern durch das hörgeschädigte Kind im Alltag
- Belastung der Lehrkraft durch das hörgeschädigte Kind im Alltag
- Belastung des Kindes durch seine Hörschädigung im Alltag
- Bereicherung bzw. Belastung des Alltags durch das hörgeschädigte Kind

Kontakte zu Selbsthilfegruppen: Fragen 73 bis 77

- Kontakte zu andern Eltern hörgeschädigter Kinder?
- Mitglied einer Selbsthilfegruppe?

Klassensituation: Fragen 82 bis 85

- Wieviele Schüler und Schülerinnen sind in der Klasse?
- Wieviele Lehrer unterrichten in der Klasse?
- Wieviele Schüler ausländischer Nationalität sind in der Klasse?

Einstellung der Lehrkraft zum hörgeschädigten Kind: Fragen 86 bis 90

- Haben Sie schon früher ein hörgeschädigtes Kind unterrichtet?
- Hatten Sie Bedenken, ein hörgeschädigtes Kind zu unterrichten?
- Haben Sie Kontakte zu anderen Lehrern mit einem hörgeschädigten Schüler?
- Wer informierte Sie über die Hörschädigung?

Subjektive und objektive Einschätzung der Schülerleistung: Fragen 82 bis 85, 91, 92

- subjektive Einschätzung in einzelnen Fächern
- objektive Zensuren in einzelnen Fächern

Das hörgeschädigte Kind als Bereicherung für die Klasse: Frage 93

- Hat das hörgeschädigte Kind Ihren Schulalltag bereichert?

Der Fragebogen hat nicht nur der Erhebung von Daten gedient, sondern wesentlich dazu beigetragen hat, daß LehrerInnen, Eltern und TherapeutInnen einmal mehr sensibilisiert wurden auf die besondere Alltagssituation hörgeschädigter Kinder in Regelklassen.

4.4 Auswertung der Fragebogen

Insgesamt wurden 343 Fragebogen versandt. 204 Fragebogen wurden innerhalb von vier Wochen zurückgesandt; der überwiegende Teil des Rücklaufs geschah bereits innerhalb der ersten 14 Tage. In drei Fällen stellte ich fest, daß die Eltern fremdsprachig waren und offensichtlich nicht alle Fragen verstanden hatten. Hier nahm ich persönlich mit den Eltern Kontakt auf und klärte die Unklarheiten.

Rücklauf der Fragebogen	versandte Fragebogen	Rücklauf nach 4 Wochen	Rücklaufquote in %	Rücklauf nach 8 Wochen	Rücklaufquote in %
Eltern	203	126	62,1	140	69,0
Lehrer	140	78	55,7	96	68,6
Summen	343	204	59,5	236	68,8

Abb. 4.4-1: Rücklaufquoten

Innerhalb der nächsten vier Wochen kamen noch 14 Eltern-Fragebogen und 18 Lehrer- bzw. Lehrerinnen-Fragebogen (im folgenden werde ich nurmehr von Lehrer-Fragebogen sprechen) zurück, wodurch die Rücklaufquote auf 69% für Eltern und 68,6% für Lehrerinnen und Lehrer anstieg. Für die Untersuchung berücksichtigte ich jedoch nur die innerhalb der ersten vier Wochen ausgefüllten Fragebogen, weil ich sofort mit der Auswertung anfangen wollte.

4.5 Der mittelere Hörverlust der Stichprobe

Die hörgeschädigten Mädchen und Jungen der Stichprobe haben einen durchschnittlichen Hörverlust von rund 65 dB auf dem besseren Ohr. Ich verzichte bewußt auf eine detaillierte Darstellung der einzelnen Hörverluste, da ein solches Vorgehen vorzugsweise auf den Defekt des Kindes lenkt und die Gefahr in sich birgt, die potentiellen Fähigkeiten des Kindes unbeachtet zu lassen. An anderer Stelle (Abschnitt 1.3.1) habe ich bereits darauf hingewiesen, daß der mittlere Hörverlust nur eines von vielen Kriterien ist, das auf die Qualität der Integration einen Einfluß hat.

4.6 Allgemeine Ergebnisse der Untersuchung

In diesem Abschnitt werden einzelne Ergebnisse der Untersuchung erläutert, die mir wichtig scheinen, denen ich aber nicht ein eigenes Kapitel widmen möchte. Insbesondere den ersten Aspekt finde ich bemerkenswert. Er sollte Fachleute – Ärzte und Ärztinnen, aber auch Audiopädagogen und Audiopädagoginnen – zum Nachdenken anregen.

4.6.1 Eltern werden von Fachleuten nicht genug ernstgenommen!

Damit diese Überschrift nicht als leere Behauptung stehen bleibt, will ich sie belegen. Dazu ist es vorerst erforderlich, abzuklären, wer die Hörschädigung zuerst bemerkt bzw. vermutet hat. Anschließend geht es um die Frage, ob diese ersten Vermutungen – falls sie von Elternseite stammten – von den zuständigen Fachleuten ernst genommen worden sind.

'Wer hat die Hörschädigung zuerst bemerkt?' (Frage 43):

Diese Frage wurde folgendermaßen beantwortet:

Wer hat die Hörschädigung zuerst bemerkt? (Frage 43); n=144	Anz. Antw.	in %
(1) die Mutter	61	42,4
(2) der Vater	1	0,7
(3) beide Eltern gemeinsam	44	30,6
(4) Kindergärtnerin bzw. Lehrer oder Lehrerin	9	6,2
(5) der Kinderarzt	6	4,1
(6) eine andere Person, z.B. Logopädin, Freundin u.a.	23	16,0
Summen	144	100,0

Abb. 4.6.1-1: Wer hat die Hörschädigung zuerst bemerkt?

Aus dieser Aufstellung geht hervor, daß 73,7% aller Hörschädigungen durch die Eltern – und davon über die Hälfte von den Müttern – entdeckt wurden. Anschließend untersuchte ich diese 73,7% bzw. 106 Antworten noch weiter.

'Falls Sie als Eltern die Hörschädigung zuerst vermutet haben: Wurden Ihre Bedenken von den Fachleuten ernstgenommen?' (Frage 44)

Die Auswertung der elterlichen Angaben auf diese Frage ist sicher nicht einfach. Es ist gibt keine Gewähr dafür, daß diese Frage objektiv beantwortet wurde, im Gegenteil, es ist fast sicher, daß die Antworten weitgehend das subjektive Empfinden der Eltern wiedergeben. Es gilt zu berücksichtigen, daß die Angaben rückblickend gemacht wurden. Das heißt, daß die ersten Kontakte zu den Fachleuten durchschnittlich schon einige Jahre zurückliegen. In einer so großen Zeitspanne ist die Gefahr groß, daß die Ersteindrücke durch Erfolge und Mißerfolge in der Früherziehung oder der Schule nachträglich verzerrt in der Erinnerung auftauchen. Diese psychischen Komponenten müssen bei der Interpretation der Ergebnisse miteinbezogen werden. Zu beachten ist auch, daß die Größe der Stichprobe (n=106) relativ klein ist.

Die Antworten fielen wie folgt aus:

Grad des Ernstgenommenwerdens elterlicher Bedenken; n=106	Anz. Antw.	in %
(1) ja, wir wurden ernstgenommen; die Untersuchungen wurden umgehend eingeleitet	50	47,2
(2) man wartete noch kurze Zeit und machte dann die Untersuchungen	12	11,3
(3) es wurde bis zu einer genauen Untersuchung sehr lange zugewartet	6	5,7
(4) wir wurden überhaupt nicht ernstgenommen; wir mußten mehrmals darauf bestehen, daß endlich eine Abklärung durchgeführt wurde	38	35,8
Summen	106	100,0

Abb. 4.6.1-2: Grad des Ernstgenommenwerdens elterlicher Bedenken

Zusammenfassend ergibt sich für die Aussagen der 106 Eltern, welche die Hörschädigung ihres Kindes als erste vermutet hatten und Hilfe von Fachleuten suchten, das folgende Bild:

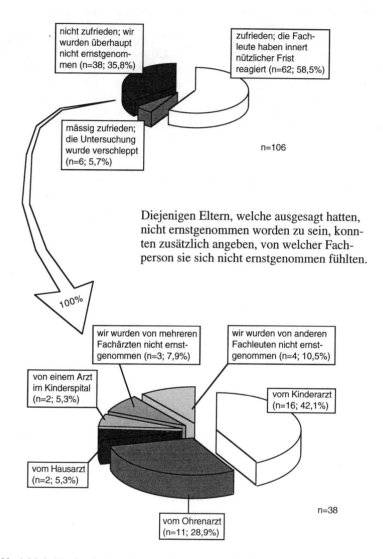

Diejenigen Eltern, welche ausgesagt hatten, nicht ernstgenommen worden zu sein, konnten zusätzlich angeben, von welcher Fachperson sie sich nicht ernstgenommen fühlten.

Abb. 4.6.1-3: Wurden die Bedenken der Eltern von den Fachleuten ernstgenommen?

Daß die KinderärztInnen den Bedenken der Eltern so wenig Beachtung schenken, ist nur schwer nachvollziehbar. Eine mögliche Erklärung (nicht aber eine Entschuldigung) ist vielleicht darin zu sehen, daß sie im allgemeinen die erste Anlaufstelle der Eltern sind und deshalb eher vermuten, die Eltern seien übervorsichtig. Weshalb selbst OhrenärztInnen und Ohrenärzte in der Befragung so schlecht wegkommen, ist ebenfalls schwer zu interpretieren. Selbst wenn berücksichtigt wird, daß die Elternantworten subjektiv sind, ist die Wirkung eben doch so, wie aus der obigen Darstellung hervorgeht. Das Resultat wird sogar eher noch beschönigt, ließ ich ja für die weitere Analyse jene Eltern, die 'mäßig zufrieden' waren, da die Untersuchungen 'verschleppt' wurden, weg. Für ein besseres Verständnis dieses Ergebnisses muß man sich sicher auch in die Alltagssituation von Kinder- bzw. Ohrenärzte versetzen. Wenn der Arzt oder die Ärztin unter einem Bewältigungsdruck steht, beispielsweise wenn viele Eltern mit ihren Kindern warten oder auch noch Telefonanrufe kommen, kann es schon einmal vorkommen, daß eine einseitige Taubheit beim Untersuch übersehen wird. Andererseits kommen die Eltern ja gerade wegen des Verdachts auf ein geschädigtes Gehör zur Fachfrau bzw. zum Fachmann. Dennoch wäre es zu einfach, die Folgerung zu ziehen, die Ärzte und Ärztinnen würden ihre Aufgabe nicht zufriedenstellend erfüllen. Wichtig scheint mir, daß weiterhin Öffentlichkeitsarbeit geleistet wird und das Sensorium – vor allem auch unter den Ärztinnen und Ärzten – für umfassende *Screening-Verfahren* in der audiologischen Diagnostik, beispielsweise die *otoakustischen Emissionen*[26] geschärft wird.

---

[26] Der Begriff *"Screening"* stammt vom englischen Wort *Screen (=Netz, Gitter, Maschengeflecht)*. Ein *Screening-Test* ist ein Verfahren zur Reihenuntersuchung: es wird untersucht, welche Personen in den Maschen des Screens hängenbleiben. In den letzten Jahren hat sich die Methode der *Otoakustischen Emissionen* etabliert. Die Messung ist sehr einfach, dauert nur wenige Minuten und kann problemlos routinemäßig ohne Sedation des Kindes in Neugeborenen-Stationen durchgeführt werden.

4.6.2 Hörgeschädigte Kinder werden zu spät erfaßt!

Allgemein liest man, daß die Erfassung hörgeschädigter Kinder in der Schweiz, in Deutschland und in Österreich recht gut sei. Aufgrund meiner Untersuchungsergebnisse kann ich nur auf die Situation in der Region Zürich schließen. Die Eltern gaben auf die Frage: *'In welchem Alter wurde die Hörschädigung bemerkt?'* folgende Antworten:

In welchem Alter wurde die Hörschädigung bemerkt? (Frage 45)	Anz. Antw. n=122	in %	kumuliert in %	Vergleichswerte nach LERCH (1983); n=171 kumulierte Werte in %
jünger als 1 Jahr	15	15,6	15,6	16,4
1 bis 2 Jahre	19	12,3	27,9	26,3
2 bis 3 Jahre	13	10,7	38,5	39,2
3 bis 4 Jahre	22	18,0	56,6	56,7
4 bis 5 Jahre	19	15,6	72,1	73,7
5 bis 6 Jahre	10	8,2	80,3	83,1
6 bis 7 Jahre	12	9,8	90,2	89,5
7 bis 8 Jahre	3	2,5	92,6	94,8
8 bis 9 Jahre	2	1,6	94,3	94,8
9 bis 10 Jahre	4	3,3	97,5	98,9
10 bis 11 Jahre	2	1,6	99,2	98,9
ohne Altersangabe	1	0,8	100,0	100,0
Summen	122	100,0	100,0	100,0

Abb. 4.6.2-1: Wann wurde die Hörschädigung bemerkt?

Wenn die vorgefundenen Werte mit jenen von LERCH (1983) verglichen werden, so besteht keinerlei Anlaß, zufrieden zu sein. Es scheint, daß wir heute – nach zehn Jahren intensiver Aufklärungsarbeit in Spitälern und bei Kinderärzten – nicht weiter sind als damals.

4.6.3 Auch Kinder mit Zusatzschädigungen sind integriert

Von Personen, die der gemeinsamen Erziehung von behinderten und nichtbehinderten Kindern kritisch gegenüberstehen, wird immer wieder das Argument vorgebracht, daß dies allenfalls bei Kindern möglich sei, die keine zusätzlichen Behinderungen aufweisen. Ich fragte daher die Eltern: *'Leidet das Kind, abgesehen von der Hörschädigung, unter einer zusätzlichen Behinderung?' (Frage 13)*

29 der 126 Eltern bejahten diese Frage. Das heißt, daß 23% aller hörgeschädigten Kinder in Regelklassen eine zusätzliche Beeinträchtigung haben. Anders ausgedrückt: Eine Zusatzbehinderung ist kein Grund, die Integration des hörgeschädigten Kindes grundsätzlich in Frage zu stellen.

5. Zur schulischen Leistung von Hörgeschädigten Schülerinnen und Schülern

Hypothese

"Hörgeschädigte Regelschülerinnen und Schüler in Regelklassen haben einen normalen Schulleistungsstand."

5.1 Ist eine solche Untersuchung überhaupt notwendig?

Wir sind zur Zeit noch weit davon entfernt, daß die Regelschulen Schulen für *alle* Kinder wären. Es ist Wirklichkeit, daß bisher Integrationsfähigkeit einseitig beim Kind und kaum jemals bei der Schule vorausgesetzt wird. Von dieser Tatsache ausgehend, könnte der Vorwurf erhoben werden, daß in der im Kanton Zürich derzeit praktizierten Form der Einzelintegration[27] eine Selektion betrieben werde, da nur die besten hörgeschädigten Kinder eine solche Anpassungsleistung erbringen könnten (vgl. SANDER 1992, S. 106). Obwohl wir also das *Ziel* einer *Schule für alle* anstreben, die lernzieldifferent und binnendifferenziert gestaltet ist, sind wir vorerst gezwungen, hörgeschädigte Kinder mit allen uns zur Verfügung stehenden Mitteln zu befähigen, den rigiden Leistungsanforderungen unseres bestehenden Schulsystems zu genügen. Aus dieser Perspektive wird 'Erfolg' oder 'Mißerfolg' einer Einzelintegration noch immer an den erbrachten schulischen Leistungen gemessen. Eine hohe Leistungsfähigkeit wird damit zum Qualitätsmaßstab des Integrationserfolges.

---

[27] Mit Einzelintegration wird die Eingliederung eines einzelnen behinderten Kindes in die für den Wohnort zuständige Regelschule bezeichnet. Das betreffende Kind oder die ganze Regelschulklasse kann stundenweise von einer heilpädagogisch ausgebildeten Lehrkraft unterstützt werden. (Literatur zur Einzelintegration: z. B.: SCHÖLER in ROSENBERGER, MANFRED (Hrsg.): Ratgeber gegen Aussonderung. Heidelberg 1988)

Im Wissen um diese Diskrepanz zwischen dem vorderhand noch utopischen Ziel und der existierenden Wirklichkeit erachte ich es nicht nur als sinnvoll, sondern geradezu als notwendig, die schulische Leistungsfähigkeit hörgeschädigter Jungen und Mädchen in Regelklassen zu untersuchen. Dies umsomehr, als auffällt, daß in der Fachliteratur die Meinung, hörgeschädigte Kinder in Regelschulen erbrächten eine im Vergleich zu den normalhörenden Kindern wesentlich niedrigere Schulleistung, überwiegt. Stellvertretend führe ich den Pädagogen DING (1981, S. 232) an. Er ist der Ansicht, daß *"aufgrund von Untersuchungen angenommen werden kann, daß schwerhörige Kinder deutlich schlechtere Schulleistungen erbringen als ihre Mitschüler"*. Ähnliche Aussagen finden sich bei: SEIFERT 1982, S. 647; JUSSEN 1984, S. 297; DING in JUSSEN 1987, S. 161; CLAUSSEN 1989, S. 232. Beispielsweise schreibt ELMIGER (1992, S. 41): *"Beobachtungen zeigen, daß Integrationsversuche häufig an schlechten Leistungen scheitern."*

So ist es denn nicht erstaunlich, daß in der deutschsprachigen Fachliteratur immer wieder darauf hingewiesen wurde und noch immer wird, daß eine Integration nur dann erfolgreich sein könne, wenn das Kind einen mindestens durchschnittlichen Intelligenzquotienten ('IQ') aufweise (LÖWE 1989, S. 46; MAY 1982, S. 35; SALZ 1982, S. 28; JUSSEN 1984, S. 297; ODREITZ 1988, S. 187; MÜLLER 1989, S. 24). Folgenden ernüchternden Sachverhalt stellt SCHÖLER fest:

> "Wenn ein Kind nicht dieselbe Sprache spricht wie die herrschende Mehrheit, dann wird es in der Regel dazu gezwungen, diese zu lernen, und zwar als einseitiger Anpassungsprozeß an die Normen der Mehrheit. Für Kinder, die im deutschen Sprachraum die deutsche Sprache am Beginn der Schulpflicht noch nicht beherrschen, wird darauf (bis auf wenige Ausnahmen der Schulversuche mit zweisprachigem Schriftspracherwerb) in der Regel keine Rücksicht genommen. Wenn Kinder am Beginn der Schulpflicht wegen einer Behinderung nicht sprechen, und wenn sogar zu erwarten ist, daß sie die Lautsprache überhaupt nicht oder nur sehr eingeschränkt entwickeln können, dann wird ihnen die Integrationsfähigkeit abgesprochen (so z. B. vom Bund Deutscher Taubstummenlehrer in SANDER/RAIDT 1991, S. 195-203)." (SCHÖLER 1992, S. 83)

Ich vermute allerdings, daß das niedrige Leistungsniveau der Sonderschule der Hauptgrund ist, weshalb bis heute nicht alle an den Erfolg der integrativen Beschulung glauben. Beachtenswert ist auch die Tatsache, daß in den meisten Gebieten des deutschen Sprachraumes, die gemeinsame Beschulung von behinderten und nichtbehinderten Kindern nach wie vor die Ausnahme darstellt.[28] Entsprechend liegen noch nicht viele Untersuchungen über die Erfolge dieser Beschulungsart vor. In Aussagen wie der folgenden, die der britische Psychologe R. CONRAD 1979 im Vorwort zu seiner Studie 'The Deaf

---

28 Eine Übersicht über den Stand der schulischen Integration von Behinderten in den einzelnen Bundesländern von Deutschland (Stand: Herbst 1992) befindet sich in: Die Grundschulzeitschrift. Heft 58. Stuttgart 1992, S. 22-25.

School Child' ('Das hörgeschädigte Schulkind') über hörgeschädigte Schulabgänger von Sonderschulen machte, sehe ich meine Vermutung bestätigt:

> "Die Beschulung von Kindern, die von Geburt an hörgeschädigt sind, ist ein Krieg gegen ihre kognitive Verarmung. Die meisten hörgeschädigten Schulabgänger sind bezüglich ihres Sprach- und Leseverständnisses und ihrer Fähigkeit, selbst verstanden zu werden, schwer behindert." (CONRAD 1979)

Angesichts dieser anscheinend naturgegebenen und unüberwindbaren Schwierigkeiten beim Spracherwerb betrachteten viele Fachleute – und in der Folge auch viele Eltern – eine gemeinsame Beschulung hörender und hörgeschädigter Kinder und Jugendlicher als unerreichbar. Sie waren der Meinung, daß, obwohl es bei der integrativen Beschulung einige nicht zu leugnende Vorteile gibt, es niemals möglich sein würde, daß die hörgeschädigten Kinder dadurch mehr als nur gesellschaftliche Vorteile gewinnen würden. Der englische Hörgeschädigtenpädagoge und Pädaudiologe HARRISON meinte diesbezüglich:

> "In den ersten Tagen der Eingliederung von hörgeschädigten Kindern in Regelschulen sind mir selbst solche Gedanken gekommen. Doch eine Behinderung kann auch durch gute Absicht oder durch Unterlassung verstärkt werden. Gar nichts zu tun oder mit den traditionellen Gewohnheiten fortzufahren, alle Kinder in einer Gehörlosen-Sonderschule mit den erwiesenen schwachen Leistungen der Schulabgänger zu unterrichten, schienen keine konstruktiven Alternativen zu sein." (HARRISON 1992, S. 92)

In HARRISONs Aussage ist ein Meinungsumschwung zu erkennen. Auch andere Lehrerinnen und Lehrer waren in den sechziger Jahren in bezug auf das schlechte Leistungsniveau bei Schulabgängern aus Sonderschulen für Hörgeschädigte mit mittlerer und hochgradiger Hörschädigung – vor allem im sprachlichen Bereich – ernüchtert. LYNAS formulierte die damalige Situation folgendermaßen:

> "Diese schlechte Leistung existierte trotz der beträchtlichen Zunahme der Ressourcen und 'Sachkenntnisse', die unseren Schulen in der Nachkriegszeit zur Verfügung standen." (LYNAS 1992, S. 71)

Entsprechend sei es nicht erstaunlich, meint LYNAS (ebd.), wenn vergangene Forschungsarbeiten (PINTER 1918; CONRAD 1979) und gegenwärtige Untersuchungen (SCHILDROTH u. KARCHMER 1986) das niedrige Sprach- und Leseniveau von hörgeschädigten Kindern und die daraus entstehenden schlechten akademischen Leistungen unterstreichen. Daß aus dieser unbefriedigenden Situation ausgebrochen werden mußte, scheint aus heutiger Sicht klar und zwingend. Zu Beginn der sechziger Jahre waren in ganz Europa jedoch erst wenige Lehrer und Lehrerinnen dazu bereit (vgl. 1.1 und 1.2). Eine Kollegin schilderte ihren Weg aus der Sonderschule heraus in die Regelschule auf eindrückliche Weise:

"Es war schwer für uns, sich vorzustellen, wie die Kinder in einem normalen Klassenraum mit den entsprechenden Geräuschen und Aktivitäten zurechtkommen würden. Wie würden sie mit der Unterrichtsgeschwindigkeit Schritt halten? Obwohl sie vielleicht wünschenswerte gesellschaftliche Verhaltensformen durch die Integration lernen würden, bezweifelten wir, ob die meisten Kinder schulisch erfolgreich sein würden. Rückblickend habe ich heute eine andere Meinung. Obwohl wir uns (in der Sonderschule) sehr viel Mühe in der Vorbereitung des Lehrplans in bezug auf die jeweilige Sprachebene der Kinder gaben, haben wir ungewollt die Qualität und Vielfalt des Lehrstoffes begrenzt. Diese Entwicklung begann in der Grundschule und wurde durch das gesamte Schulleben fortgesetzt. Auf diese Weise wurden unsere Ziele und Erwartungen entsprechend gesenkt."
(PAT CHAPMAN 1992, S. 119; Einfügung vom Autor)

Das Verlassen der Sonderschule bedeutete in jedem Fall ein Wagnis. Das Risiko des Scheiterns mußte dabei in Kauf genommen werden. Diese Unsicherheit wurde von Veröffentlichungen seitens der Integrationsverhinderer wie TIEFENBACHER (vgl. 2.2) und anderer Fachleute noch verstärkt. Bald stellten engagierte IntegrationspädagogInnen jedoch fest, daß die Wirklichkeit anders aussah. HARRISON schrieb:

"Das redliche Argument, daß hörgeschädigte Kinder nicht in der Lage seien, gute Leistungen in einer Regelschule zu erzielen, war lediglich eine Vermutung ohne überprüftes Fundament." (HARRISON 1992, S. 92)

Diese Aussage deckt sich absolut mit meinen eigenen Erfahrungen, die ich während der vergangenen sieben Jahre in der Beratung und Begleitung hörgeschädigter Kinder in Regelschulen sammeln konnte. RAIDT (1989, S. 194) ist ebenfalls der Meinung, daß *"bei hörgeschädigten Schülern in der Regelschule in der schulischen Förderung kein Abstrich zu machen ist. Das Schulniveau ist mit dem der nichtbehinderten Schüler vergleichbar."* (vgl. dazu auch HARTMANN 1989, S. 143) ALTORFER (1987, S. 24) zeigt, daß hörgeschädigte Schüler und Schülerinnen bei den Übertrittsprüfungen in die verschiedenen Leistungsniveaus der selektiven Oberstufe des Kantons Zürich den Normalhörenden nicht nachstehen.

Fazit:

Es ist offensichtlich, daß die schulischen Leistungen gemeinsam beschulter hörgeschädigter Jungen und Mädchen *von Sonderpädagogen und -pädagoginnen* als problematisch eingeschätzt werden. Anders ist es nicht zu erklären, daß in der Fachliteratur die Anzahl jener Autoren und Autorinnen, die von schlechteren schulischen Leistungen sprechen, eindeutig überwiegt.

Umgekehrt fällt auf, daß jene Pädagogen und Pädagoginnen, die integrativ beschulte hörgeschädigte Kinder betreuen, übereinstimmend aussagen, daß die schulische Leistung erstens innerhalb der Sonderschule tiefer sei als in den Regelschulen und zweitens, die in Regelschulen erbrachten Leistungen jenen der normalhörenden Schüler und Schülerinnen entsprächen. Umso mehr Gewicht erhalten diese Aussagen, als *alle* hier zitierten Autoren und Autorinnen früher selbst Lehrer und Lehrerinnen an Hörgeschädigtenschulen waren.

5.2 Untersuchung 'zur schulischen Leistungsfähigkeit'

Weil die Beweise dafür, daß hörgeschädigte Kinder in Regelschulen schulische Leistungen erbringen, die nicht hinter jenen ihrer hörenden Mitschülerinnen und Mitschüler zurückstehen, im deutschen Sprachraum noch spärlich sind, habe ich die eingangs formulierte Hypothese: 'Hörgeschädigte Regelschüler und -schülerinnen haben einen normalen Schulleistungsstand' aufgestellt. Diese Hypothese will ich nun aufgrund der Daten meiner Befragung überprüfen.

5.2.1 Einschulungsalter

Die 126 Eltern, die den Fragebogen ausgefüllt retournierten, gaben ein durchschnittliches Einschulungsalter von 6 Jahren und 8 Monaten an. Dieser Wert entspricht dem Durchschnitt innerhalb des Kantons Zürich. Daraus läßt sich der Schluß ziehen, daß hörgeschädigte Kinder grundsätzlich nicht verspätet eingeschult werden. 95% aller hörgeschädigten Kinder besuchten einen Kindergarten, davon rund 90% den Regelkindergarten am Wohnort, 7% einen Sprachheilkindergarten und 3% einen privaten Kindergarten.

5.2.2 Häufigkeit des Sitzenbleibens (Repetition)

Der Verdacht, ein hörgeschädigtes Kind werde mit Ach und Krach in einer Regelklasse mitgeschleppt, müsse dafür aber wahrscheinlich eher einmal eine Klasse wiederholen, wird gelegentlich geäußert. Die Auswertung dieser Frage ergab folgendes Ergebnis: Von 78 Kindern der 1. bis 9. Klasse (einschließlich der Sonderklassen) wiederholten sieben Kinder eine Klasse, wovon eines die erste, zwei die vierte, drei die fünfte und eines die sechste Klasse.

ich höre ... nicht alles!

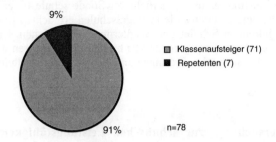

Abb. 5.2.3-1: Prozentuale Verteilung der Repetenten (Lehrerfragebogen)

5.2.3 Gesamtleistungseinschätzung im Vergleich mit der Klasse

Ein Vergleich der schulischen Leistungsfähigkeit kann nicht Kinder berücksichtigen, die in Sonderklassen beschult werden, das wäre gleich, wie wenn Äpfel und Birnen miteinander verglichen würden. Aus diesem Grund veränderte ich für den Schulleistungsvergleich die Stichprobe so, daß nur die Leistung von hörgeschädigten Schülern und Schülerinnen in Regelklassen betrachtet wurden. Sonderklassen und Privatschulen wurden also weggelassen.

"Wie schätzen Sie den allgemeinen schulischen Leistungsstand des Kindes ein? Versuchen Sie, aus Ihrer Sicht eine Art 'Gesamtbeurteilung' zu machen."
(Frage 55)

Es war meine Absicht, bei dieser Frage subjektive Angaben zu erhalten, um auch etwas über 'Vorurteile' herauszufinden. Wie Lehrer und Lehrerinnen die Leistungsfähigkeit der integrativ beschulten hörgeschädigten Kinder einschätzen, gibt die folgende Darstellung der 'Gesamtschau' wieder:

Frage 55 (Lehrer) Leistungsstand in Gesamtschau 2. bis 6. Klasse	erheblich tiefer als der Klassendurchschnitt		eher tiefer als der Klassendurchschnitt		eher höher als der Klassendurchschnitt		erheblich höher als der Klassendurchschnitt	
	in %	Anzahl	in %	Anzahl	in %	Anzahl	in %	Anzahl
n=43	7%	3	51,2%	22	39,5%	17	2,3%	1

Abb. 5.2.3-1: Leistung (Gesamtschau) der Primarschüler 2.-6. Regelklasse

Auffallend ist, daß die Leistungen zwar eher etwas unter dem Klassendurchschnitt eingestuft werden, die hörgeschädigten Mädchen und Jungen der 2. bis 6. Primarklasse aber nicht zu den schwächsten Schülern zählen.

Die subjektive Gesamtschau-Einschätzung zeigt in der Oberstufe ein positiveres Bild als bei den Primarschulkindern:

Frage 55 (Lehrer) Leistungsstand in Gesamtschau 7. bis 9. Klasse	erheblich tiefer als der Klassendurchschnitt		eher tiefer als der Klassendurchschnitt		eher höher als der Klassendurchschnitt		erheblich höher als der Klassendurchschnitt	
	in %	Anzahl	in %	Anzahl	in %	Anzahl	in %	Anzahl
n=35	2,9%	1	34,3%	12	48,6%	17	14,3%	5

Abb. 5.2.3-2: Leistung (Gesamtschau) der Oberstufenschüler 7.-9. Regelklasse

Im Bereich der Sekundarstufe I läßt sich sagen, daß die Leistung integrativ beschulter Hörgeschädigter eher überdurchschnittlich gut ist.

5.2.4 Zensuren in einzelnen Fächern im Vergleich mit der Klasse

Nach den bis hierher subjektiven Einschätzungen, zielte die folgende Frage darauf ab, die Leistungen hörgeschädigter Mädchen und Jungen bezogen auf einzelne Fächer möglichst objektiv zu eruieren. Die Frage lautete: *"Wie sind die aktuellen Noten in Sprache mündlich, Sprache schriftlich, Rechnen und Französich?"*

Voraus eine Bemerkung zur Notenskala im Kanton Zürich: Die beste Note ist die 6, die schlechteste die 1. Die Note 4 bedeutet genügend. Im allgemeinen liegt der Klassendurchschnitt zwischen 4 und 4,5. Die Prüfungsarbeiten für hörgeschädigte Schüler und Schülerinnen sind dieselben wie für die anderen Kinder und müssen auch in derselben Zeit erledigt werden.

2. bis 6. Klasse:

Frage 92 (Lehrer) n=43; 2. bis 6. Klasse	Sprache mündlich	Sprache schriftlich	Rechnen
Zeugnisnote	4,3	4,2	4,5

Abb. 5.2.4-1: Zeugnisnoten der Primarschüler 2.-6. Regelklasse

Die Zeugnisnoten liegen durchwegs im Durchschnittsbereich. Die höchsten Leistungen werden im Rechnen erreicht. Dabei ist Rechnen – wie das Beispiel einer typischen Rechenaufgabe aus der 6. Klasse zeigt – doch auch Sprache:

"Drei Geschwister sind zusammen 21 Jahre alt. Das erste ist doppelt so alt wie das zweite, das dritte ist halb so alt wie das zweite. Gib das Alter jedes Kindes an."

7. bis 9. Klasse:

Frage 92 (Lehrer) n=35; 7. bis 9. Klasse	Sprache mündlich	Sprache schriftlich	Rechnen	Französisch[29] (ab 5. Schuljahr)
Zeugnisnote	4,6	4,7	4,43	4,5

Abb. 5.2.4-2: Zeugnisnoten der Oberstufenschüler 7.-9. Regelklasse

Erstaunlicherweise liegen die Zensuren in der Sekundarstufe I höher als in der vorausgehenden Primarstufe. Welches mögen hierfür Erklärungen sein?

Aus psycholinguistischer Sicht ist dieser Sachverhalt nicht erstaunlich. Sprechen ist stark von der Fähigkeit, Regeln bilden zu können, abhängig. Die genetische *Qualität* zur lautsprachlichen Regelbildung ist bei Hörgeschädigten ja vorhanden, die ist durch die Hörschädigung nicht beeinträchtigt. Da jedoch jede Hörstörung eine *Input-Störung* ist, besteht in den jüngeren Jahren ein größeres Manko an gefestigten Sprachstrukturen im Gehirn. Damit mit zunehmendem Alter die Fähigkeit, aus den fragmentarischen Höreindrücken sinnvolle Informationen zu gewinnen, wächst, ist ein *kritisches Maß* an Lautsprach-*Quantität* notwendig. Ist dieses kritische Maß erreicht, kann quasi eine intra-psychische Input-Normalisierung und eine Verbesserung des kognitiven Instrumentariums stattfinden. Dadurch ist das hörgeschädigte Kind mit zunehmendem Alter zusehends besser in der Lage, seine intellektuellen Fähigkeiten nutzbringend zur Entfaltung zu bringen.

Zusammenfassung:

Hörgeschädigte Kinder sind nicht leistungsschwächer als die hörenden Mitschüler bzw. Mitschülerinnen. Sie erbringen gleiche oder ähnlich gute schulische Leistungen wie gleichaltrige normalhörende Mädchen und Jungen.

Ob damit überdurchschnittlich große Belastungen im Alltag verbunden sind, werde ich in Kapitel 6 untersuchen. Und der Frage, ob diese zufriedenstellenden Schulleistungen eine normale Identitätsentwicklung beeinträchtigen, werde ich in Kapitel 8 nachgehen.

---

[29] Im Kanton Zürich setzt der Französischunterricht im 5. Schuljahr ein. Benotet werden die Leistungen jedoch erst ab dem 7. Schuljahr.

5.2.5 Vergleich der Leistungen von hörgeschädigten Kindern bei Regel- und Sonderbeschulung

In den vorausgehenden Abschnitten ging es darum, aufzuzeigen, daß integrativ beschulte Jungen und Mädchen eine durchschnittliche Schulleistung erbringen. Diesen Beweis konnte ich erbringen.

Aufgrund meiner Erhebung ist es nicht möglich, die schulischen Leistungen integrativ beschulter hörgeschädigter Jungen und Mädchen mit jenen von segregativ beschulten zu vergleichen. Tatsächlich sind bisher im deutschsprachigen Raum erst sehr wenige Erhebungen zu dieser Thematik durchgeführt worden. ELMIGER (1992, S. 41) kommt nach eingehender Recherchierarbeit diesbezüglich zu folgender Erkenntnis: *"Einigkeit ... herrscht bezüglich der Frage, wie die Leistungen von integriert beschulten Schwerhörigen im Vergleich zu sonderbeschulten Schwerhörigen aussehen."* Sie führt Untersuchungen an, die belegen, daß in Regelklassen sowohl bessere schulische Kenntnisse als auch bessere Sprechfähigkeiten erreicht werden. LÖWE bestätigt für die meisten Unterrichtsfächer ebenfalls bessere Schulleistungen (vgl. LÖWE 1990, S. 206).

Wissenschaftliche Untersuchungen aus dem angelsächsischen Raum (ALLEN u. OSBORN 1984; ABELL 1986; HARRISON 1986) berichten vorwiegend von besseren Leistungen zugunsten der Integration. Interessanterweise zeigen diese Untersuchungen ebenfalls, daß viele integrativ beschulte hörgeschädigte Kinder und Jugendliche einen normalen oder fast normalen Bildungsstand erreichen. Jüngste Forschungsergebnisse von HARRISON et al. (1991) malen ein noch positiveres Bild von der Leistungsfähigkeit gemeinsam beschulter Mädchen und Jungen in Leicestershire. HARRISON zeigt, daß ihre schriftsprachliche Ausdrucksfähigkeit der von hörenden Jugendlichen entspricht. Zudem stellt er fest:

> "In den letzten zehn Jahren gab es deutliche Verbesserungen im Selbstbewußtsein der Kinder, in ihrem Redefluß, ihren Sprachkenntnissen – insbesondere in der kreativen Anwendung von Wörtern, um ihre Ideen darzustellen –, in ihrem Leseverständnis und in ihrer Freude am Lesen sowie in ihrer Fähigkeit, sich schriftlich auszudrücken. Darüber hinaus wuchs das Vertrauen der Eltern in sich selbst und in die Wanderlehrer, die sie unterstützen." (HARRISON 1992, S. 88)

5.3 Gründe für die guten schulischen Leistungen bei integrativ beschulten hörgeschädigten Mädchen und Jungen

Sind die Gründe für diese guten Ergebnisse allein der gemeinsamen Beschulung von hörgeschädigten und normalhörenden Kindern zuzuschreiben? Wenn dem tatsächlich so wäre, dann hätten GRASERs Ideen (vgl. 1.4.3) doch niemals aufgegeben werden müssen. Daß die Integration dafür eine der wesentlichsten Voraussetzungen ist, ist unbestritten, sie allein genügt jedoch nicht. Es sind zwei hauptsächliche Einflußbereiche – Audiologie und Spracherwerb – die diese Verbesserung maßgeblich bestimmten.

5.3.1 Audiologie

Neben den Fortschritten in der Hörgerätetechnik wuchs in der Audiologie ein neues Verständnis vom 'Hören'. HARRISON – selbst Audiologe und Pädagoge – beschrieb seine Entwicklung folgendermaßen:

"Im Rahmen meiner eigenen professionellen Laufbahn gewann ich durch meine audiologischen Erfahrungen ein besseres Verständnis für die Natur der Hörprobleme von hörgeschädigten Kindern. Dadurch erwarb ich ein theoretisches Bewußtsein für das auditorische Potential des kindlichen Restgehörs. Es wurde mir bewußt, welche auditorischen Chancen dem hörgeschädigten Kind durch die Anwendung von Hörgeräten geboten werden und wie diese Chancen durch Entfernung oder umweltbedingte Geräusche beeinträchtigt werden können.

Erst durch den alltäglichen Umgang mit den Kindern und die Bewältigung ihrer Probleme entstand das eigentliche Verständnis für das enorme Potential des Restgehörs. Ein Potential, das mich auch heute täglich zu überraschen vermag, je offensichtlicher sich die Leistungen der Kinder zeigen. Diese Leistungen sind nicht immer das Ergebnis der Förderung durch Fachlehrer, sondern werden von den Kindern selbst durch ihre zunehmend effektivere und erfahrenere Anwendung der Hörgeräte erworben." (HARRISON 1992, S. 89)

5.3.2 Lautspracherwerb: LAD & LASS

Eine hochgradige und andauernde Hörschädigung, die prälingual eintritt, behindert die Lautsprachentwicklung eines Kindes schwer. Das Gehirn wird nach den bis heute bekannten Forschungsergebnissen durch das eingeschränkte Gehör allerdings nicht in Mitleidenschaft gezogen. LYNAS stellt fest:

"Es (das Gehirn; Anm. d. Autors) besitzt die gleiche Fähigkeit, eine Sprache zu erwerben, sich intellektuell zu bilden, sich Wissen anzueignen und Ideen zu entwickeln wie bei jedem normalhörenden Menschen. Doch es ist sehr problematisch, dieses Gehirn mit den entsprechenden Daten und den notwendigen Informationen zu versorgen ... Dieses Problem ist Pädagogen schon seit langem bekannt, doch wurde bisher keine optimale Lösung gefunden." (LYNAS 1992, S. 71)

Daß trotz dieser Feststellung jede Generation von PädagogInnen der vorherigen Generation vorwirft, in bezug auf hörgeschädigte Kinder versagt zu haben, erachte ich nicht für konstruktiv. Bedeutet das, daß das Problem der Lautsprachentwicklung bei hörgeschädigten Kindern unlösbar ist? Nein, denn die Erfolge zeigen, daß eine Lautsprachentwicklung möglich ist. Offensichtlich ist es so, daß die lautsprachliche und kommunikative Umgebung der Regelschulen nicht nur höhere Leistungen fördert, sondern wesentlich dazu beiträgt, Hindernisse in der Lautsprachentwicklung zu überwinden.

Welches sind die Erklärungen für diesen Sachverhalt? Gibt es dafür theoretische Grundlagen? Wenn wir solche finden wollen, müssen wir uns auf einen Exkurs in die letzten rund 30 Jahre Linguistik einlassen.

Bis zum Beginn der sechziger Jahre wurde der Spracherwerb als das Erlernen von Regeln auf verschiedenen Ebenen wie Grammatik, Syntax oder Semantik verstanden. Dies war ein strukturalistischer Interpretationsansatz. Anfang der siebziger Jahre rückten die pragmatischen Komponenten der Sprache in den Mittelpunkt des Forschungsinteresses: Sprache wurde als Handeln in sozialen Situationen interpretiert und analysiert. Daraus gewann man eine interaktionistische Sichtweise. Forscher wie CHOMSKY und BRUNER halfen wesentlich mit, unser Verständnis für die Entwicklung der Lautsprache und damit auch für die Bedürfnisse hörgeschädigter Kinder zu verändern.

Der amerikanische Sprachwissenschaftler NOAM CHOMSKY[30] fand, daß alle Kinder mit der Fähigkeit geboren werden, Sprache zu entwickeln. Diese Fähigkeit beruht laut CHOMSKY (1970) auf genetisch bedingten Strukturen und ist gleichzeitig kreativ und innovativ. Die Menschen wiederholen nicht wie Papageien, was schon gesagt wurde, sondern produzieren neue Gedanken. Diese Fähigkeit, frei zu denken, sich auszudrücken, sich mit anderen Men-

---

30 NOAM CHOMSKY, 1926 in Philadelphia geboren, lehrt heute am Bostoner MIT (Massachusetts Institute of Technology). Er gilt auch als ein bedeutender Sozialkritiker. Eine Verbindung zwischen seiner Sprachforschung und seiner politischen Überzeugung liegt in seinem Glauben an die ROUSSEAUsche Idee von der menschlichen Natur. Entsprechend seinem LAD nimmt CHOMSKY an, daß der Mensch mit der Möglichkeit, sich eine seiner Gattung angemessene Umgebung zu schaffen, geboren ist. Und wie BAKUNIN geht er von der Existenz eines Freiheitsinstinkts aus, der das moralische Urteilsvermögen des Menschen ausmacht. Sobald man eine politische Position bezieht, sagt CHOMSKY, beispielsweise wenn man aus moralischen statt nur ökonomischen Gründen gegen Sklaverei ist, setzt das eine bestimmte Idee von der menschlichen Natur voraus.

schen auszutauschen und andere Gesellschaften zu verstehen, gelten ihm als grundlegender Zug der menschlichen Natur. Er bezeichnete diese Fähigkeit als *'Language Acquisition Device'*. Mit dieser Ansicht stand er in Widerspruch zu Behavioristen wie BURHUSS SKINNER, die davon ausgingen, daß die Menschen quasi als unbeschriebene Blätter geboren würden und nur das einmal beherrschen werden, was auf eben dieses Blatt erst geschrieben wird. Das Schreiben sollte dabei auch noch vom Kind selbst vollzogen werden. Diese Ansicht gilt heute als überholt. CHOMSKYs Ansatz wird hingegen auch durch die Forschungsergebnisse der modernen Neurologie gestützt. Ich werde im folgenden die in der Literatur gebräuchlichen englischen Begriffe verwenden.

Language
Acquisition
Device

Das 'Language Acquisition Device' wird in der Fachliteratur mit 'LAD' abgekürzt. Mit LAD ist die genetisch angelegte Fähigkeit, die Disposition gemeint, Sprache zu erwerben.

Neben CHOMSKY gab es andere Personen, die seine Ansicht zwar teilten, aber feststellten, daß zwischen der Fähigkeit zum Spracherwerb und dem effektiven Erwerb der Sprache eine große Lücke klafft. Der englische Kinderpsychologe und Linguist JEROME BRUNER (1987) vertrat die Meinung, daß die Disposition allein nicht ausreiche, um die Sprache zu entfalten, sondern daß dazu ein Unterstützungssystem notwendig sei. Dieses Unterstützungssystem ist als *'Language Acquisition Support System'* in die Fachliteratur eingegangen; es wird mit 'LASS' abgekürzt.

Language
Acquisition
Support
System

Neben BRUNER sind auch R. BROWN (1973), SNOW and FERGUSON (1977) und G. WELLS (1981) zu erwähnen. Sie konzentrierten ihre Forschungen in den vergangenen beiden Jahrzehnten mehr auf den Ablauf der Sprachentwicklung junger Kinder. Ihre Forschungen führten zu einer allgemeinen Übereinstimmung bezüglich der Hauptcharakteristika des spracherwerblichen Ablaufs und verdeutlichen sowohl die Zeitenfolge der kindlichen Sprachentwicklung als auch die Einflüsse des Umfeldes, die den Spracherwerb fördern.

Wo ist da der Bezug zur Sprachentwicklung des hörgeschädigten Kindes? Nun, das hörgeschädigte Kind macht in den ersten Monaten seines Lebens eine normale Sprachentwicklung durch. Aber irgendwann zwischen dem siebten und neunten Monat, nach der sogenannten Lallphase, verläuft die Entwicklung anders als beim normalhörenden Kind, die Wege trennen sich. Das hörgeschädigte Kind verstummt, wenn ihm nicht bewußt weiterhin Lautsprache angeboten wird.

Offensichtlich hat jedes normalhörende Kind durch seine Mutter und die familiäre Umgebung genügend Unterstützung – Support – zur Entwicklung einer intakten Sprache. Dies gilt selbst für Kinder in ungünstigem sozialen Milieu. Anders sieht die Situation jedoch beim hörgeschädigten Kind aus. Ihm fehlt ein lautsprachliches Unterstützungssystem (Support System) weitgehend. Das hörgeschädigte Kind soll jedoch so weit wie möglich im gleichen sensorischen Stimulationsspektrum aufwachsen wie das normalhörende Kind. Dies gilt insbesondere auch für den auditiven Bereich. Die Kinder brauchen das normale sprachliche Umfeld, die Familie und die Regelklasse, um Sprache – ich spreche von gesprochener Sprache – vorwiegend übers Ohr erlernen zu können. Neben einer frühzeitigen Hörgeräteversorgung "muß dazu das linguistische Umfeld und die Umgebung, in der das Kind heranwächst und in der es Hören erlernen wird, von denen, die mit ihm leben, entsprechend wahrgenommen und entsprechend gestaltet werden." (SIGRID MARTIN 1991, S. 216) Eltern benötigen hierfür eine Anleitung. Sind diese Rahmenbedingungen gewährleistet, spricht man von einem *hörgerichteten Sprachansatz*.

"Der hörgerichtete Ansatz lenkt die Aufmerksamkeit nicht auf das Ausmaß der Hörschädigung, (sondern) vielmehr auf die zu erwartende Verbesserung des Hörvermögens". (ebd.) Das erfordert eine interaktionale Lebenseinstellung, die nicht auf die Arbeit an gutem Hören und Sprechen reduziert werden darf. Es erfordert vom Erwachsenen, dem Kind gut zuzuhören und es mit seinem Kommunikationsbedürfnis ernst zu nehmen, es zu verstehen und mit ihm in den Dialog zu treten. (vgl. ebd)

Früher entschieden oftmals HörgeschädigtenlehrerInnen, wie den Kindern Sprache gelehrt werden sollte; sie bestimmten, welche Wörter und Satzformen im Leben eines hörgeschädigten Kindes wichtig sein sollten. Oftmals verhinderten und zerstörten Fachleute jegliche Interaktion durch das unermüdliche Eintrichtern eines trockenen Vokabulars ('They destroyed interaction through vocabulary', MORAG CLARK). Beispielsweise wurde versucht, Sprache durch Sätze wie die folgenden beizubringen: "Das ist ein Tisch! – Was ist das? – Sprich: Das ist ein Tisch!" Produzierte das Kind eine unkorrekte Antwort, wurde diese sofort korrigiert zurückgegeben und das Kind abermals aufgefordert, *schön* zu sprechen. – Keine Mutter bringt ihrem normalhörenden Kind auf diese Art Sprache bei. Vielmehr tut sie dies durch Interaktion zwischen ihr und dem Kind. Die Mutter sagt vielleicht: "Nimm das Glas vom Tisch!" oder: "Paß auf, daß du nicht vom Tisch fällst!" Unsere Aufgabe besteht darin, dem Kind eine sprachanregende Umgebung bereitzustellen.

Die entwicklungspsychologischen und pädolinguistischen Gedanken der folgenden drei Abschnitte entstammen SIGRID MARTIN (1991, S. 217 f.). Sie kommt zum Schluß, daß die Basis für einen gut funktionierenden Interaktions- und Kommunikationsprozeß im vorerst grundsätzlich sprachunabhängigen Einander-Verstehen zu suchen ist. Das wird erreicht durch jenen natürlichen Kontakt, jene Zuwendung und Liebe wie sie jedes normalhörende Kind durch seine Mutter erfährt. Mütter mit hörenden Kindern haben in der Regel nicht die erklärte Absicht, ihren Kindern das Sprechen und die Sprache beizubringen. Aber Mütter – und auch alle Erwachsenen – sprechen mit Kindern anders als mit Erwachsenen. Diese spezielle Art der Zusprache kennt man als *'motherese'* oder *'Ammensprache'*. Die Ammensprache ist gekennzeichnet durch höhere Stimmlage, überdeutliche Betonung der wichtigsten Singalwörter, übertriebene Sprachmelodie; es genügen in der Regel einfache semantische und syntaktische Strukturen. Es wird außerdem häufig wiederholt, variiert, anders beschrieben und in der Wiederholung auch erweitert. Die Ammensprache hat eine hohe Redundanz, und hat zur Folge, daß auf diese Weise eine ganze Reihe sprachlicher und grammatischer Grundmuster durch häufige Wiederholung vom Kind schließlich aufgenommen wird.

Erwachsene bedienen sich dieses Sprechverhaltens, weil Kinder in der Regel die Kommunikation mit Erwachsenen abbrechen, wenn sie nicht mehr folgen können. Um dieses Abbrechen zu verhindern, läßt sich der Erwachsene fast automatisch auf das Kommunikationsniveau des Kindes ein. *Das Kind entscheidet* situativ, worüber gesprochen wird und bestimmt so ebenfalls den Komplexitätsgrad der Sprache, der ständig den Fortschritten des Kindes angepaßt ist; syntaktisch ist ihm der ältere Gesprächspartner immer voraus. Auch ältere Kinder sprechen in dieser Art mit kleineren Kindern. Diese Kommunikation vollzieht sich in einem Interaktionsprozeß, in dem zusätzlich aus der Situation heraus verstanden wird, wenn die sprachlichen Mittel noch nicht ausreichen. Der kompetentere Partner spricht *mit* – und nicht *zu* dem Kind – über eine Sache, die *für beide* in der Kommunikationssituation gleichermaßen von Interesse ist. So schenken sich beide gegenseitig Aufmerksamkeit. Sie tauschen sich über die Situation aus, ohne daß vom Kind von Anfang an sprachliche Reaktionen erwartet oder verlangt werden.

Eltern, LehrerInnen und ThearapeutInnen werden durch diesen hörgerichteten Sprachansatz für einen Interaktionsprozeß sensibilisiert, in dem sie sich auf ihr Kind einstellen, ihm zuhören und ihm folgen. Die Kinder zeigen dann mehr Initiativen, stellen mehr Fragen; Mütter, die ihren Kindern folgen, werden mehr Möglichkeiten haben, die Eigeninitiativen der Kinder zu erweitern. Allmählich verlagern sich die Interaktionen von den Eltern weg auf solche mit Gleichaltrigen.

Es ist interessant, daß auch der einflußreiche italienische Arzt ADREANO MILANI-COMPARETTI zu diesen Erkenntnissen kam, obwohl er von einer völlig anderen Ausgangssituation her kam. Als eine von vier wesentlichen Forderungen für die Praxis zur Früherkennung von *Körperbehinderungen* bezeichnete er *'den Dialog mit dem Kind aufnehmen'*. JUTTA SCHÖLER beschreibt, was MILANI-COMPARETTI darunter verstand:

> "MILANI nahm die Kinder so ernst, daß er sie nicht in eine Testsituation brachte. Er sagte z. B.: 'Früher wurden Sprungbereitschaftsreaktionen vom Untersucher ausgelöst; heute sieht man am Sitzen, daß die Sprungbereitschaftsreaktion vorhanden ist.'
>
> Während MILANI sich mit den Eltern unterhielt, nahm er mit dem Kind langsam durch Schnalzgeräusche, Mimik oder Gestik die Kommunikation auf. Er vertrat den Standpunkt, es sei Aufgabe des Untersuchers, als Spezialist die *'vorschlagende Identität'* des Kindes zu erkennen. Es ist nicht der Erwachsene, der die Vorschläge macht, und das Kind hat irgendwie zu reagieren, sondern: Der Erwachsene muß auf die Vorschläge des Kindes reagieren und mit ihm in einen Dialog treten. Dazu gehört, daß immer *gegenseitige* Mitteilungen ermöglicht werden müssen." (SCHÖLER 1987, S. 337)

Weiter oben habe ich beschrieben, daß zu einem hörgerichteten Sprachaufbau das Beachten des Ammensprachprinzips gehört, das die schöpferischen Fähigkeiten des Kindes, sich selbst zu konstruieren und durch auffordernde Vorschläge zum Dialog, auf die Umwelt Einfluß zu nehmen, beinhaltet. Es ist erstaunlich, daß MILANI-COMPARETTI auch diesbezüglich ähnliche Gedanken äußerte:

> "Unsere Aufmerksamkeit ist also nicht so sehr auf das Studium der *Antworten* als auf das Studium der *Vorschläge* zu lenken, und das bedeutet, die reizgebende Arbeitsweise zu verlassen. Reize gibt man Versuchstieren, aber nicht Kindern; denn die reflexen Mechanismen und Antworten sind gerade die Negation der Botschaft, die wir erhorchen, und der Mitteilung, die wir fördern, und des Dialogs, den wir beginnen wollen. Reiz und Antwort[31] erschöpfen sich gegenseitig und schließen einen Kreis, der zweidimensional bleibt und die dritte Dimension der Entwicklung und des Schöpferischen ausschließt. Diese dritte Dimension existiert nur, wenn mehr vorliegt als nur ein Reiz-Antwort-Verhältnis. Dieses *Mehr* nennen wir 'para

---

[31] Mit dem 'Reiz-Antwort-Schema' ist SKINNERs (1953) 'Stimulus-Respons-Modell' gemeint, das seinerseits auf SHERRINGTON (1947 bzw. 1906) zurückgeht.

metro positivo'. Seine Beachtung allein erlaubt einen positiven Dialog, durch den dialektisch aufbauende Vorschläge produziert werden können." (MILANI-COMPARETTI u. ROSNER 1987[2], S. 82)

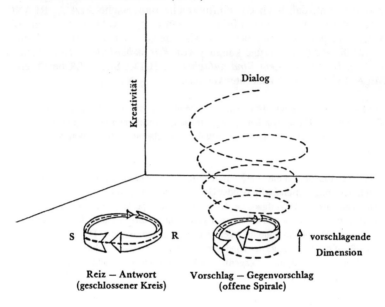

Abb. 5.3.2-1: Das Konzept vom Dialog; die 'offene Spirale' (MILANI-COMPARETTI u. ROSNER 1987[2], S. 82)

Ein normalhörendes Kind hat mit dieser 'offenen Spirale' bzw. dem 'LASS' offensichtlich genügend Unterstützung – Support – zum Entfalten einer normalen Sprache. Beim hörgeschädigten Kind verhält sich die Sache nur insofern anders, als es eben nicht gut hört. Deshalb ist für diese Kinder eine möglichst frühe und gute Versorgung mit Hörgeräten und allenfalls einer FM-Anlage absolut notwendig, um mit dem hörgerichteten (auditorischen) Ansatz das Restgehör zu entwickeln und auszunützen.

Leider geschieht dies nicht immer, und oftmals wird mit dem hörgeschädigten Kind – sobald die Diagnose gestellt ist – nicht mehr in einer normalen Sprache gesprochen. Damit wird ihm jedoch genau das notwendige 'Support System' vorenthalten. Eltern tun dies aus einer Verunsicherung heraus, die in ihnen durch Fachleute entstanden ist. Dies ist nicht verwunderlich, wird in vielen Sonderschulen für hörgeschädigte Kinder doch ebenfalls *häufig* in unnatürlicher Weise mit den Kindern gesprochen. Dies belegen verschiedene neuere Studien: GREGORY and MOGFORD (1981); WOOD et al. (1986);

IVIMEY (1981). Die Ergebnisse dieser Studien zeigen deutlich, daß die Förderung in Regelklassen besser ist. LYNAS schreibt beispielsweise:

> "Im Gegensatz zu den Sonderschulen ist die verbale Kommunikation in einer Regelschule mit einem oder mehreren hörgeschädigten Kindern im Hinblick auf die Auswirkungen von Hörschädigungen weniger begrenzt. Die Lehrer setzen ein normales Verständnisvermögen in der Altersgruppe voraus und reden die Klasse entsprechend an. Es gibt Hinweise, die diese Meinung bestätigen: HUNTINGTON and WATTON (1984) vergleichen die Sprache, die an hörgeschädigte Schüler in drei verschiedenen Umgebungen gerichtet wurde: in einer Gehörlosen-Sonderschule, in einer Lerngruppe (Unit in Großbritannien) für hörgeschädigte Kinder (in Zürich würde das der Kleinklasse C entsprechen) und in einer Regelschulklasse. In den ersten zwei Fällen unterrichteten Gehörlosenlehrer, im dritten Fall lehrten Regelschul-Klassenlehrer. Die Sprache wurde bezüglich ihres Umfanges und ihrer Komplexität analysiert. Das Ergebnis war eindeutig: Die Regelschullehrer verwendeten die umfangreichste Sprache im Hinblick auf Quantität, Komplexität und Vielfalt des Wortschatzes. Die Gehörlosenlehrer in der Sonderschule benutzten die niedrigste Anzahl Wörter, verwendeten die einfachsten Sätze mit der geringsten vokabularischen Abwechslung. Die Gehörlosenlehrer in der Lerngruppe lagen in der Mitte." (LYNAS 1992, S. 75; Hinweise in den Klammern v. Autor)

Um ein optimales 'Support System' zu gewährleisten, sind meines Erachtens drei wesentliche Faktoren zu berücksichtigen:

- Erziehung und Beschulung in der *Regelschule:* Gleichaltrige Kinder in Regelschulen verwenden eine 'normale' Sprache. Sie sprechen nicht in Ein-Wort-Sätzen und kommunizieren nicht im Telegrammstil. Im allgemeinen sprechen sie frei, fließend und ungehemmt (LYNAS 1992, S. 75).
- *Beratung* des pädagogischen Umfeldes: Die Regelklasse allein genügt nicht. Jedes hörgeschädigte Kind braucht eine wirksame Unterstützung, eine fachpädagogische Begleitung. Genau hier liegt aber ein Problem, denn bis heute sind solche Unterstützungssysteme oder -programme erst vereinzelt verwirklicht. Ich werde in Kapitel 9 darauf zurückkommen.
- *Elternarbeit:* Eines der vordringlichsten Ziele in der Elternarbeit muß daher sein, die Eltern für den Spracherwerbsprozeß beim Kind zu sensibilisieren, damit sie sich – wie beim normalhörenden Kind – darauf freuen, ihrem Kind das Sprechen zu lehren. Genau hier stolpern nämlich viele Eltern und ziehen sich in der Folge zurück.

6. BELASTUNGEN IM ALLTAG

Hypothese

*"Die Integration eines hörgeschädigten Kindes
führt bei den Beteiligten
nicht zu einer erhöhten Belastungssituation."*

6.1 Von Belastung und Überforderung

Bereits 1971 warnte CLAUSSEN (1971, S. 807) vor der Überforderung, die für Schwerhörige mit einem Regelschulbesuch verbunden sein könne. Dieser Streß könne zu psychischen Störungen sowie zu einer Fixierung auf die Leistungsanforderungen der Schule und damit zu einer Einengung des geistigen Horizontes und letztlich zu einer mangelhaft ausgebildeten Identität führen. Seither ist die Überforderungsthese ein häufig diskutiertes Thema (vgl. auch Kapitel 8).

Diese Befürchtungen greifen meines Erachtens meistens zu kurz; sie entstehen oftmals aufgrund monokausalen anstelle eines breitgefächerten und vernetzten Denkens. Dabei werden die vielfältigen Forschungsansätze, welche in den letzten zwanzig Jahren entwickelt worden sind und es in zunehmendem Maße erlauben, die konkrete Auseinandersetzung einer Person mit Belastungssituationen zu untersuchen, nicht oder kaum berücksichtigt. Ein Grund für diese einseitige Betrachtungsweise mag in der hochspezialisierten hörgeschädigtenpädagogischen Sichtweise liegen, welche die Querverbindungen zu allgemeinpädagogischen und -psychologischen Erkenntnissen eher verhindert, anstatt sie herzustellen. Genau diesem Anliegen fühle ich mich aber verpflichtet. Deshalb werde ich mich im folgenden auf die allgemeine Pädagogik und Psychologie beziehen und einige grundlegende Ansätze aufzeigen, sie ordnen und zu einem allgemeinen *Belastungs-Bewältigungs-Paradigma* aufarbeiten.

Anschließend werde ich anhand eigener Untersuchungen der Frage nachgehen, ob sich Eltern und Lehrer in ihrem Alltag durch das integrativ beschulte hörgeschädigte Kind belastet fühlen. Damit ist gemeint, daß die Eltern beispielsweise ihrem hörgeschädigten Kind mehr bei den Schularbeiten helfen müssen oder, daß sie – rückblickend – die häufigen Fahrten zu den Therapien, das deutlichere Sprechen, die häufigeren Lehrerkontakte und Sorgen bezüglich einer möglichen Verschlechterung des Hörvermögens als Belastung empfinden. Es müssen aber auch Aussagen von Eltern berücksichtigt werden, die die Belastung in der Regelschule mit jener in der Sonderschule vergleichen können. Zur Illustration ein Beispiel: Der als gehörlos diagnostizierte Nicola (mittlerer Hörverlust beidseits 105 dB) besucht eine dritte Regelklasse. Seine beiden ersten Schuljahre verbrachte er in einer Sonderschule für Hörgeschädigte. Anläßlich der ersten Standortbestimmung, fünf Wochen nach Eintritt in die Regelklasse, schilderte Nicolas Mutter folgendes Ereignis:

"Nicola hat gestern einen Anruf erhalten. Ein Mädchen aus der Klasse hat ihn angerufen. Stellen Sie sich vor, ein Mädchen hat meinem Sohn telefoniert. Das ist ganz neu! Ich wußte gar nicht, was ich machen sollte, denn Nicola hatte doch noch nie telefoniert. Solange er in der Sonderschule war, kam das nie vor; die anderen Kinder konnten ja alle nicht telefonieren. Also ich holte ihn ans Telefon. Auch er war ganz verwirrt, aber in seinem Gesicht war auch Freude. Ich stand neben ihm und hielt mein Ohr ganz dicht zu seinem Ohr, damit ich auch mithören konnte. Aber Nicola verstand auch selbst ein paar Wörter; ich mußte nicht alles wiederholen. Das Mädchen lud ihn zum Spielen bei sich zu Hause ein. Nachdem Nicola den Hörer aufgelegt hatte, lief er vor Freude strahlend in sein Zimmer und öffnete das Fenster so weit es nur ging. Dann rief er so laut er konnte aus dem Fenster hinaus: 'Ich habe ein Telefon bekommen! Ich, Nicola habe ein Telefon bekommen! Ich habe alleine telefoniert!' Während die Mutter dies erzählte, rannen ihr Tränen über die Wangen, dann fuhr sie weiter: "Wissen Sie, erst da habe ich gemerkt, wie mich das immer belastet hat, daß Nicola nie jemanden hatte, der ihn einfach so einmal nach der Schule schnell anrief und mit ihm etwas abmachte. Früher war er den ganzen Tag in der Schule, und wenn er abends mit dem Taxi heimkam, war er müde, und zum Spielen war es schon zu spät. Und vor allem: Nicola hat die Kinder im Wohnquartier nicht einmal gekannt."

Wie würde Nicola selbst diese neue Situation wohl beschreiben? Als welch große Bereicherung muß er selbst dieses Erlebnis empfunden haben!?

Bei den Lehrern und Lehrerinnen beinhaltet die Frage nach der Belastung beispielsweise, ob sie sich durch das hörgeschädigte Kind in der Gestaltung ihres Unterrichts eingeschränkt fühlen, da der Unterricht anders vorbereitet und durchgeführt werden muß. Der Lehrer und die Lehrerin benötigen zusätzliche Zeit für Fortbildungskurse im Bereich Hörgeschädigtenpädagogik und für Besprechungen mit den Eltern, der Logopädin, dem pädagogischem Berater oder weiteren Fachleuten wie Schulpsychologen. Sie müssen in der Klasse speziell auf gute Gesprächsdisziplin, Ruhephasen und Kooperation achten. Integrationsgegner führen immer wieder das Argument an, Lehrerinnen und Lehrer seien nicht bereit, nur wegen des hörgeschädigten Kindes, einen Mehraufwand an Zeit und Arbeit auf sich zu nehmen. Meine Erfahrungen zeigen, daß sie sehr wohl bereit sind, diesen zusätzlichen Aufwand auf sich zu nehmen, wenn sie wissen, daß sie – falls Probleme auftauchen sollten – eine Anlaufstelle haben, von der sie tatsächlich Hilfe erhalten. Darüber hinaus äußern sie sich immer wieder dahingehend, daß sie die Anwesenheit des hörgeschädigten Kindes als Bereicherung und die Ausrichtung ihres persönlichen Stils auf hörgeschädigtenspezifische Grundsätze für die ganze Klasse als positiv erleben. Aus diesen Gründen erachte ich die Untersuchung des Belastungsaspektes nicht nur als interessant, sondern als notwendig.

6.2 Belastung als Realität

Vorerst wird der Aspekt der Belastung noch deutlicher aufgearbeitet. Oben habe ich einige belastende Aspekte erläutert, doch was ist Belastung eigentlich? Kann man Belastung definieren? Bei der Auseinandersetzung mit dieser Frage bin ich bei DIETER ULICH auf eine Definition von Belastung gestoßen, die ich für meine Untersuchung übernehmen möchte:

"Unter Belastung verstehen wir ... solche Beeinträchtigungen der individuellen Befindlichkeit und Stimmung, der Erlebnis-, Verarbeitungs- und Handlungsmöglichkeiten einer Person in einer gegebenen Situation, die subjektiven Leidensdruck hervorrufen. Belastung ist also für uns der Zustand des Erleidens von Beeinträchtigungen und Mangelzuständen, das Erleben von negativen Veränderungen oder Einbußen an bereits erfahrenen oder jedenfalls möglichen positiven Erlebnis- und Handlungsmöglichkeiten. Entscheidend für die Feststellung von Belastung ist die Perspektive der Person." (ULICH u. a. 1985, S. 74)

Zum gleichen Schluß kommt HANS-GÜNTHER SCHÖNWÄLDER in einer Untersuchung über Belastungen im Lehrerberuf:

"Ihnen (den Lehrern; Anmerkung des Autors) ist Belastung, was sie als belastend erleben, was sie also über sich selbst sagen. ... Sich belastet fühlende Lehrer sind belastet, z. B. durch das Leid, das stigmatisierte Schüler erleben oder die Frustration der Arbeit in schwierigen Klassen." (SCHÖNWÄLDER 1989, S. 11)

Ein Beispiel soll das illustrieren: Pamela Morell, eine junge Lehrerin unterrichtet eine 1. Primarschulklasse in einem Vorort von Zürich. In ihrer Klasse sind 24 Kinder; rund die Hälfte sind ausländischer Nationalität. Ein Mädchen in ihrer Klasse, Claudia, ist hochgradig schwerhörig (der mittlere Hörverlust beträgt beidseits 100 dB). Bereits im Vorfeld der Einschulung fanden mehrere Gespräche zwischen dem Schulpsychologen, einem Mitglied der Schulbehörde, der Kindergärtnerin, Claudias Eltern, der Audiopädagogin, dem jetzigen Logopäden sowie Frau Morell und mir statt. Da sich Claudia im Regelkindergarten gut entwickelt hatte, befürworteten die Kindergärtnerin, der Schulpsychologe und die Audiopädagogin auch die Einschulung in die Regelklasse. Zusätzlich wurde ein *SON-Test*[32] durchgeführt, dessen Resultate in sämtlichen Bereichen so gut ausfielen, daß alle zuversichtlich waren, die Regelklasse sei der richtige Weg für Claudia. Ein einziger Faktor war jedoch unbefriedigend: Pamela Morells Schulzimmer wies eine äußerst große Halligkeit auf. Zusammen mit ihr arbeitete ich einen Vorschlag aus, wie das Schulzimmer durch bauliche Maßnahmen akustisch verbessert werden könnte. Nachdem ich die Präsidentin der Schulbehörde auf das Problem telefonisch aufmerksam gemacht hatte, reichte ich den Vorschlag ein. Wir hörten einige Wochen nichts auf unser Schreiben. Während dieser Zeit stellte es sich heraus, daß die Hörsituation für Claudia tatsächlich sehr unbefriedigend war. Insbesondere fehlte im Schulzimmer ein Teppich, der die Lärmentwicklung vermindern würde. Dann – als wir schon nicht mehr mit einer Reaktion rechneten – meldete sich eine Raumakustikerin bei Pamela Morell an. Begleitet von der Präsidentin der Schulbehörde kam sie am nächsten Tag während einer Unterrichtsstunde in die Klasse. Sie maß im Schulzimmer eine Nachhallzeit von 0,97 Sekunden. Zudem stellte sie im Bereich, in dem sich die Lehrerin beim Sprechen mit der Klasse am häufigsten aufhält, ein Flatterecho fest, das durch die großen Fenster hervorgerufen wird, die sowohl in der linken als auch in der rechten Wand eingebaut sind. "Wir können den Nachhall schon reduzieren", meinte die Akustikerin, "aber dann müssen sie eben auch lauter sprechen." Auf Pamelas Frage nach einem Teppich wurde ihr erklärt, daß dieser auf die Nachhallzeit kaum einen verbessernden Einfluß hätte, höchstens im Bereich von über 10'000 Hz, aber da höre Claudia ja ohnehin nichts. Während der Messungen waren die Kinder – was wäre anderes zu erwarten – nicht sehr ruhig. Das führte bei der Präsidentin der Schulbehörde dazu, daß sie sagte: "Das Problem der unruhigen Klasse können Sie auch mit einem Teppich nicht lösen." Am Abend rief mich Pamela an und berichtete von diesem Vorfall.

Was bedeutete diese Sache für die Lehrerin? Betrachtet man die Situation aus dem Blickwinkel der Belastungsdefinition heraus, so muß feststellt werden, daß Pamela durch diesen Vorfall sowohl in ihrer individuellen Befindlichkeit, ihrer Stimmung als auch in ihren Erlebnis- und Handlungsmöglichkeiten beeinträchtigt wurde und nun unter einem subjektiven Leidensdruck stand. Wie

---

[32] SON ist die Abkürzung für 'Snijders-Oomen Nicht-verbaler Intelligenztest'. Der SON-Test wurde 1939-1942 von DR. N. SNIJDERS-OOMEN entworfen und bei ungefähr 300 gehörlosen Kindern geeicht. Seither wurde der Test mehrmals überarbeitet. Ich verwende ihn hauptsächlich deshalb, weil er Aufschluß gibt über Wahrnehmungsfähigkeiten des untersuchten Kindes; der IQ ist für mich nebensächlich.

groß diese Belastungssituation für sie wirklich war, nahm ich erst in jenem Moment ganz wahr, als sie mir anvertraute: "Weißt Du, das alles nervt mich unheimlich, denn gerade jetzt möchte ich mich von der Schulbehörde auf eine feste Stelle wählen lassen. Und wenn die Leute in der Schulbehörde nun den Eindruck haben, in meiner Klasse sei es immer so unruhig, dann wählen sie mich bestimmt nicht!" So sah die Sachlage für Pamela aus. Sie war in diese unglückliche Situation einzig und allein dadurch geraten, weil sie in ihrer Klasse das hörgeschädigte Mädchen unterrichtete. Daß diese Lehrerin frustriert war, versteht sich von selbst, denn zumindest in diesem Moment nahm anscheinend niemand wahr, daß sie täglich eine hervorragende Arbeit leistete. Daß sie diese Aufgabe freiwillig übernommen hatte, war jetzt auch für sie selbst kein Trost mehr. "Weißt Du", sagte sie zu mir, "ich kann mich im Augenblick wirklich nicht dafür einsetzen, daß die Schallumgebung von Claudia verbessert wird, auch wenn ich weiß, daß alle anderen Kinder und ich davon ebenfalls profitieren würden. – All die Jahre hindurch habe ich darauf hingearbeitet, mich einmal als Lehrerin auf eine feste Stelle wählen zu lassen."

Wie konnte die Situation entschärft werden? Ich erkannte, daß hier unterschiedliche Sichtweisen und unterschiedliches Fachwissen verantwortlich für eine Fehlinterpretation einer völlig normalen Reaktion der Kinder waren. Ich erfragte den Namen der Raumakustikfirma und rief dort an. Am Telefon erklärte ich der Akustikerin, daß ich, nachdem ich der Auslöser für ihren Auftrag war, nun interessiert sei, zu erfahren, welche Maßnahmen sie der Schulbehörde empfehlen würde. "Eine durchgehende vier Zentimeter dicke Gipslochdecke und schallschluckende Vorhänge vor den großen Fensterflächen. Dadurch kann die Nachhallzeit auf 0,25 Sekunden gedrückt werden", sagte sie bereitwillig. Für dieses Vorgehen lobte ich sie, wollte dann aber wissen, weshalb sie keinen Teppich empfehle. Da stellte es sich heraus, daß die Akustikerin von der Schulbehörde gebeten wurde, aus hygienischen Gründen eine Lösung ohne Teppich zu finden. "Sie wissen aber sicher auch", meinte ich, "daß für das hörgeschädigte Mädchen nicht nur der Nachhall ein großes Problem darstellt, sondern besonders auch die Störgeräusche. Aus diesem Grund muß speziell dort angesetzt werden, wo die Störgeräusche entstehen, und das ist in den meisten Fällen am Boden." Schließlich einigten wir uns darauf, in erster Linie an das hörgeschädigte Kind zu denken, und daß sie in ihrem Kostenvoranschlag an die Schulbehörde deshalb neben den Maßnahmen zur Reduktion des Nachhalls und des Flatterechos einen Teppich zur Verminderung der normalen Störgeräusche als notwendig erachte.

Hier war es klar, daß der Lehrerin sofort geholfen werden mußte, um die unangenehme Situation zu meistern. Sobald der Umbau des Schulzimmers beendet sein wird, werde ich der Präsidentin der Schulbehörde danken und sie darum bitten, gemeinsam mit mir, der Lehrerin einen Schulbesuch abzustatten. Bevor es soweit ist, werde ich einen Brief an die Präsidentin der Schulbehörde schreiben, in dem ich meine positiven Eindrücke vom täglichen Einsatz Pamelas für die gesamte Klasse hervorhebe.

6.3 Der Krisen- bzw. Belastungs-Begriff in der Sprache

An diesem Beispiel werden noch weitere Aspekte deutlich, die zur Belastung gehören. Ich denke dabei an Begriffe wie 'Krise' und 'Streß'. Durch die beschriebene Belastungssituation 'steckt' Pamela in einer Krise. Sie 'hat' nicht eine Krise, wie etwa eine Krankheit, sondern sie 'steckt in der Krise drin', sie ist ihr ausgeliefert, passiv, fühlt sich von ihr gelähmt. Sie sieht, daß etwas nicht mehr voran geht, was sich bewegen sollte, es stagniert etwas, und sie befindet sich in unliebsamen seelischen Zuständlichkeiten. Eine Krise ist etwas, das überwunden werden muß, was auch bedeutet, daß wir mit 'Krise' einen eher vorübergehenden Zustand meinen. ULICH schreibt:

"Wenn im Krisenbegriff auch ein Moment von Ausgeliefertsein mitschwingt, so meinen wir allerdings schon in der Alltagssprache damit auch noch mehr, nämlich eine bestimmte Art von Dynamik, die über bloß passives Leiden wie etwa in einer Depression hinausgeht. Diese Dynamik kann enthalten: Konflikte; das Hin- und Herschwanken zwischen verschiedenen Interessen, Gefühlen und Plänen; Bewältigungsversuche, Informationsverarbeitung usw. Diese innerseelische Dynamik rührt mindestens zum Teil daher, daß in einer Krise etwas aus dem Gleichgewicht geraten scheint, daß dies Unruhe hervorruft und Abhilfe fordert."
(ULICH 1985, S. 14)

Nach GRODDECK (1977, S. 171 ff.) drängt eine Krise aus ihrer inneren Struktur und Dynamik heraus auf eine Entscheidung, Entspannung oder auf eine Lösung, wobei das Ergebnis allerdings ungewiß ist. Ungewiß ist das Ergebnis nicht zuletzt deshalb, weil in einer Krise die Lern- und Anpassungskapazitäten der Person deutlich überschritten sind bzw. die Person nicht weiß, was sie tun soll, wie sie eine Situation letztlich bewerten soll, wie sie zu sich selbst und zu anderen steht usw.

ULICH (1985, S. 14 ff.) weist darauf hin, daß man von einer Krise dann spricht, wenn *zentrale* Bereiche des Erlebens und Handelns tangiert seien, wenn also die 'ganze' Person in Mitleidenschaft gezogen ist. Anlässe dafür seien etwa: Schwerwiegende Verluste (z. B. von geliebten Personen, von wichtigen Lebensgrundlagen wie Arbeit und Wohnung), ernste Krankheiten, Bedrohung der Sicherheit und der Lebensgrundlagen, Sich-Selbst-Infragestellen, gravierende Veränderungen des Selbstbildes und Selbswertgefühls, Enttäuschungen, Verlust an Vertrauen. Es handelt sich bei den Anlässen also um schwerwiegende, von innen oder außen bewirkte, belastende Veränderungen, mit denen die Person sich auseinandersetzen muß, um wieder eine positivere psychische Gesamtbefindlichkeit zu erlangen.

Mit dem Begriff *Krise* ist somit eine Phase oder ein Abschnitt des gesamten Prozesses der Auseinandersetzung mit Belastungen gemeint. Allerdings müssen Auseinandersetzungen mit Belastungen nicht immer krisenhaft sein. Personen reagieren in objektiv gleich erscheinenden Situationen sehr unterschiedlich, und auch in verschiedenen Phasen ihres Lebenslaufes sind sie für bestimmte Arten von Belastungen jeweils mehr oder weniger empfänglich. Menschen verändern sich auch ohne Krisen.

6.4 Krisen- bzw. Belastungs-'Theorien'

Die ganze Spannweite der möglichen Ansätze, die sich mit Krisen- bzw. Belastungstheorien auseinandersetzt ist zu groß, um hier aufgezeigt zu werden. Interessierte Leserinnen und Leser verweise ich beispielsweise auf LINDEMANN (1944), ERIKSON (1956), CAPLAN (1963), KILLILEA (1982) und ULICH (1985).

Wichtig scheint mir, sich der unterschiedlichen Ausgangslagen für die Wahrnehmung der Belastung durch das hörgeschädigte Kind bei Eltern, Lehrerinnen und Lehrern bewußt zu sein. Eltern *haben* das Kind. Weder wollen sie es umtauschen, noch es weggeben. Eine letztlich 'ausweglos' scheinende Situation wird bewältigt. Daß ihr Kind evtl. länger Hausaufgaben macht als seine Klassenkameraden und -kameradinnen ist für die Eltern keine große Belastung. Belastender empfinden sie es vielleicht, wenn Geschwister ihre Hausaufgaben nicht machen *wollen*. Lehrerinnen und Lehrer erleben diese Situation anders: Sie leben mit dem Wissen, daß sie den möglichen Belastungsfaktor (nämlich das behinderte Kind) notfalls wieder abgeben könnten, wenn sie sich zu stark belastet fühlen. *Sie belasten sich freiwillig!!* Krisen können aus ihrer Sicht (ganz) leicht durch 'Wegschieben' gelöst werden.[33]

Von Bedeutung ist die Tatsache, daß sich im Verlauf der letzten zehn bis fünfzehn Jahre in ganz verschiedenen Forschungsfeldern teilweise völlig neue Denkansätze und Betrachtungsweisen herauskristallisiert haben wie beispielsweise die *Handlungsforschung*, die ihre Forschungsergebnisse bereits im Forschungsprozeß in die Praxis umsetzt (vgl. MAYRING 1990, S. 34 ff.). Ich denke auch an die moderne *Kindheitsforschung,* an die *life-event-Forschung* und die *Sprachentwicklungsforschung,* die sich vom passiven 'Language Acquisition Device' bei CHOMSKY (1970) zum aktiven, dialogischen 'Language Acquisition Support System' bei BRUNER (1987) entwickelt hat, aber auch an die *Lerntheorien,* die beispielsweise von MILANI-COMPARETTIs Dialog-Konzept der 'offenen Spirale' beeinflußt wurden. All diesen Standpunktverschiebungen ist gemeinsam, daß die Person zunehmend nicht mehr als vorwiegend *Reagierende,* sondern mehr und mehr als Handelnde, als Akteurin oder

---

[33] GEORG ANTOR beschreibt in 'Von der Integrationsklasse zur Sonderschule' ausführlich wie der behinderte Schüler D. aus seiner Regelklasse ausgesondert und in eine Sonderschule umplaziert wird (ANTOR 1992, S. 159-168). Siehe dazu auch das Beispiel 'Patrick' in 6.5.

Agierende erkannt wird. Dadurch wurde das prototypische 'Stimulus-Response-Modell' (S-R- oder Reiz-Antwort-Schema), das seine Wurzeln in der Verhaltensforschung (Behaviorismus) von PAWLOW, SHERRINGTON (1947) und SKINNER (1953) hatte und in der Folge bis zum Exzeß in einer großen Zahl von Wissenschaftszweigen eingeschleust wurde, überwunden. Die Abkehr von diesem Modell in der Pädagogik erachte ich als notwendige Weiterentwicklung. Bezüglich der Lerntheorie von MILANI-COMPARETTI sagt OTTO-LUDWIG ROSER:

> "Der Weg ging über die Entlarvung der scheinbaren Objektivität 'unreflektiert benutzter Modelle' ... bis zur Konzeption einer Form der Rehabilitation, die in der Philosophie des Dialogs gipfelt." (ROSER 1990, S. 12)

Was das im pädagogisch-therapeutischen Alltag konkret heißt, formuliert SCHÖLER so:

> "Es ist nicht der Erwachsene, der die Vorschläge macht, und das Kind hat irgendwie zu reagieren, sondern: Der Erwachsene muß auf die Vorschläge des Kindes reagieren und mit ihm in einen Dialog treten." (SCHÖLER 1987, S. 337)

Im Falle der Belastungs- bzw. Krisenforschung verhält sich die Sache ähnlich. Aus der neueren Streß-Forschung, in der diese 'Wende' im Interpretationsansatz ebenfalls stattgefunden hat (vgl. z. B. PEARLIN/SCHOOLER 1978), entsprang der Begriff der *'Bewältigung'*. Das bedeutet, daß man sich auch um die Bewältigungsversuche kümmern muß, die eine Person unternimmt, um die Krise zu bewältigen bzw. die Belastungssituation aufzuheben. Das wiederum heißt, daß die Einflußfaktoren der Umwelt und Gesellschaft, makrosystemische Aspekte also, in die Überlegungen miteinbezogen werden müssen.

Bei der klassischen Sozialisationsforschung, die zwar den Einfluß von gegebenen Lebenslagen wie beispielsweise der sozialen Schichtzugehörigkeit auf die Entwicklung beachtet, aber die Veränderungen von Lebenslagen vernachlässigt, setzt die *life-event-Forschung* ein. Mit 'life event' sind Lebensveränderungen, Einschnitte und Übergangsphasen gemeint, die zu jedem 'normalen' Leben gehören: Wohnortswechsel, Arbeitsplatzwechsel, Heirat, Tod einer geliebten Person usw. Es sind Veränderungen gemeint, welche die Person zu bestimmten Umorientierungen, Bewältigungen und Wiederanpassungen herausfordern (vgl. ULICH 1985, S. 35). Die life-event-Forschung ist – vielleicht zusammen mit der Erforschung der Ökosysteme – eine der fruchtbarsten Forschungsrichtungen. Sie zeigt, daß für das Verstehen von Krisen nicht nur die Zusammenhänge zwischen Lebensveränderungen und körperlichen oder seelischen Belastungen wichtig sind, sondern ebenso die Frage, welche Lebensveränderungen bei welchen Personen unter welchen Umständen zu welchen Folgen führen?

6.5 Das 'TOTE'-Modell

Um die oben genannten komplexen und vernetzten Faktoren untersuchen zu können, ist es hilfreich, sich eine Vorstellung von den angenommenen Zusammenhängen zwischen den beteiligten Einflußfaktoren und ihren Wirkungen zu machen. Ein Modell, das in der Psychologie und in der Pädagogik Beachtung fand, ist das TOTE-Modell von MILLER, GALANTER und PRIBRAM (1960 bzw. 1973). Dieses Prozeßmodell der Krisen- bzw. Streßbewältigung stellt in idealtypischer Weise, einer Art offenem Regelkreis, den möglichen Verlauf der Auseinandersetzung einer Person mit einer Belastung dar. Nach dem 'TOTE'-Modell durchlebt eine Person jeweils abwechslungsweise eine Prüf- ('test') und eine Handlungsphase ('operate). Die Auflösung dieses wiederkehrenden Prozesses stellt die Phase 'Exit' dar. Eine solche Regelkreis-Einheit (Test-Operate-Test-Exit) gab dem Modell den Namen.

Um den Prozeßcharakter und den zeitlichen Ablauf der Auseinandersetzungen mit Belastungen noch deutlicher zu machen, hat ULICH das Modell 'auseinandergezogen':

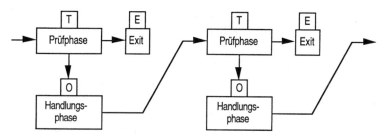

Abb. 6.5-1: Das TOTE-Prozeßmodell in Anlehnung an ULICH (1985, S. 70)

Die Prüf- oder Testphasen gehen von der Einschätzung der Belastung bzw. Bedrohung und ihrer möglichen Bewältigung bis zum inneren Zurechtlegen eines Bewältigungsplanes. In der Handlungsphase wird versucht, diesen Bewältigungsplan umzusetzen. Danach folgt eine Neueinschätzung der Situation, auf die möglicherweise wiederum aktive Bewältigungsversuche folgen, bis ein stabiler Zustand (im Idealfall eine befriedigende Lösung) erreicht ist. Damit ist die Belastung vorerst bewältigt (Exit). Das Schöne an diesem Modell ist, daß es sowohl kognitive als auch emotionale und ökosystemische Aspekte berücksichtigt. Diese dem Modell zugrundeliegende globale Sichtweise läßt sich nach ULICH mit drei Thesen kennzeichnen:

1. In Belastungssituationen reagieren Personen nicht (nur) vorwiegend passiv, sondern sie versuchen, sich aktiv mit der Situation und ihren äußeren und inneren Folgen auseinanderzusetzen.

2. Also läßt sich die Auseinandersetzung nicht durch ein lineares, einseitig gerichtetes Modell abbilden, sondern es ist eine transaktionale, prozessuale, dynamische Auffassung der Person-Umwelt-Beziehung nötig.

3. Individuen werden als sich verändernde Personen in einer sich verändernden Umwelt aufgefaßt; die Auseinandersetzung mit Belastungen muß damit als ein Rückkoppelungsprozeß verstanden werden, der u. U. sehr oft durchlaufen wird, bis die sich verändernde Person und die veränderte Umwelt in eine neue stabile Beziehung zueinander getreten sind; was keinesfalls eine dauerhafte Problemlösung bedeuten muß, sondern ebensogut auch die 'Stabilisierung' eines resignativen oder depressiven Zustands bedeuten kann (vgl. ULICH 1985, S. 69).

Die Systemzusammenhänge sollen im folgenden nun auf diesem Hintergrund beleuchtet werden. Wie dabei dieses formale Ablaufmodell unter Hinzufügen von beispielsweise biographischen Faktoren inhaltlich aufgefüllt werden kann, möchte ich an einem mir zu Ohren gekommenen Beispiel erläutern:

Eine junge Familie hat ihren hochgradig hörgeschädigten Jungen in den Kindergarten einschreiben lassen. Wenige Wochen nach Beginn des Schuljahres realisieren sowohl Eltern als auch die beiden Kindergärtnerinnen, die im 'Job-Sharing' unterrichten (eine Kindergärtnerin jeweils von Montag bis Mittwoch, die andere von Donnerstag bis Samstag), daß die Integration von Patrick nicht so einfach verläuft, wie sie sich das vorgestellt haben. In dieser Phase nehmen die Eltern mehrmals mit den Kindergärtnerinnen Kontakt auf, um ihnen zu sagen, worauf sie in den Lektionen auch noch besonders zu achten hätten, beispielsweise, daß sie stets in Schriftsprache und nicht in Dialekt sprechen sollten. Dies geschieht in der Annahme, daß dadurch die Situation für Patrick erleichtert würde. Kurz darauf äußern die Kindergärtnerinnen den Wunsch, Patrick möge doch anderswo einen Kindergarten besuchen, da sie durch ihn und insbesondere sein auffälliges Verhalten völlig überfordert seien. Patrick selbst gibt jeweils bereits am Sonntagnachmittag zu verstehen, daß er sich auf den Montag freue, weil er da wieder in den Kindergarten gehen könne. Von Bekannten, deren hörgeschädigtes Kind ebenfalls in einer Regelklasse ist, erfuhren die Eltern schon früher von einer Beratungsstelle für hörgeschädigte Kinder. Der Vater suchte dort schon um Hilfe nach, bevor Patrick in den Kindergarten kam; bisher blieb diese jedoch aus.

Was ist hier abgelaufen? Man könnte jetzt sowohl die Situation der Kindergärtnerinnen, jene der Eltern oder von Patrick untersuchen. Daneben auch noch jene von Patricks Kameradinnen und Kameraden bzw. auch deren Eltern. Ich beschränke mich auf die Sicht- und Handlungsweise der beiden Kindergärtnerinnen:

Prüfphase 1

Am Beginn der belastenden Auseinandersetzung befinden sich die Kindergärtnerinnen in einem Dilemma. Sie haben das Ziel, möglichst die ganze Kindergartengruppe so gut zu fördern, daß alle Kinder in zwei Jahren mit Erfolg in die 1. Klasse eintreten können. Die Verwirklichung dieses Ziels prägt ihr Handeln im Unterricht. Weil Patrick nicht alles versteht und seinetwegen vieles zweimal gesagt werden muß, befürchten die Kindergärtnerinnen, ihr Ziel nicht erreichen zu können. Darüber hinaus fühlen sie sich in ihrem Selbstverständnis bedroht, da sie – entgegen allen pädagogischen Prinzipien, die sie aus ihrer Ausbildung kennen – den Unterricht in Schriftsprache abhalten sollten.

Zu berücksichtigen ist, daß es sich hier sowohl um objektive als auch um subjektive Krisenfaktoren handelt. In gemeinsamen Überlegungen kommen die beiden Kindergärtnerinnen zur Überzeugung, daß sie die Situation verändern müssen. Sie suchen nach Lösungsstrategien.

Natürlich wäre in diesem Fall für die Kindergärtnerinnen schon ein 'Exit' erreicht gewesen, wäre auf die Forderung 'Schriftdeutsch' – zumindest vorläufig – verzichtet worden. Weshalb geschah dies nicht? Lag es daran, daß die Eltern 'zu gut' beraten wurden und deshalb auf dieser Forderung beharrten? Hätten 'weniger gut' beratene Eltern oder 'Unterschichteltern' diese Forderung vielleicht gar nicht gestellt? Keines von beidem traf zu. Das Problem lag vielmehr darin, daß der zuständige Berater in einem frühen Zeitpunkt weder Eltern, Kindergärtnerinnen noch Kindergartenpräsidentin unterstützt hatte. Es wäre für ihn einfach gewesen, den beteiligten Personen Mut und Zuversicht zu vermitteln. Er hätte auch die von der Sprachtherapeutin erhobene und von den Eltern an die Kindergärtnerinnen weitergegebene Anweisung 'unbedingt und ständig Schriftsprache' relativieren müssen. Zusammen mit ihnen und den Eltern sowie der Sprachtherapeutin hätte ein Brainstorming auch den Kindergärtnerinnen die Chance gelassen, ihre 'Zone der nächsten Entwicklung' (WYGOTSKI 1964, S. 236 ff.) zu erreichen. Nach dem Prinzip: 'Einen Schritt zurück – zwei Schritte vor' hätte hier viel erreicht werden können. So wurde jedoch die Not der Kindergärtnerinnen nicht wahrgenommen: Sie fühlten sich von ihrem Berufsverständnis richtigerweise verpflichtet, in Dialekt zu erziehen damit in dieser Phase der kindlichen Entwicklung die soziale Integration Priorität behält, und genau in diesem zentralen Punkt fühlten sie sich in ihrem Innersten unverstanden und angegriffen.

Handlungsphase 1

In diesem Beispiel wird von den Kindergärtnerinnen subjektive Belastung erlebt. Dies führt zu bestimmten Folgen wie etwa Belastungssymptomen. Eine der Kolleginnen klagt nun vermehrt über Migräne. Sie ruft abends die zweite Kindergärtnerin an und teilt ihr mit, daß sie den Unterricht am nächsten Tag unmöglich durchführen könne. Dies ist ihr erster Bewältigungsversuch, die erste Handlungsphase.

Prüfphase 2

Der ausdauernden Kindergärtnerin entgeht es nicht, daß Patrick der Auslöser für die Migräne und das Fernbleiben ihrer Kollegin vom Unterricht ist. Sie schlägt vor, das Problem, die Belastungsursache, gemeinsam anzugehen. Erneute Bewältigungsversuche werden geplant, die zur 'Handlungsphase 2' führen.

Handlungsphase 2

Diese Handlungsphase beinhaltet Gespräche mit der Kindergartenpräsidentin, dem Schulpsychologen, der Sprachtherapeutin, dem Berater und den Eltern. Während des Gesprächs wird klar, daß die Belastungssituation für die Kindergärtnerinnen (ich spreche jetzt so, als wären beide gleichermaßen davon betroffen) unerträglich ist. Verschiedene Lösungsansätze werden diskutiert: Die Umteilung in eine Kindergartengruppe eines benachbarten Wohn*quartiers* (dem steht entgegen, daß in allen anderen Gruppen mehr Kinder sind und sich infolge der Bedingung, den Unterricht in Hochdeutsch durchzuführen, keine Kindergärtnerin bereit erklärte, Patrick aufzunehmen). Die Frage nach dem Sprachheilkindergarten als zwar nicht optimale aber doch akzeptable Lösung wird aufgeworfen und sogleich wieder verworfen, da dort ebenfalls zu viele Kinder sind. Auch von den Kindergärten in den Nachbar*gemeinden* ist bekannt, daß sie von der großen Kinderzahl her überfordert sind. Der Kindergarten in der Gehörlosenschule steht für die Eltern außerhalb jeglicher Diskussion, da Patrick nach hörgerichteten Prinzipien lautsprachlich gefördert wurde und die Eltern ihn vorderhand nicht mit der Gebärdensprache konfrontieren möchten.

Die Frage ist schließlich, wer denn nun einen klar strukturierten, gangbaren Vorschlag habe? Der Schulpsychologe findet, eine Familientherapie – und für Patrick eine Verhaltenstherapie – sei hier sicher angezeigt, er allerdings könne diese keinesfalls machen, da er keinerlei Erfahrung mit einem hörgeschädigten Kind habe. Damit ist das Problem beim Berater plaziert. Von ihm wird erwartet, daß er ein Rezept hat. Er steckt seinerseits im Dilemma, hier als Fachmann eine Lösung liefern zu müssen, andererseits weiß er, daß eine solche in dieser späten Phase der Intervention schwierig ist. Schließlich verspricht er zwar, unverzüglich einen Antrag für eine zusätzliche Kindergartengruppe an die Kindergartenkommission zu schreiben, gleichzeitig läßt er jedoch die Eltern unmißverständlich verstehen, daß er bei Patrick eine Integration fragwürdig fände. Er hätte nämlich schon mehrere 'Integrationsleichen' erlebt. Damit weist er indirekt darauf hin, daß für so stark hörgeschädigte Kinder eigentlich die Gehörlosenschule der richtige Lernort sei und als Auffangbecken für 'gescheiterte Integrationsversuche' bereitstehe.

Prüfphase 3

So frustrierend dieses Gespräch für die Eltern sein mag, für die beiden Kindergärtnerinnen ist das Ergebnis der 'Handlungsphase 2' durchaus ein Erfolg. Sie gehen mit der Überzeugung nach Hause, Patrick bald nicht mehr unterrichten zu müssen. Damit ist für sie eine Lösung in greifbare Nähe gerutscht und sie glauben, für sie sei dann diese 'Durststrecke' und damit der Belastungsprozeß überwunden: 'Exit'.

Handlungsphase 3

Die Wirklichkeit der folgenden Handlungsphase sieht allerdings anders, völlig ernüchternd aus: Der Berater unterläßt es, den versprochenen Antrag innerhalb nützlicher Frist an die Behörden zu schreiben. Das realisieren die Kindergärtnerinnen natürlich auch, denn Patrick ist ja noch immer täglich in ihrer großen Gruppe, und auch von Behördenseite wird ihnen bestätigt, daß weder ein Antrag vorliege, noch auf einen solchen eingegangen würde, da die finanziellen Mittel für eine weitere Kindergartengruppe nicht vorhanden seien. Das bedeutet für die Kindergärtnerinnen einen Mißerfolg ihrer Bewältigungsversuche, denn von ihrer Warte aus sehen sie – wie am vorausgegangenen Gespräch klar wurde – keine Möglichkeit, die pädagogische Alltagssituation zu verbessern und dadurch eine Entlastung zu verwirklichen. Die belastende Situation für die Kindergärtnerinnen dauert an, und in der Folge kommt es zur Verschlimmerung des Belastungserlebens, zur 'Krise' und weiteren Prüf- bzw. Handlungsphasen.

Es geht an dieser Stelle nicht darum, aufzulisten, welche Psychodramen sich in der Folgezeit zwischen den Kindergärtnerinnen, zwischen Mutter und Vater, zwischen Eltern und Kindergärtnerinnen, zwischen diesen und Patrick und zwischen Patrick und seinen Kameraden und Kameradinnen abspielten. Der Vater, enttäuscht über die unqualifizierten Äußerungen und die uneingelösten Versprechen des Beraters, richtet ein Beschwerdeschreiben an dessen übergeordnete Instanz und bittet darum, daß eine andere Person die Beratung übernimmt. Diesem Wunsch wird entsprochen. Ich beschränke mich auf die Analyse der Situation der Kindergärtnerinnen: Wie erwähnt kam es bei ihnen zur Verschlimmerung der Krisensituation. Sie erachteten die Belastung als unerträglich groß. Eine Krisensitzung wurde einberufen, an der außer dem neuen Berater die gleichen Personen anwesend waren wie unter Handlungsphase 2 beschrieben. Die Lösungsmöglichkeiten waren nach wie vor sehr begrenzt, die Situation andererseits dermaßen verfahren, daß es klar war, daß an diesem Abend wenigstens für einzelne Beteiligte 'Exits' gefunden werden mußten. Der neue Berater schlug vor, Patrick solle noch eine Woche – bis zu den Weihnachtsferien – in der Gruppe bleiben und dann verabschiedet werden. Damit konnte für die Kindergärtnerinnen eine vorläufige Belastungsbeseitigung ('Exit') erreicht werden. Für Patrick und seine Familie ging der

Prozeß weiter. Übers Wochenende wurde Kontakt aufgenommen zu Kindergärtnerinnen der näheren und weiteren Umgebung und nachgefragt, ob eine bereit sei, Patrick in ihrer Gruppe zu unterrichten. Dabei konnte ein Erfolg erzielt werden: Eine Kindergärtnerin, deren Kollegin im gleichen Gebäude bereits ein hörgeschädigtes Mädchen in der Gruppe hatte, willigte spontan ein, Patrick versuchsweise aufzunehmen, sofern die administrativen Rahmenbedingungen abgeklärt wären.

Fazit für die Integration

Wichtig ist, daß eine systemische Beratung stattfindet. Geschieht das nicht, besteht in einer Konfliktlösung die Gefahr, das Kind aus dem belastenden System zu entfernen und es ins 'Auffangbecken Sonderschule' abzuschieben. Damit wird dem Problem lediglich aus dem Weg gegangen und die Integration selektiv betrieben. Eine Integration für alle behinderten Kinder wird dadurch verhindert.

6.6 Belastungsaspekte greifbar machen – eine Untersuchung

Die Hypothese, daß die Integration eines hörgeschädigten Kindes bei den Beteiligten nicht zu einer erhöhten Belastungssituation führe, versuche ich im folgenden zu belegen. Wenn dabei einzelne Belastungsaspekte bzw. das Erleben von Belastung eingehend betrachtet werden, sollte man sich stets konkrete Begebenheiten vor Augen führen, dabei aber auch nicht vergessen, daß die Antworten auf die Fragen immer dem subjektiven persönlichen Empfinden der antwortenden Personen entspringen.

Im Hinblick auf die Überprüfung des Belastungsempfinden kristallisierten sich die Fragen Nr. 52, 67, 68 und 69 als besonders relevant heraus. Zu beachten ist, daß Eltern- und LehrerInnenfragen zwar nicht identisch aber analog und korrespondierend sind.

Eltern-Fragebogen:

52. Wie schätzen Sie den Einsatz der Lehrperson *für Ihr Kind* ein?
    - 0 ☐ aus unserer Sicht macht der Lehrer/die Lehrerin fast zu viel für unser Kind
    - 1 ☐ der Einsatz ist sehr groß
    - 2 ☐ der Lehrer/die Lehrerin setzt sich für unser Kind in ausreichendem Maße ein
    - 3 ☐ der Lehrer/die Lehrerin setzt sich für unser Kind nicht speziell ein
    - 4 ☐ der Einsatz ist aus unserer Sicht eindeutig zu gering

Inwieweit können Sie den folgenden Aussagen zustimmen?

67. "Durch das hörgeschädigte Kind fühle ich mich im Alltag stark belastet."
    1 ☐ stimmt völlig   2 ☐ stimmt eher   3 ☐ stimmt eher nicht   4 ☐ stimmt nicht

68. "Durch das hörgeschädigte Kind ist der Lehrer stark belastet."
    1 ☐ stimmt völlig   2 ☐ stimmt eher   3 ☐ stimmt eher nicht   4 ☐ stimmt nicht

69. "Durch seine Hörschädigung ist das Kind selbst allgemein stark belastet."
    1 ☐ stimmt völlig   2 ☐ stimmt eher   3 ☐ stimmt eher nicht   4 ☐ stimmt nicht

Lehrer-Fragebogen

52. Wie schätzen Sie Ihren Aufwand als Lehrperson für das Kind ein?

0 ☐ aus meiner Sicht mache ich fast zu viel für das Kind
1 ☐ der Aufwand ist sehr groß
2 ☐ der Aufwand ist etwa gleich wie für andere Schüler
3 ☐ ich brauche mich nicht besonders um dieses Kind zu kümmern
4 ☐ es ist mir bewußt, daß ich mich in stärkerem Maße um das hörgeschädigte Kind bemühen müßte

Inwieweit können Sie den folgenden Aussagen zustimmen?

67. "Durch das hörgeschädigte Kind sind die Eltern im Alltag stark belastet."

1 ☐ stimmt völlig   2 ☐ stimmt eher   3 ☐ stimmt eher nicht   4 ☐ stimmt nicht

68. "Durch das hörgeschädigte Kind fühle ich mich stark belastet."

1 ☐ stimmt völlig   2 ☐ stimmt eher   3 ☐ stimmt eher nicht   4 ☐ stimmt nicht

69. "Durch seine Hörschädigung ist das Kind selbst allgemein stark belastet."

1 ☐ stimmt völlig   2 ☐ stimmt eher   3 ☐ stimmt eher nicht   4 ☐ stimmt nicht

Wenn die folgenden Tabellen jeweils mit *'Belastungen'* überschrieben sind, bedeutet das, daß jeweils jene Antworten dargestellt sind, die eine Belastung im Alltag als Folge der Hörschädigung ausdrücken. Deshalb muß hier definiert werden, welche Antworten in der Rating-Skala als belastend erachtet werden: Als 'belastend' gelten bei Frage 52 die Antworten (0) und (1), bei den Fragen 67, 68 und 69 die Antworten (1) und (2).

6.6.1 Belastung im Alter von 1 bis 16 Jahren (Analyse 1)

Die Auswertung der Belastungs-Fragen in der gesamten Stichprobe, also unter Berücksichtigung aller 204 Fragebogen, hat folgendes Resultat ergeben:

Belastungen	der Eltern (67)	der Kinder (69)	der Lehrer (68)	Aufwand L. (52)
1-16jährige Kinder; n=204	20,3%	43,2%	15,6%	16,9%

Abb. 6.6.1-1:   Einschätzung der subjektiven Belastung in der gesamten Stichprobe

Belastungen bei Eltern und LehrerInnen

Diese Prozentwerte sagen folgendes aus: 20,3% der Eltern und 15,6% der Lehrerinnen und Lehrer erleben schulische oder erzieherische Situationen mit dem hörgeschädigten Kind subjektiv als belastend. Umgekehrt heißt das aber auch, daß 80% der Eltern und 85% der Lehrkräfte sich durch das hörgeschädigte Kind *nicht* belastet fühlen. Worin diese belastenden Momente bestehen, läßt sich aus der Untersuchung nicht ableiten. Aufgrund meiner mehrjährigen Erfahrung in der Beratung und Supervision von Eltern sowie Lehrerinnen und Lehrern vermute ich, daß die Problemfaktoren vorwiegend in einer Verunsicherung der Eltern in ihrem Auftreten gegenüber der Lehrperson und als Folge davon im kommunikativen Bereich zwischen Eltern und Lehrkräften, im Beziehungsgeflecht also, liegen. Umgekehrt spielen ähnliche Mechanismen von seiten der Lehrer. Auch sie fühlen sich unsicher in ihrem Verhalten gegenüber Eltern und hörgeschädigtem Kind. Dies unterstreicht die Wichtigkeit einer guten Zusammenarbeit (Kooperation) zwischen Lehrpersonen und Eltern als unabdingbare Voraussetzung für ein belastungsarmes Verhältnis auch zum Kind. URS HAEBERLIN schreibt bezüglich der Zusammenarbeit innerhalb Integrationsklassen:

> "Sie ist ... als *Prozeß des gemeinsamen Arbeitens* zu verstehen, der sich immer zwischen den beiden Polen 'Konflikt' und 'Kooperation' bewegt. ... Dabei betont 'Kooperation' den Pol der Gemeinsamkeit, 'Konflikt' jenen der Abgrenzung." (HAEBERLIN 1992, S. 24)

In diesem komplexen Spannungsfeld pädagogischer Einigungen darf es nicht einfach um die Übernahme des einen Standpunktes durch den Interaktionspartner oder die Interaktionspartnerin gehen, sondern es muß eine beiderseitige Annäherung zustande kommen.

Die meisten der 15,6% Lehrer bzw. Lehrerinnen, die sich belastet fühlen, geben an, daß es sie belastet, wenn ihr hörgeschädigter Schüler oder ihre hörgeschädigte Schülerin einen zusätzlichen Stützunterricht besucht. Interessanterweise wird die Therapie bei der Logopädin kaum als störend empfunden. Ebenfalls belastend wirkt es sich aus, wenn die Kinder die Hausaufgaben nicht zuverlässig erledigen. Wenn das Kind über einen kleinen Wortschatz verfügt, belastet das die Lehrkräfte mehr, als wenn es andere Kinder nicht gut versteht. Am stärksten fühlen sich Lehrer und Lehrerinnen durch ein hörgeschädigtes Kind belastet, das sozial nicht gut im Klassenverband eingebunden ist. Das erstaunt nicht, kommen andere Forscher und Forscherinnen doch zum gleichen Resultat: Verhaltensauffällige Kinder, insbesondere Jungen, sind am schwierigsten zu integrieren (vgl. ULF PREUSS-LAUSITZ 1990, S. 107 oder HANS WOCKEN 1992).

Auffallend bei den Lehrkräften ist, daß jene, die angeben, sich durch das Kind belastet zu fühlen, auch die FM-Anlage als störend empfinden und sie schon bevor das hörgeschädigte Kind in ihre Klasse kam, gewisse Bedenken gehabt hatten, ob das wohl gut gehen würde. Es erstaunt nicht, daß diese Angaben von den Lehrkräften jener Kinder kommen, bei denen auch die Eltern angeben, die FM-Anlage sei im Unterricht ein Störfaktor. Die Mutter eines Viertkläßlers äußerte sich mir gegenüber folgendermaßen:

> "Ich hatte mich damals, beim Schuleintritt, so für meinen Sohn geschämt. Daß er diese ganze Apparatur tragen mußte! Dadurch sahen alle anderen sofort, daß er so stark behindert war."

Belastung bei hörgeschädigten Kindern

Wie steht es nun mit den hörgeschädigten Mädchen und Jungen selbst? Die Fragebogen liefern ja keine direkten Eindrücke oder Aussagen von Kindern bzw. Jugendlichen. Es sind immer die subjektiven Eindrücke aus Sicht der Lehrerinnen, Lehrer oder Eltern, Fremdeinschätzungen also. Deshalb ist hier eine gewisse Zurückhaltung zu üben. Ausführlicher werde ich auf die psychosoziale Situation hörgeschädigter Mädchen und Jungen in Regelklassen in Kapitel 8 eingehen. Was immerhin aus den Elternantworten ersichtlich wird, ist dies: Belastend wirkt sich auf die Kinder aus, wenn Eltern und Lehrer sich ebenfalls belastet fühlen. Daneben macht es ihnen zu schaffen, wenn es mit der sozialen Stellung innerhalb der Klasse nicht stimmt. Verständlich ist, daß sie eine schlechte Gesamtbeurteilung nicht gut verkraften. Mein eigener subjektiver Eindruck ist, daß sich die meisten integrativ beschulten hörgeschädigten Kinder in ihrer Klasse recht wohl fühlen. Dies wird auch durch die Aussage von Sebastian, dem hochgradig hörgeschädigten Jungen, den ich ganz am Anfang dieser Arbeit vorstellte, bekräftigt. Anläßlich der Feedback-Besprechung äußerte er sich auf meine Frage, wie er sich im Alltag fühle, wo er belastende Situationen erlebe, so:

> "Naja, ich höre natürlich nicht so gut ... . Ich meine, wenn die anderen Kinder sprechen, dann verstehe ich nicht alles, ich meine akustisch, aber sonst geht es mir etwa gleich wie den anderen Kindern in der Klasse."

Folgerung aus der Analyse 1

Die Integration eines hörgeschädigten Kindes führt im allgemeinen weder bei Eltern, noch bei Lehrern oder hörgeschädigtem Kind selbst zu besonders erhöhten Belastungssituationen.

6.6.2 Das Belastungsempfinden ist nicht konstant (Analyse 2)

Dieses Resultat ist beruhigend, und es wäre auch verlockend, sich damit zu begnügen, nur, ob damit die Wirklichkeit erfaßt wird? Ich glaube kaum, denn im Leben *aller* Kinder gibt es ja eine normale Entwicklung, in der einzelne Entwicklungsphasen abgeschlossen werden und andere anfangen. Es ist auch bekannt, in welchem Alter, sich solche 'Knoten' in der Entwicklung lösen bzw. diese Entwicklungsschritte im allgemeinen erfolgen. Deshalb interessierte mich die Frage, ob das Ausmaß der belastenden Situationen während der gesamten Kindheit als gleichbleibend empfunden oder ob es in den verschiedenen Phasen unterschiedlich erlebt wird. Wenn ja, wäre es natürlich interessant zu überlegen, welche Gründe für Veränderungen verantwortlich sind. Deshalb untersuchte ich in einem zweiten Durchgang die Angaben getrennt für die Altersgruppe der 10- bis 16jährigen hörgeschädigten Jungen und Mädchen und für jene, die jünger als zehn Jahre sind. Die Unterteilung bei etwa zehn Jahren scheint mir für die Region Zürich sinnvoll, da bis zu diesem Alter der Schulalltag zur eingespielten Gewohnheit geworden ist.

Die Ergebnisse in Prozentwerten:

Belastungen	der Eltern (67)	der Kinder (69)	der Lehrer (68)	Aufwand L. (52)
<10 Jahre; n=75	38,2%	52,3%	20%	32%
10 bis 16 Jahre; n=129	9,9%	40,3%	14%	10%

Abb. 6.6.2-1: Einschätzung der subjektiven Belastung in zwei Altersgruppen

Die Ergebnisse der Analyse 2 zeigen, daß die Belastungen bei allen beteiligten Personen tatsächlich nicht in jedem Lebensabschnitt des Kindes gleich groß sind. Interessanterweise ist sowohl bei Eltern als auch bei den Kindern und Lehrkräften folgende Tendenz ersichtlich: *Die Anfangsbelastungen empfinden alle Beteiligten größer als jene in einem späteren Alter.*

Zusammenfassung der Ergebnisse aus der Analyse 2

Die vergleichende Untersuchung der Antworten von jenen Lehrern und Lehrerinnen und von jenen Eltern, deren Schüler und Schülerinnen bzw. deren Kinder jünger als zehn Jahre bzw. zwischen zehn und 16 Jahre alt sind, zeigt folgendes Ergebnis:

... % der Eltern, LehrerInnen und Kinder,
die eine subjektive Belastung angeben

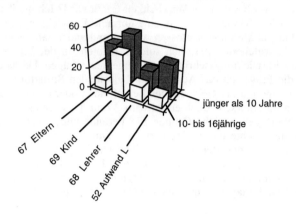

Abb. 6.6.2-2: Einschätzung der subjektiven Belastung in zwei Altersgruppen

Folgerung aus der Analyse 2

Vorerst läßt sich feststellen: Je älter die hörgeschädigten Kinder sind, desto kleiner werden die Verunsicherungen erlebt. Damit nimmt auch das Ausmaß der subjektiv als belastend empfundenen Situationen für alle Beteiligten ab. Wie aus den weiteren Analysen hervorgehen wird, darf diese Veränderung nicht mit dem Alter allein in Verbindung gebracht werden, sondern vor allem mit den ökosystemischen Übergängen; in diesem Fall jenem von der Vorschule in die Primarschule.

Welchen Anteil an dieser Entwicklung die Beratung von Eltern sowie Lehrerinnen und Lehrern hat, kann nicht festgestellt werden. Es ist offen, ob das eine normale Entwicklung ist, wie sie auch bei einem normalhörenden Kind vorkommt. Aufgrund von Beobachtungen bei meinen eigenen Töchtern und deren Freundinnen und Freunden bzw. Schülerinnen und Schülern, die ich früher unterrichtete, nehme ich das an. Künftige Untersuchungen könnten sich mit diesen Aspekten auseinandersetzen.

6.6.3 Belastungen in *drei* Altersgruppen (Analyse 3)

Nachdem ich diese Ergebnisse eingehend mit meiner 14jährigen Tochter besprochen hatte, mußte ich noch einmal über die Bücher gehen, denn sie war keineswegs damit einverstanden, daß alle Kinder zwischen 10 und 16 Jahren in den gleichen Topf geworfen werden. Sie war überzeugt davon, daß die Probleme bei den 14- oder 15jährigen Jungen und Mädchen nicht die gleichen sind wie bei den 10- oder 11jährigen. Ich war beschämt, mir dies von meiner Tochter sagen lassen zu müssen, dabei wußte ich selbst, daß in diesem Alter ein weiterer 'Entwicklungs-Knoten' entflochten wird. Genauer gesagt entflochten werden *muß*, denn innerhalb des pädagogischen Ökosystems findet im Alter von etwa zwölf Jahren der Übertritt in die selektive Oberstufe statt (vgl. Abschnitt 3.3.2). Also veränderte ich die Stichprobe der 10- bis 16jährigen Kinder so, daß daraus solche für die 10- bis 12jährigen und für die 13- bis 16jährigen Kinder entstanden. Dadurch erhielt ich folgendes Ergebnis:

Belastungen	der Eltern (67)	der Kinder (69)	der Lehrer (68)	Aufwand L. (52)
<10 Jahre; n=75	38,2%	52,3%	20,0%	32,0%
10 bis 12 Jahre; n=75	7,5%	34,2%	9,7%	6,5%
13 bis 16 Jahre; n=54	13,7%	48,2%	21,1%	15,8%

Abb. 6.6.3-1: Einschätzung der subjektiven Belastung in drei Altersgruppen

Diese Ergebnisse weichen tatsächlich beträchtlich von den vorherigen ab. Es ist verblüffend, wie richtig meine Tochter den Sachverhalt einschätzte. Vielleicht wäre es gut, wenn Erwachsene bei der Auswertung von Untersuchungen und der Erarbeitung von Konzepten über Kinder und Jugendliche öfter Kinder beiziehen würden.

Zusammenfassung der Analyse 3

Nach einer anfänglichen Verunsicherung (Diagnose bzw. erstmals ein hörgeschädigtes Kind in der Klasse) nimmt die empfundene Belastung kontinuierlich ab (zehntes bis zwölftes Lebensjahr). Diese Konsolidierungsphase wird durch die Pubertät, in der die subjektiven und objektiven Belastungsmomente wieder zunehmen, abgelöst. Am stärksten scheint die Belastungszunahme beim hörgeschädigten Kind selbst zu sein.

6.6.4 Belastungen in *vier* Altersgruppen (Analyse 4)

Nachdem diese Ergebnisse eine so deutliche und plausible Entwicklung über die verschiedenen Perioden des Kindesalters ergaben, wollte ich es noch genauer wissen: Wie steht es, wenn auch die Gruppe der Kinder, die jünger als zehn Jahre sind, noch einmal unterteilt wird? Nicht willkürlich, sondern in einem Zeitpunkt, der für die Betroffenen eine Bedeutung hat, an einem 'Knotenpunkt' der Entwicklung. Dieser Moment ist der Übertritt vom Kindergarten in die 1. Klasse (im Kanton Zürich ist das im 7. Lebensjahr). Wie werden sich da die Werte verändern? Empfindungen vor dem 7. Lebensjahr sind oftmals noch von der Verarbeitung des Diagnoseschocks und einer großen Unsicherheit geprägt. In der vorschulischen Phase weiß noch niemand der Beteiligten mit Sicherheit, ob die Integration überhaupt möglich sein wird. Dementsprechend ist hier eine noch größere Belastung zu erwarten.

Um diese Auswertung durchführen zu können, war es notwendig, die Stichproben für die Kinder, die jünger als zehn Jahre sind, durch eine für die Sieben- bis Neunjährigen und eine für die noch nicht Siebenjährigen zu ersetzen. Dadurch ergeben sich folgende Zahlenwerte:

Belastungen	der Eltern (67)	der Kinder (69)	der Lehrer (68)	Aufwand L. (52)
<7 Jahre; n=33	41,7%	63,6%	28,6%	42,9%
7 bis 9 Jahre; n=42	34,7%	40,9%	16,7%	27,8%
10 bis 12 Jahre; n=75	7,5%	34,2%	9,7%	6,5%
13 bis 16 Jahre; n=54	13,7%	48,2%	21,1%	15,8%

Abb. 6.6.4-1: *Einschätzung der subjektiven Belastung in vier Altersgruppen*

Daß die Gruppe der Kinder, die jünger als sieben Jahre alt sind, so klein ist, hängt damit zusammen, daß in diesem Alter noch nicht alle Kinder diagnostisch erfaßt sind. Diese Kinder sind dann der Beratungsstelle ebenfalls noch nicht bekannt.

Durch die Auswertung der Fragebogen wird die eingangs geäußerte Vermutung tatsächlich bestätigt: Die empfundene Belastung bis zum Schuleintritt erreicht Maximalwerte. Bereits während der ersten drei Schuljahre (Unterstufenalter) zeigt sich jedoch eine Beruhigung, die in den drei folgenden Jahren (Mittelstufenalter) noch deutlicher zum Ausdruck kommt.

6.7 Zusammenfassung der Belastungsaspekte

Die subjektiven Selbsteinschätzungen von Eltern, Lehrerinnen und Lehrern sowie die Fremdeinschätzungen über die Kinder zeigen ein übereinstimmendes Bild: Nach einem anfänglich relativ hohen Belastungsgrad im Vorschulalter (ausgelöst durch Diagnoseschock, Unsicherheit bezüglich der medizinischen, sozialen und schulischen Möglichkeiten für die Zukunft des Kindes), der von über 60% aller Eltern angegeben wird, sinkt dieser Wert im Laufe der Primarschulzeit kontinuierlich ab und erreicht den tiefsten Wert von 7,5% während der Mittelstufe (4. bis 6. Klasse). In der anschließenden Oberstufe – und hier insbesondere gegen Ende der obligatorischen Schulzeit, während der Berufsfindungsphase – steigt der Grad der subjektiven Belastung bei allen Beteiligten wieder an (13,7% bei den Eltern). Vermutlich würde man ganz ähnliche Werte auch für normalhörende Kinder erhalten, da während der Pubertät eine zunehmende Verunsicherung Bestandteil jeder 'normalen' Entwicklung ist. Daß dies bei den nächsten Bezugspersonen von Kindern mit einer Behinderung auch zu einem etwas erhöhten Problembewußtsein führt, zeigt lediglich, daß sich diese der erschwerten Situation im Jugendlichenalter bewußt sind. Im wesentlichen ist dies ein weiterer Beleg dafür, daß integriert beschulte hörgeschädigte Jungen und Mädchen eine unauffällige psycho-soziale und schulische Entwicklung erleben.

Es ist wichtig zu wissen, daß diese Entwicklungsphasen und die damit zusammenhängenden Entwicklungsknoten abhängig sind von der Schulstruktur und der äußeren Schulorganisation. Die Frage, wann (in welchem Zeitpunkt der kindlichen Entwicklung) die Selektion stattfindet, wird auf der Makroebene des Ökosystems Schule-Kind bestimmt. Bezüglich der Mikroebene des Kind-Schule-Systems erweist sich der Zeitpunkt mitten in der Pubertät als denkbar ungünstig. Das bedeutet, daß eine analoge Erhebung, die beispielsweise in einem deutschen Bundesland durchgeführt würde, in dem der selektive Stufenübertritt nach dem vierten Schuljahr stattfindet, genau für dieses Alter ein hohes Maß an subjektiver Belastung aufweisen müßte, während dies im Kanton Zürich offensichtlich gerade die unbeschwerteste Phase ist.

Am höchsten ist die Belastung nach Einschätzung der Eltern und Lehrkräfte beim hörgeschädigten Kind selbst. Ob dies jedoch eine Folge der Integration ist, muß dahingestellt bleiben. Um das zu beantworten, wäre eine Untersuchung notwendig, die hörgeschädigte Kinder in Regelschulen und hörgeschädigte Kinder in Sonderschulen berücksichtigen würde. Was als weitere Möglichkeit noch bliebe, ist eine Untersuchung, die sowohl hörgeschädigte und normalhörende Kinder umfaßt, dies hätte aber den Rahmen meiner Untersuchungen gesprengt.[34]

---

[34] Dies hat PRISKA ELMIGER (1992) hinsichtlich der sozialen Situation hörgeschädigter Kinder in Regelklassen getan. Auf ihre Untersuchung werde ich in Kapitel 8 eingehen.

Interessant ist, daß kein signifikanter Zusammenhang zwischen dem Grad der Hörschädigung und dem Grad *der Einschätzung* des Belastetseins (die *tatsächliche* Belastung kann weder ich noch eine andere Person feststellen!) im Alltag nachgewiesen werden kann.[35]

Die Hypothese 2 wird – gesamthaft gesehen – durch die Untersuchung bestätigt. Die Integration eines hörgeschädigten Kindes wird in der Regel von den Beteiligten nicht als eine erhöhte Lebensbelastung empfunden. Die Belastung im psycho-sozialen Bereich der hörgeschädigten Jungen und Mädchen gegen Ende der Oberstufe bedarf jedoch – wie bei hörenden Jugendlichen auch – besonderer Aufmerksamkeit.

---

[35] Es gibt allerdings eine Ausnahme: In der Altersgruppe der noch nicht siebenjährigen hörgeschädigten Mädchen beträgt der Korrelationsfaktor p = -0.73. Dabei ist allerdings daran zu erinnern, daß dies Antworten von Eltern sind, deren Kind zum Zeitpunkt des Antwortens erst im Vorschulalter sind. Es handelt sich also ausschließlich um subjektive Angaben von Eltern. Es gibt kein objektives Meßinstrument wie in der Physik. Damit wird nur ausgesagt, wie die Eltern die Belastung für das Kind aus ihrem eigenen Erleben heraus interpretieren.

7. GESCHLECHTSSPEZIFISCHE UNTERSCHIEDE

Hypothese

*"Hörgeschädigte Mädchen und Jungen,
die eine Regelschule besuchen,
haben im Schulalltag unterschiedliche Voraussetzungen."*

7.1 Mädchen und Jungen sind verschieden

Nachdem in praktisch sämtlichen Ländern Europas die Koedukation weitgehend verwirklicht wurde, befaßte sich die Wissenschaft bis Mitte der achtziger Jahre nicht mehr mit ihr als Untersuchungsgegenstand. Statt dessen gab es zunehmend Forschungen, die das Geschlechterverhältnis innerhalb der gegebenen koedukativen Schulsituation beleuchteten. Erst die dabei zutage tretenden diskreten Benachteiligungen von Mädchen ließen erneute Koedukationsuntersuchungen entstehen. Deshalb erscheinen in letzter Zeit in Tageszeitungen und Fachbüchern vermehrt Artikel, aus denen hervorgeht, daß Mädchen in der Schule benachteiligt werden, indem sie beispielsweise weniger oft aufgerufen werden, strengere Zensuren erhalten und ihnen allgemein weniger zugetraut wird (vgl. HEIDI FRASCH u. ANGELIKA WAGNER 1982). Das geht so weit, daß einzelne WissenschaftlerInnen heute sogar die Aufhebung der koedukativen Schulen in Erwägung ziehen oder eine neue Form von Koedukation befürworten: die reflexive Koedukation[36] (vgl. HANNELORE FAULSTICH-WIELAND 1991, S. 163).

---

[36] Reflexive Koedukation: Teil- oder zeitweise Trennung von Mädchen und Jungen, die stets rückbezogen werden muß auf koedukative Kontexte. Dabei geht es darum, daß das Geschlechterverhältnis und seine Konstitutionsbedingungen – sowohl im getrennten als auch im gemeinsamen Unterricht – reflektiert werden müssen.

Bei den erwähnten Untersuchungen wurde bisher der speziellen Frage nicht nachgegangen, ob solche Benachteiligungstendenzen auch bei integrativ unterrichteten behinderten Mädchen auftreten und falls ja, wie sie sich dort manifestieren. Eine der wenigen Ausnahmen stellt die 'Untersuchung über die soziale Distanz' von WOCKEN (1992) dar, in der eine nach Mädchen- und Jungenfragebogen getrennte Auswertung vorgenommen wurde. Da hörgeschädigte Mädchen normale Mädchen sind, stellte ich die Hypothese auf, daß sie wie normalhörende Mädchen im Schulalltag nicht die gleichen Voraussetzungen haben wie Jungen.

7.2 Hörgeschädigte Mädchen und Jungen zwischen zehn und sechzehn Jahren

Bei der Untersuchung dieser Hypothese beschränke ich mich auf integrativ beschulte hörgeschädigte Mädchen und Jungen im Alter von 10 bis 16 Jahren mit einem durchschnittlichen Hörverlust von rund 65 dB auf dem besseren Ohr. Ich beschränke mich deshalb auf diese Altersgruppe, weil ab dem Alter von etwa zehn Jahren Mädchen und Jungen in die Pubertät eintreten und sich von da an ausgeprägter geschlechtsspezifisch verhalten. Obwohl diese Feststellung eigentlich als Tatsache angesehen werden kann, haben sich Wissenschaftler und Wissenschaftlerinnen schon vor Jahrzehnten bemüht, diesen Sachverhalt auch zu belegen. So erwähnt beispielsweise FAULSTICH-WIELAND (1991) in ihrem Buch 'Koedukation – enttäuschte Hoffnungen?' eine Untersuchung aus den zwanziger Jahren, die von LEHMANN in Dänemark an über 4000 Kindern verschiedenen Alters durchgeführt wurde. In dieser Untersuchung zeigte sich eine Verwischung der geschlechtsspezifischen Unterschiede vor der Pubertät, dagegen eine Verstärkung der geschlechtsspezifischen Eigentümlichkeiten während und nach der Pubertät.

RENATE VALTIN und RICHARD KOPFFLEISCH führten 1985 eine Untersuchung mit Schülerinnen und Schülern von fünften Klassen durch. Die Kinder hatten die Aufgabe, Aufsätze zum Thema 'Warum ich kein Mädchen/Junge sein möchte, bzw. warum ich gern ein Mädchen/Junge sein möchte' zu schreiben. Die Auswertung der Aufsätze führte zum Ergebnis,

> "daß die Einstellungen zum eigenen und zum anderen Geschlecht bei etwa 10jährigen Mädchen und Jungen der heutigen Generation stark differieren und schon auf jene Faktoren zentriert sind, die auch bei den stereotypen Einstellungen von Erwachsenen in bezug auf Männlichkeit und Weiblichkeit eine Rolle spielen ... ."
> (VALTIN und KOPFFLEISCH 1985, S. 109)

7.3 Psychosomatische Aspekte

"Eine der wichtigsten und schwierigsten Aufgaben von Eltern besteht darin, den Kindern zur rechten Zeit den jeweils nächsten Ablösungsschritt zu ermöglichen. Vom Gelingen dieser 'Individuationsprozesse' hängt auch die körperliche und seelische Gesundheit der Kinder ab. Viele psychosomatische Erkrankungen von Kindern und Jugendlichen treten gehäuft zu Zeiten dieser inneren Ablösungsvorgänge auf." (DIETER SCHNACK und RAINER NEUTZLING 1990, S. 113)

Es ist daher auch nicht erstaunlich, daß Antworten zu Fragen, die den Bereich psychosomatischer Symptome erkunden, mit dem zunehmenden Alter der untersuchten Gruppe korrelieren. Mit anderen Worten: Je älter die hörgeschädigten Mädchen und Jungen bzw. Jugendlichen sind, desto häufiger leiden sie nach dem subjektiven Empfinden von Eltern und Lehrerinnen und Lehrern unter Kopfschmerzen.

Klagt das Kind über Kopfschmerzen? (Frage 11b)

Nach der subjektiven Einschätzung der Eltern klagen 34,4% der hörgeschädigten Mädchen, aber nur 24,4% der hörgeschädigten Jungen manchmal bis häufig über Kopfschmerzen.

Frage 11b) (Eltern) Kopfschmerzen; n=73	nie	selten	manchmal	häufig
Mädchen-Eltern; n=28	42,9%	22,9%	22,9%	11,5%
Jungen-Eltern; n=45	36,6%	39,0%	22,0%	2,4%

Nach Einschätzung der Lehrer klagen 36% der hörgeschädigten Mädchen *manchmal* bis *häufig* (Spalten drei und vier) über Kopfschmerzen, während bei den Jungen dieser Wert nur 8% beträgt. Mädchen bleiben auch häufiger aus Krankheitsgründen dem Unterricht fern (Frage 11i).

Frage 11b) (Lehrer[37]) Kopfschmerzen; n=50	nie	selten	manchmal	häufig
Mädchen-Lehrer	50%	14%	21%	15%
Jungen-Lehrer	68%	24%	5%	3%

---

[37] Aus Platzgründen schreibe ich in den Tabellen jeweils nur Lehrer, obwohl damit natürlich gleichermaßen auch Lehrerinnen gemeint sind.

Zwei Feststellungen lassen sich aus diesen Zahlenwerten ableiten:

- *Rund ein Drittel (Elternantworten haben hier Priorität, da sie ihr Kind besser kennen als die Lehrkräfte) aller hörgeschädigten Mädchen und ein Viertel aller hörgeschädigten Jungen im Alter von 10 bis 16 Jahren klagen nach Einschätzung der Eltern manchmal bis häufig über Kopfschmerzen.*

- *Hörgeschädigte Jungen haben nach Einschätzung der Lehrkräfte viel seltener Kopfschmerzen als Mädchen.*

Fehlt das Kind überdurchschnittlich oft infolge Krankheit? (Frage 11i)

Die Frage, ob die Kinder dem Unterricht infolge Krankheit überdurchschnittlich oft fernbleiben, wurde nur den Lehrerinnen und Lehrern gestellt. Die Werte betragen 14,3% für die Mädchen und 0% für die Jungen.

Frage 11i) (Lehrer) Fehlen im Unterricht; n=50	ja	nein
Mädchen-Lehrer	14,3%	85,7%
Jungen-Lehrer	0,0%	100,0%

Diese Ergebnisse sind sowohl unabhängig von den mittleren Hörverlusten als auch von Zusatzbehinderungen. Sie sind ebenfalls nicht abhängig vom Alter der untersuchten Kinder.

Zusammengefaßt läßt sich in bezug auf psychosomatische Symptome sagen:

- *Es gibt geschlechtsspezifische Unterschiede insbesondere bei Kopfschmerzen und überdurchschnittlichem Fernbleiben vom Unterricht infolge Krankheit.*

7.4 Apparative Hörversorgung

Wie ist der Nutzen der Hörgeräte aus Sicht des Lehrers? (Frage 17)

Als *durchwegs gut* oder *meistens gut* wird der Nutzen der Hörgeräte bei rund 95% der hörgeschädigten Mädchen und Jungen beurteilt. Dies ist gesamthaft ein befriedigendes Resultat und zeigt praktisch keine Unterschiede zwischen Mädchen und Jungen.

Wie regelmäßig werden die Hörgeräte während des Unterrichts getragen? (Frage 19)

Die Antworten auf diese Frage erlauben Rückschlüsse auf die Akzeptanz der Hörgeräte. Diese ist insbesondere während der Pubertät von großer Wichtigkeit. Die Zahlenwerte in der umstehenden Tabelle zeigen, daß die Hörgeräte sowohl von den Mädchen als auch von den Jungen recht gut akzeptiert werden.

Frage 19 ... tragen immer Hörgeräte im Unterricht	Mädchen	Jungen
Eltern; n=73	100,0%	84,7%
Lehrer; n=50	84,7%	96,1%

Betrachtet man nur die Lehreraussagen, so scheinen die Jungen mit 96,1% die Hörgeräte regelmäßiger zu tragen als die Mädchen mit 84,7%. Wessen Angaben sind hier zuverlässiger, die der Eltern oder jene der Lehrer? Vermutlich jene der Eltern. Ich wage folgende Interpretation: Da die Jungen im allgemeinen kurze Haare haben, sieht man die Hörgeräte sofort, während sie bei den Mädchen oftmals unter den Haaren verborgen sind. Daher entsteht bei den Lehrern in bezug auf die hörgeschädigten Jungen der Eindruck, sie würden die Hörgeräte öfter tragen als die Mädchen. Bei den Jungen ist höchstens der von den Eltern genannte Wert brauchbar, also etwa 85%. Höchstens, weil es einige Kinder gibt, die die Hörgeräte ausziehen, sobald sie nicht mehr in Sichtweite der Eltern sind. In meiner Untersuchung kann allerdings davon ausgegangen werden, daß dies in den wenigsten Fällen so ist, da die Hörschädigung recht groß ist und die Kinder dadurch ohne Hörgeräte in den meisten Fällen nur noch sehr wenig hören.

- *Nach Angaben der Eltern tragen die Mädchen die Hörgeräte häufiger als die Jungen.*

Wissen Sie, was eine FM-Anlage ist, bzw. ist in der Klasse eine FM-Anlage vorhanden? (Frage 21)

'FM' ist vielen Leserinnen und Lesern vom Radiogerät bekannt. FM ist die Abkürzung für *Frequenzmodulation;* im deutschen Sprachraum ist die Bezeichnung *UKW (Ultrakurzwelle)* gebräuchlicher. Eine *FM-Anlage* (manchmal wird sie auch *'Mikroport-Anlage'* genannt) ist eine Sendeanlage, die die Stimme der Lehrperson ins Hörgerät des Kindes überträgt. Das geschieht so: Der Lehrer hat ein Mikrophon um den Hals hängen, das durch ein Kabel mit einem Sender verbunden ist, der z. B. am Gürtel der Lehrperson befestigt ist.

ich höre ... nicht alles!

Der Schüler hat als Gegenstück einen Empfänger an seinem Gürtel. Der Empfänger ist durch ein Kabel (oder über Funk) mit den Hörgeräten des Kindes verbunden. Der Sinn der FM-Anlage besteht darin, den Sprachschall der Lehrperson in optimaler Qualität – ohne störende Nebengeräusche – ins Ohr des Kindes zu übermitteln. Bei einigen Fabrikaten (z. B. PHONAK) bleiben die Hörgerätemikrophone beim Kind auch während des Sprechens der Lehrperson offen, so daß die Umgebungsgeräusche und Äußerungen der Mitschüler ebenfalls – etwas gedämpft – gehört werden können. Bei anderen Fabrikaten (z. B. SENNHEISER) hat die Stimme der Lehrerin oder des Lehrers in dem Sinne Priorität, daß die in den Hörgeräten eingebauten Mikrophone, sobald die Lehrerstimme übertragen wird, ausgeschaltet werden. Danach blenden sich die eingebauten Mikrophone automatisch wieder ein. Dadurch wird erreicht, daß sämtliche Nebengeräusche (Störgeräusche, aber auch Äußerungen der Mitschüler) unterdrückt werden und die Sprechstimme technisch wirklich sauber übertragen wird. Die Entwicklung der FM-Anlagen sowie der Hörgeräte dürfte in den nächsten Jahren noch entscheidende Fortschritte machen.

Acht (53%) der 15 Mädchen haben eine FM-Anlage in der Klasse, jedoch nur zehn (28,5%) der 35 Jungen.

- *Hörgeschädigte Mädchen verwenden eher eine FM-Anlage in der Klasse als hörgeschädigte Jungen.*

7.5 Input-Fähigkeiten (andere verstehen)

Bei den Fragen dieses Bereiches geht es darum, herauszufinden, wie gut die Input-Fähigkeiten (Hörvermögen, Lippenlesen, Rückfragen stellen, andere dem Sinn nach verstehen) beim hörgeschädigten Mädchen bzw. Jungen ausgebildet sind.

Wie schätzen Sie das Hörvermögen des Kindes ein? (Frage 39)

Frage 39 (Eltern und Lehrer) Hörvermögen n=123	Sprache wird ausschließlich über das Ohr aufgenommen	Sprache wird vorwiegend über das Ohr aufgenommen	Hören ist lediglich eine Zusatzhilfe, sonst Lippenlesen	Höranteil ist zu gering; fast nur Lippenlesen
Mädchen; n=42	33,3% (14)	45,4% (19)	21,3% (9)	0,0%
Jungen; n=80	35,0% (28)	40,0% (32)	20,0% (16)	5,0% (4)

Von Lehrern und Eltern wird gleichermaßen vermutet, daß die Sprache von rund 80% aller hörgeschädigten Kindern *vorwiegend* oder *ausschließlich*

(Spalten eins und zwei) übers Ohr aufgenommen werden kann. Bemerkenswert ist die große Übereinstimmung zwischen Eltern und Lehrern in bezug auf die Einschätzung der Fähigkeit, Sprache übers Ohr aufzunehmen.

Als Zwischenergebnis kann festgehalten werden:

- Die Fähigkeit, Sprache ausschließlich oder vorwiegend über das *Gehör* aufzunehmen, wird von Eltern und Lehrern der hörgeschädigten Jungen und Mädchen gleichermaßen mit rund *80%* angegeben.

- Eltern und Lehrer vermuten, daß *20%* der hörgeschädigten Mädchen und Jungen die Hauptinformation übers *Lippenlesen* erhalten.

Wie schätzen Sie die Fähigkeit des Kindes, von den Lippen zu lesen, allgemein ein? (Frage 39a)

Diese Frage ist eng mit der Frage 39 gekoppelt. Es wäre anzunehmen, daß eine enge reziproke Korrelation zwischen der Fähigkeit, Sprache übers Ohr aufzunehmen und der Fähigkeit, Sprache von den Lippen zu lesen, besteht. Das würde heißen, daß vielleicht etwa 20% aller hörgeschädigten Jungen und Mädchen ziemlich gut von den Lippen lesen können.

Frage 39a (Eltern) Lippenlesen; n=73	liest sehr gut von den Lippen ab	liest recht gut von den Lippen ab	liest nicht gut von den Lippen ab	liest sehr schlecht von den Lippen ab
Mädchen Eltern; n=28	21,7% (6)	53,5% (15)	14,1% (4)	10,7% (3)
Jungen Eltern; n=45	8,9% (4)	44,4% (20)	28,9% (13)	17,8% (8)

Nach Meinung von Eltern und Lehrern (siehe unten) ist diese Fähigkeit jedoch sowohl bei Mädchen als auch bei Jungen erheblich besser ausgebildet als zu erwarten wäre.

Frage 39a (Lehrer) Lippenlesen; n=50	liest sehr gut von den Lippen ab	liest recht gut von den Lippen ab	liest nicht gut von den Lippen ab	liest sehr schlecht von den Lippen ab
Mädchen Lehrer; n=15	6,7% (1)	53,3% (8)	33,3% (5)	6,7% (1)
Jungen Lehrer; n=35	25,8% (9)	25,8% (9)	28,4% (10)	20,0% (7)

- *Den Mädchen wird eher zugetraut, daß sie Sprache von den Lippen lesen können. Vielleicht, weil das eher als Intuition angesehen wird. Wie ist dann aber zu verstehen, daß die hohe Kunst des Ablesens wieder viel eher Jungen zugetraut wird? Offenbar wird hinter dieser Fähigkeit schon wieder so viel Systematik vermutet, wie man sie nur von Jungen erwartet.*

- *Wer tatsächlich besser von den Lippen lesen kann, läßt sich mit meiner subjektiven Untersuchung nicht sagen.*

Wie verhält sich das Kind in der Regel, wenn es nicht versteht? (Frage 40)

Frage 40 (Eltern) Rückfragen	das Kind stellt Rückfragen	das Kind gibt den Anschein, als habe es verstanden	das Kind stellt keine Rückfragen, obwohl es nicht versteht	das Kind resigniert
Mädchen Eltern; n=28	50% (14)	25,0% (7)	3,6% (1)	21,4% (6)
Jungen Eltern; n=45	60% (27)	33,3% (15)	0,0%	6,7% (3)

Auffallend ist, daß nach Einschätzung der Eltern 25% der Mädchen entweder keine Rückfragen stellen oder sogar resignieren; bei den Jungen schätzen die Eltern die Situation wesentlich besser ein.

Frage 40 (Lehrer) Rückfragen	das Kind stellt Rückfragen	das Kind gibt den Anschein, als habe es verstanden	das Kind stellt keine Rückfragen, obwohl es nicht versteht	das Kind resigniert
Mädchen Lehrer; n=15	46,7% (7)	40,0% (6)	6,7% (1)	6,7% (1)
Jungen Lehrer; n=35	57,3% (20)	34,2% (12)	5,7% (2)	2,8% (1)

Sowohl bei den Eltern- als auch bei den Lehrerantworten weist nur die erste Spalte (das Kind *stellt Rückfragen*) darauf hin, daß hörgeschädigte Jungen und Mädchen ein hohes Selbstbewußtsein entwickelt haben. Während diese Eigenschaft fast der Hälfte aller hörgeschädigten Mädchen zugesprochen wird, erreichen sie nicht die 57,3%, die bei den Jungen vermutet oder beobachtet werden. Wie lassen sich diese Ergebnisse interpretieren? Ich sehe zwei Möglichkeiten:

- *Positiv gedeutet: Mädchen stellen weniger Rückfragen, weil sie besser ablesen können. Die Mädchen stellen weniger Rückfragen als die Jungen, weil sie dem Unterricht besser zu folgen vermögen.*

- *Negativ gedeutet: Mädchen stellen weniger häufig Rückfragen, weil sie angepaßter sind, weil sie weniger auffallen möchten. Entspricht das der Wirklichkeit oder empfinden Eltern und Lehrer Mädchen so, weil ihnen gar nicht auffällt, daß Mädchen Rückfragen stellen?*

Daß diese Vermutung durchaus berechtigt ist, geht aus einem Untersuchungsprojekt von ANGELIKA WAGNER mit der Bezeichnung 'Unterrichtsstrategien und ihre Auswirkungen auf Schülerverhalten' hervor. Ein zentrales Ergebnis dieses Projektes war, daß Mädchen und Jungen in der Grundschule sehr unterschiedliche Aufmerksamkeit von den Lehrkräften erhalten:

"Die Rolle des Jungen wird von LehrerInnen positiver gewertet und eingeschätzt als die des Mädchens.
- LehrerInnen stellen an Jungen somit höhere Erwartungen hinsichtlich des Verhaltens und der Leistung.
- Deswegen wenden LehrerInnen Jungen mehr Aufmerksamkeit zu als Mädchen.
- Diese unterschiedliche Aufmerksamkeit läßt sich in unterschiedlichem Zuwendungsverhalten beobachten und messen.
- Dieses Zuwendungsverhalten läßt sich bei in der Schule gerade sehr häufigen Verhaltenseinheiten konkretisieren, z. B. Aufrufen bei Melden oder Nichtmelden, bei Lob und Tadel.
- Die geschlechtsspezifische Zuwendung zu Jungen und Mädchen ist in verschiedenen Schulfächern (Mathematik, Deutsch, Sachkunde) unterschiedlich stark ausgeprägt, je nachdem, ob es sich um traditionell eher 'weibliche' (Deutsch) Fächer handelt." (FRASCH u. WAGNER 1982, S. 262)

Wie gut können hörgeschädigte Mädchen und Jungen andere verstehen?

Wie die folgenden Ergebnisse zeigen, nehmen Eltern an, daß ihr hörgeschädigtes Kind alle anderen mühelos verstehen kann, dies zumindest dann, wenn sie deutlich sprechen.

Frage 59 (Eltern) Mitmenschen verstehen	das Kind versteht praktisch alle Leute mühelos	das Kind versteht praktisch alle Leute mühelos, wenn sie deutlich sprechen	das Kind versteht nur Leute, die es gut kennt	das Kind versteht nur Familienmitglieder
Mädchen-Eltern; n=28	25,0% (7)	75,0% (21)	0%	0%
Jungen-Eltern; n=45	35,7% (16)	64,3% (29)	0%	0%

Auch die Lehrer schätzen ihre hörgeschädigten Schülerinnen und Schüler so ein, daß sie ihre Mitmenschen im allgemeinen problemlos verstehen.

Frage 59 (Lehrer) Mitmenschen verstehen	das Kind versteht praktisch alle Leute mühelos	das Kind versteht praktisch alle Leute mühelos, wenn sie deutlich sprechen	das Kind versteht nur Leute, die es gut kennt	das Kind versteht nur Familienmitglieder
Mädchen-Lehrer; n=15	20,0% (3)	73,0% (11)	7,0% (1)	0%
Jungen-Lehrer; n=35	14,3% (5)	82,9% (29)	2,9% (1)	0%

7.6 Output-Fähigkeiten (von andern verstanden werden)

Unter Output versteht man die Sprachproduktion. Output-Fähigkeit bedeutet demnach das Vermögen, mit anderen Menschen kommunikativ in Kontakt zu treten. In unserer normalhörenden Gesellschaft ist es klar, daß für eine gute Kommunikation zwischen Menschen eine möglichst unauffällige, jedoch gut akzentuierte Lautsprache erforderlich ist.

Wie stark fallen hörgeschädigte Mädchen und Jungen in ihrer Aussprache auf? (Frage 58)

Diese Frage wurde Eltern und Lehrkräften gestellt, um die je verschiedenen Alltagssituationen berücksichtigen zu können.

Frage 58 (Eltern) Aussprache	die Aussprache ist unauffällig	die Aussprache ist auffällig, aber für jedermann gut verständlich	die Aussprache ist sehr auffällig, aber für Mitschüler noch verständlich	Aussprache ist dermaßen auffällig, daß man das Kind nur versteht, wenn man es sehr gut kennt
Mädchen-Eltern; n=25	72,0% (18)	28,0% (7)	0,0%	0%
Jungen-Eltern; n=43	76,7% (33)	21,0% (9)	2,3% (1)	0%

Natürlich sind diese Angaben subjektiv, kennen die Eltern die Aussprache ihrer Kinder doch so gut wie sonst niemand. Deshalb merken sie unter Umständen gar nicht, wenn das Kind eine für andere Menschen nicht einwandfreie Aussprache hat. Vielleicht werten die Eltern auch eher die Sprachentwicklung; sie kennen die Mühen, die sie selbst und das Kind aufgewandt haben, um zu diesem Sprachstand zu gelangen.

Frage 58 (Lehrer) Aussprache	die Aussprache ist unauffällig	die Aussprache ist auffällig, aber für jedermann gut verständlich	die Aussprache ist sehr auffällig, aber für Mitschüler noch verständlich	Aussprache ist dermaßen auffällig, daß man das Kind nur versteht, wenn man es sehr gut kennt
Mädchen-Lehrer; n=15	33,3% (5)	40,0% (6)	26,7% (4)	0%
Jungen-Lehrer; n=35	60,0% (21)	28,6% (10)	11,4% (4)	0%

Lehrer schätzen die Situation im großen und ganzen zwar auch recht positiv ein. Nach ihrem Empfinden verfügen die hörgeschädigten Jungen mit 88,6% jedoch über eine bessere Aussprache (Spalten 1 und 2) als die Mädchen mit 73,3%.

Vielleicht ist es so, daß sich Jungen im Unterricht – als Folge eines größeren Selbstwertgefühls und eines stärkeren Selbstbewußtseins – häufiger äußern und sich Lehrerinnen und Lehrer dadurch eher an ihre nicht ganz unauffällige Aussprache gewöhnt haben.

Generell kann hier festgehalten werden, daß Eltern die Aussprache ihrer hörgeschädigten Kinder *viel positiver als die Lehrer und Lehrerinnen* beurteilen. Nach der Einschätzung der Eltern verfügen fast sämtliche hörgeschädigten Jungen und Mädchen über eine verständliche oder gar unauffällige Aussprache. Es gilt zu bedenken, daß in der Klassensituation auch normalhörende Kinder unsicher sind und daher leiser und undeutlicher sprechen als zu Hause.

7.7 Schulleistungen

Eine erste Abhandlung über die Schulleistung integrativ unterrichteter hörgeschädigter Mädchen und Jungen unter allgemeinen Aspekten findet sich bereits in Kapitel 5. Dort konnte ich zeigen, daß hörgeschädigte Mädchen und Jungen eine schulische Leistung erreichen, die durchaus vergleichbar ist mit jener normalhörender gleichaltriger Mädchen und Jungen. In diesem Abschnitt geht es einerseits um die Frage, ob Unterschiede in den Schulleistungen zwischen hörgeschädigten Mädchen und Jungen feststellbar sind und andererseits darum, ob hörgeschädigte Mädchen und Jungen ihre schulischen Leistungen unter gleichen Bedingungen unter Beweis stellen können.

Die Anzahl der verwertbaren Fragebogen ist nicht bei allen Fragen gleich groß wie in den vorausgehenden Betrachtungen, da bei einzelnen Fragen pro Kind nur ein einziger Fragebogen verwendet wurde. Das bedeutet, daß von jenen Kindern, für die sowohl Eltern als auch der Lehrer oder die Lehrerin geantwortet haben, ein Bogen ausgeschlossen werden mußte. Ich entschied mich dafür, jeweils den Eltern-Fragebogen in der Untersuchung zu behalten und den Lehrer-Fragebogen auszuschließen.

Bemerkung zu den Antwortmöglichkeiten: Mit Absicht wurde auch hier keine 'Mittelwertvariante' zur Auswahl angeboten. Dadurch sollte vermieden werden, daß sich Eltern und Lehrerkräfte vorschnell auf eine mittelmäßige Leistung festlegen. Das fiel – wie aus Rückmeldungen zu erfahren war – nicht allen leicht.

Wie beurteilen Lehrer und Eltern den Leistungsstand hörgeschädigter Mädchen und Jungen in einer Art "Gesamtbeurteilung"? (Frage 55)

Die Auswertung dieser subjektiven Leistungseinschätzung geht aus der folgenden Tabelle hervor:

Frage 55 (Eltern) Leistungsstand in Gesamtbeurteilung	erheblich tiefer als der Klassendurchschnitt	eher tiefer als der Klassendurchschnitt	eher höher als der Klassendurchschnitt	erheblich höher als der Klassendurchschnitt
Mädchen-Eltern; n=28	3,5% (1)	35,7% (10)	50,0% (14)	10,8% (3)
Jungen-Eltern; n=45	2,4% (1)	44,5% (20)	42,1% (19)	11,0% (5)

Nach Meinung der Eltern sind 60,8% der hörgeschädigten Mädchen und 53,1% der Jungen in ihrer schulischen Leistung über dem Klassendurchschnitt.

Fazit:

- *Schulische Leistungen hörgeschädigter Kinder in Regelklassen liegen – nach Einschätzung der Lehrer und Lehrerinnen – eher tiefer als der Klassendurchschnitt. Bei hörgeschädigten Mädchen gilt das besonders.*

- *Eltern schätzen die schulische Leistung ihrer hörgeschädigten Kinder höher ein als der Klassendurchschnitt ist. Bei Mädchen gilt dies besonders.*

7.8 Psycho-soziale Situation

Wie wurden hörgeschädigte Mädchen und Jungen von ihren Mitschülern und Mitschülerinnen anfangs aufgenommen? (Frage 60)

Mit dieser Frage wollte ich herausfinden, wie die Startbedingungen für das hörgeschädigte Kind waren. War von Anfang an eine ablehnende, skeptische Haltung seitens der Mitschülerinnen und Mitschüler vorhanden? Wie beurteilen die Eltern die Situation aus ihrer Sicht?

Frage 60 (Eltern) Aufnahme in der Klasse	problemlose Aufnahme in der Klasse	eigentlich recht gute Aufnahme	das Kind hatte Schwierigkeiten, Anschluß zu finden	es war in der Klasse von Anfang an Außenseiter
Mädchen-Eltern; n=25	48,0% (12)	40,0% (10)	4,0% (1)	8,0% (2)
Jungen-Eltern; n=43	44,2% (19)	44,2% (19)	9,3% (4)	2,3% (1)

Geschlechtsspezifische Unterschiede

Eltern erlebten die Aufnahme ihres Kindes in der Regel als *recht gut* bis *problemlos*. Das gilt für Mädchen und Jungen gleichermaßen. Aber entspricht die Elternsicht auch der Realität? Um das zu beurteilen, ist es sinnvoll, bei dieser Frage die Einschätzung der Lehrerinnen und Lehrer mit jener der Eltern zu vergleichen.

Frage 60 (Lehrer) Aufnahme in der Klasse	problemlose Aufnahme in der Klasse	eigentlich recht gute Aufnahme	das Kind hatte Schwierigkeiten, Anschluß zu finden	es war in der Klasse von Anfang an Außenseiter
Mädchen-Lehrer; n=15	53,3% (8)	20,0% (3)	20,0% (3)	6,7% (1)
Jungen-Lehrer; n=35	57,1% (20)	28,6% (10)	11,4% (4)	2,9% (1)

Eine *recht gute* bis *problemlose Aufnahme* wird von den Lehrern für die Mädchen in 73,3%, für die Jungen in 86,7% angegeben.

Nachdem aus der Sicht von Lehrerinnen und Lehrern eine *günstigere Aufnahme hörgeschädigter Jungen* angegeben wird, entsteht die Frage, ob diese Beurteilung durch die momentane Situation beeinflußt ist. Darauf gibt uns die Auswertung der nächsten Frage Antwort.

Wie beschreiben Lehrer und Eltern die jetzige soziale Stellung der hörgeschädigten Mädchen und Jungen innerhalb der Klasse? (Frage 61)

Allgemein läßt sich feststellen, daß sowohl hörgeschädigte Jungen als auch hörgeschädigte Mädchen eine gute soziale Stellung innerhalb ihrer Klasse haben.

Frage 61 (Eltern) soziale Stellung in der Klasse	das Kind hat eine sozial gute, angesehene Position	das Kind hat eine unauffällige, ausgeglichene Position	das Kind hat eher eine geringe soziale Stellung	das Kind wird gemieden
Mädchen-Eltern; n=23	34,8% (8)	52,2% (12)	13,0% (3)	0%
Jungen-Eltern; n=42	23,8% (10)	69,1% (29)	7,1% (3)	0%

Eltern schätzen die soziale Stellung ihrer hörgeschädigten Kinder wesentlich höher ein als deren Lehrerinnen und Lehrer. Eine *ausgeglichene* bis *gute soziale Stellung* (Spalten eins und zwei) innerhalb der Klasse nehmen Eltern bei den Mädchen in 87% und bei den Jungen in 92,9% an.

Frage 61 (Lehrer) soziale Stellung in der Klasse	das Kind hat eine sozial gute, angesehene Position	das Kind hat eine unauffällige, ausgeglichene Position	das Kind hat eher eine geringe soziale Stellung	das Kind wird gemieden
Mädchen-Lehrer; n=15	20,0% (3)	46,7% (7)	33,3% (5)	0%
Jungen-Lehrer; n=35	22,9% (8)	60,0% (21)	17,0% (6)	0%

Von den Lehrerinnen und Lehrern wird die Situation weniger positiv als von den Eltern (aber insgesamt doch als gut) empfunden: Eine *ausgeglichene* bis *gute soziale Stellung* innerhalb der Klasse wird für rund 83% der hörgeschädigten Jungen, aber nur für 67% der hörgeschädigten Mädchen angegeben.

Auffallend ist, daß sowohl auf die Frage nach der *Aufnahme* des hörgeschädigten Kindes in die Klasse als auch auf jene der *jetzigen* sozialen Stellung des Kindes, der soziale Status der hörgeschädigten Jungen von den Lehrkräften höher eingestuft wird als jener der hörgeschädigten Mädchen. Ich vermute, daß dies mit der Bezugsgruppenwahrnehmung zusammenhängt, die nur bei Lehrerinnen und Lehrern möglich ist. Eltern haben meistens nur ihr eigenes Kind vor Augen, Vergleichsmöglichkeiten fehlen Ihnen in der Regel. Selbst dann, wenn ein Geschwister vorhanden ist, sind sie kaum in der Lage, die Alltagssituation des hörgeschädigten Kindes innerhalb der Klasse nachzuempfinden.

Wie beschreiben Lehrer und Eltern die soziale Stellung der hörgeschädigten Mädchen und Jungen im Freizeitbereich? (Frage 62)

Der Freizeitbereich beinhaltet den Aktionsraum, in dem sich Kameradschaften und Freundschaften zwischen den Kinder entfalten können. Ob soziale Kontakte überhaupt zustande kommen, hängt weitgehend von den Eigenaktivitäten der Kinder ab.

Frage 62 (Eltern) soziale Stellung in der Freizeit	das Kind hat keine Probleme, Spielkameraden zu finden	das Kind hat einige Kinder, mit denen es spielen kann	das Kind hat nur selten die Möglichkeit, mit andern Kindern zu spielen	das Kind wird gemieden; Kinder wollen kaum mit ihm spielen
Mädchen-Eltern; n=26	65,4% (17)	15,4% (4)	7,7% (2)	3,8% (1)
Jungen-Eltern; n=42	45,2% (19)	47,6% (20)	4,8% (2)	2,4% (1)

Daß ihr hörgeschädigtes Kind in der Freizeit eine *gute soziale Stellung* (Spalten eins und zwei) hat, schätzen 80,8% der Mädchen-Eltern und sogar 92,8%

Geschlechtsspezifische Unterschiede

der Jungen-Eltern. *Keine Probleme* (nur Spalte eins) werden bei 65,4% der Mädchen, aber nur bei 45,2% der Jungen angenommen.

In zürcherischen Verhältnissen wissen Lehrerinnen und Lehrer im allgemeinen ziemlich genau darüber Bescheid, was ihre Schüler und Schülerinnen im Freizeitbereich unternehmen. Deshalb ist es sinnvoll, diese Frage auch ihnen zu stellen.

Frage 62 (Lehrer) soziale Stellung in der Freizeit	das Kind hat keine Probleme, Spielkameraden zu finden	das Kind hat einige Kinder, mit denen es spielen kann	das Kind hat nur selten die Möglichkeit, mit andern Kindern zu spielen	das Kind wird gemieden; Kinder wollen kaum mit ihm spielen
Mädchen-Lehrer; n=14	35,7% (5)	57,1% (8)	7,2% (1)	0%
Jungen-Lehrer; n=40	50,0% (20)	40,0% (16)	10,0% (4)	0%

Lehrkräfte vermuten im Freizeitbereich eine befriedigend gute Situation (Spalten eins und zwei) sowohl für hörgeschädigte Mädchen (92,8%) als auch für hörgeschädigte Jungen (90%). Bei den Jungen wird in 50% angenommen, daß sie *keine Probleme* haben, bei den Mädchen aber nur in 35,7%. Da die Situation in der Freizeit von den Eltern wahrscheinlich zutreffender beurteilt wird als von den Lehrerinnen und Lehrern, gewichte ich auch deren Aussage stärker. Das bedeutet:

- *Im Vergleich zur Einschätzung der Eltern werden hörgeschädigte Mädchen nicht nur im Erbringen von schulischer Leistung, sondern auch in der Fähigkeit, sozial problemfrei zu interagieren, von ihren Lehrkräften unterschätzt, umgekehrt überschätzen diese die hörgeschädigten Jungen in diesen Bereichen.*

Wo sind die Ursachen für diese unterschiedliche Einschätzung durch die Lehrer und Leherinnen zu suchen? Möglicherweise sind sie teilweise in der Art der gemeinsamen Aktivitäten mit Gleichaltrigen zu finden. Jungen- und Mädchenspiele unterscheiden sich ab etwa dem zehnten Lebensjahr immer deutlicher voneinander. Um sich das vor Augen zu führen, denke man beispielsweise an die Pausenspiele: Mädchen spielen (jetzt beziehe ich mich auf die Situation in der Region Zürich) häufig 'Gummitwist', ein Hüpfspiel. Zwölf- bis dreizehnjährige Mädchen spielen nicht mehr so oft 'Gummitwist', dafür erzählen sie sich sehr viel und lachen miteinander. Jungen spielen im allgemeinen (Ausnahmen gibt es immer) eher Fußball oder stören die Mädchen bei ihren Spielen. Das, worauf es mir ankommt, ist folgendes: Bei Mädchenspielen ist der kommunikative Anteil in der Regel wesentlich größer als bei Jungenspielen. Für hörgeschädigte Kinder und Jugendliche bedeutet aber Kommunikation immer eine erschwerte Situation.[38] Erschwert ist nicht nur die Wahrnehmung des raschen Gesprächsverlaufs (Input), sondern ebenso die eigene Sprachproduktion (Output) und damit das Teilhabenkönnen an der Situation. Entsprechend ist es verständlich, daß hörgeschädigte Mädchen im Freizeitbereich schon früher unter diesen erschwerten Verhältnissen 'leiden'. Bei den hörgeschädigten Jungen fängt wenige Jahre später aber die gleiche kommunikationsintensive Zeit an, nämlich dann, wenn vertiefte Jungenfreundschaften entstehen, in denen sie sich gegenseitig die ersten Gefühlsregungen gegenüber den Mädchen offenbaren. In dieser Zeit läuft auch bei den Jungen sehr viel über den auditiv-verbalen Kanal. Dies sind Vermutungen, sie zu belegen, wäre Thema für eine andere Arbeit.

7.9 Zum Selbstvertrauen von Mädchen

Als eine direkte Folge dieser unterschiedlichen Voraussetzungen im Schulalltag betrachte ich das unterschiedliche Selbstvertrauen zwischen hörgeschädigten Mädchen und Jungen, wie ich es in Kapitel 6 gefunden habe.

Von Anfang an sprach ich nicht von behinderten Kindern, sondern von normalen Mädchen und Jungen, die sich in einer wichtigen Hinsicht von den meisten anderen unterscheiden: Sie hören nicht so gut. Gerade weil meine zentrale Betrachtungsweise jene der Normalität ist, ist es eine Bestätigung für diese Sichtweise, wenn auch meine Untersuchungsergebnisse von der allgemeinen Pädagogik bestätigt werden. Deshalb mache ich im folgenden Abschnitt einen kleinen Exkurs und beschäftige mich mit dem Selbstvertrauen von Mädchen. Die dort gewonnenen Ergebnisse können meiner Meinung nach auf die Gruppe der hörgeschädigten Mädchen übertragen werden.

Bereits unter 7.2 zitierte ich eine Untersuchung von VALTIN und KOPFFLEISCH die zeigte, *"daß die Einstellungen zum eigenen und zum anderen Geschlecht bei etwa 10jährigen Mädchen und Jungen der heutigen Generation stark differieren und schon auf jene Faktoren zentriert sind, die auch bei den stereotypen Einstellungen von Erwachsenen in bezug auf Männlichkeit und Weiblichkeit eine Rolle spielen ..."* (VALTIN und KOPFFLEISCH 1985, S. 109). In der Untersuchung wurden Geschlechtsstereotypien analysiert und festgestellt, daß Jungen an sich selbst viel mehr positiv finden als Mädchen. Bei-

---

38 Bei anderen Behinderungsarten mag die Situation völlig anders sein, so daß die Argumentation gerade umgekehrt wäre. Beispielsweise kann ich mir ein verhaltensauffälliges Mädchen beim Gummitwisten eher vorstellen als einen verhaltensauffälligen Jungen beim Fußballspielen. Wenn sich das Mädchen beim Gummitwisten nicht nach den Regeln verhält, kommt es beim Hüpfen unweigerlich nicht zu seinen Punkten und muß entsprechend häufiger und länger stehen, um das Gummiband zu spannen. Es wird quasi durch die Spielregeln erzogen. Der verhaltensauffällige Junge, der beim Fußballspiel nicht nach den Regeln spielt, kann nicht toleriert werden, denn es ist ein Mannschaftsspiel.

spielsweise finden die Jungen an sich selbst positiv, daß sie stärker, schneller, größer seien, Fußball spielen, und besser im Sport sind. Als positive Eigenschaften des eigenen Geschlechts nannten die Mädchen: *"Mädchen tragen schönere Kleider, können sich schönere Frisuren machen, sie helfen der Mutter im Haushalt, sie spielen mit Puppen."* (ebd., S. 105) Die positiven Eigenschaften der Mädchen bildeten jedoch in vielen Fällen gleichzeitig auch die Kritikpunkte der Mädchen selber, indem sie betonten, daß sie Hausarbeit machen und sich um andere kümmern müßten. Ebenso fanden sie nicht gut, *"daß Mädchen ordentlich sein müssen, nicht auf Bäume klettern dürfen, nicht so mutig sind, mehr Angst haben."* (ebd.) Jungen äußerten nahezu keine Kritik am eigenen Geschlecht. Die Kritik am jeweils anderen Geschlecht überwog die positiven Seiten, die dort gesehen wurden. Dies war bei den Jungen noch ausgeprägter als bei den Mädchen. *"Fast die Hälfte der kritischen Antworten der Jungen bezieht sich auf soziales Verhalten der Mädchen: Die Jungen äußern ihr Mißfallen daran, daß Mädchen petzen, kratzen, beißen und überempfindlich sind, aber auch, daß sie immer so ordentlich und sauber sind."* (ebd.) Die Hauptkritik der Mädchen bezog sich darauf, *"daß Jungen sich ständig oder häufig prügeln, daß sie andere ärgern, daß sie angeben, frech und brutal sind."* (ebd., S. 106)

VALTIN und KOPFFLEISCH interpretieren ihre Ergebnisse folgendermaßen:

"Jungen empfinden sich bereits als das starke Geschlecht in bezug auf den körperlichen, technischen und sozialen Bereich und sind offenbar zufrieden mit ihrer Rolle. Mädchen sind eher konzentriert auf Attraktivität, Fürsorglichkeit und Hausfraulichkeit, wobei sie allerdings in starkem Maße auch unzufrieden sind mit den sozialen Beschränkungen, die ihnen ihre Rolle auferlegt." (ebd., S. 109)

Die Ambivalenzen im Selbstkonzept der Mädchen, wie sie in der angeführten Untersuchung zum Ausdruck kommen, haben MARIANNE HORSTKEMPER veranlaßt, zu untersuchen, wie sich das Selbstvertrauen während der Schulzeit entwickelt. Ihre Ergebnisse über den Zusammenhang von Schulerfolg, Selbstvertrauen und Geschlechtszugehörigkeit faßt sie folgendermaßen zusammen:

"Zunächst einmal findet sich kein Hinweis darauf, daß schulischer Erfolg für Mädchen einen grundsätzlich anderen Stellenwert hat als bei Jungen. ... In allen Leistungs- und Geschlechtsgruppen wächst das Selbstvertrauen über die Jahre hinweg an. Je größer dabei der Schulerfolg ist, desto eher sind die Heranwachsenden in der Lage, ein positives Selbstbild auszubilden. Bei gleichem Schulerfolg weisen die Jungen gegenüber den Mädchen stets einen Selbstvertrauensvorsprung auf. ...
Wir können somit feststellen, daß für Mädchen schulische Erfolge in noch ausgeprägterer Weise eine notwendige, aber nicht hinreichende Bedingung für die Entwicklung von Selbstvertrauen ist. Die mit der weiblichen Geschlechtsrolle verbundenen Erlebnisse von Nachrangigkeit scheinen die positive Wirkung des Schuler

folgs zumindest teilweise zu unterlaufen. Dagegen können sich bei Jungen gute Leistungserfolge und positive gesellschaftliche Bewertungen der männlichen Rolle gleichgerichtet ergänzen.
Umgekehrt wirken bei Mädchen mit ungünstiger Erfolgsbilanz zwei Negativfaktoren wechselseitig verstärkend, so daß ihr Selbstbild mit Abstand am stärksten negativ getönt ist. Den Jungen in gleicher Lage erlaubt dagegen vermutlich gerade die generelle Höherbewertung der männlichen Rolle eine Kompensation individueller Mißerfolge und Frustrationserlebnisse. Eine Abwertung der Schule als nicht so wichtig und der Rückgriff auf andere Bestätigungsquellen ist ihnen dabei vermutlich behilflich." (HORSTKEMPER 1987, S. 168 f.)

HORSTKEMPER untersuchte auch, welche Zusammenhänge zwischen den Interaktionsbeziehungen – sowohl der Schüler untereinander als auch zwischen Schülern und Lehrern – und der Herausbildung des Selbstvertrauens bestehen. Ihre Analysen dieser Frage sowie die statistische Bearbeitung des Gesamtzusammenhangs führten zu folgenden Ergebnissen:

"Wenn die Heranwachsenden subjektiv den Eindruck haben, gut mit ihnen (den Lehrkräfte, Anm. d. Autors) auszukommen, ... dann ist das für den Aufbau von Selbstvertrauen eine günstige Voraussetzung. Umgekehrt wird eine gestörte Lehrer-Schüler-Beziehung zur erheblichen Belastung für die Entwicklung eines positiven Selbstbildes. ... Allerdings findet sich in der Bedeutung der verschiedenen Kommunikationsvariablen ein wichtiger geschlechtsspezifischer Unterschied: Während bei den Mädchen die Beurteilung der Schüler-Schüler-Beziehung stets nur einen nachrangigen Einfluß ausübt, ist dieser Faktor für die Jungen vor allem in jüngeren Jahren die wichtigste Quelle ihres Selbstvertrauens. Dies relativiert sich gegen Ende der Schulzeit, dennoch bleiben deutliche geschlechtsspezifische Unterschiede erhalten. ... Neben dem kommunikativen Klima nimmt während der gesamten Sekundarschulzeit der Leistungserfolg der Schüler erheblichen Einfluß auf das Selbstvertrauen: Je besser die Schulzensuren sind, desto eher können Schüler und Schülerinnen ein positives Selbstbild aufbauen. Allerdings finden wir auch hier geschlechtsspezifische Unterschiede. Während bei den Mädchen die Schulzensuren während der gesamten Sekundarschulzeit von hoher Bedeutung für das Selbstvertrauen sind, etabliert sich bei den Jungen dieser Zusammenhang erst in den Abschlußklassen der Sekundarschule; in früheren Jahrgängen leben die Jungen dagegen in relativer Distanz zu den Leistungsrückmeldungen, die sie von der Schule erhalten.
Dies alles zusammengenommen führt zu einem erstaunlichen Ergebnis: Obwohl die Mädchen schulisch deutlich erfolgreicher sind als die Jungen (sie sitzen häufiger im oberen Leistungsniveau und erhalten tendenziell die besseren Noten) und obwohl für die Mädchen dieser Leistungserfolg eine stärkere Quelle des Selbstvertrauens darstellt, vergrößert sich der Selbstvertrauensabstand zwischen den Geschlechtern im Laufe der Sekundarschule sogar noch. Kurz: Trotz Leistungserfolg und Leistungsorientierung können Mädchen ihre Selbstvertrauensnachteile nicht

wettmachen. Auch die graduell unterschiedliche Bedeutung der Schüler-Schüler-Beziehung kann diesen Selbstvertrauensunterschied nicht erklären; denn während sich bei diesem Einflußfaktor eine geschlechtsspezifische Angleichung über die Jahre feststellen läßt, nehmen die Unterschiede im Selbstvertrauen zu." (HORSTKEMPER 1987, S. 215 f.)

In diesen Ergebnissen finden sich für meine eigenen Untersuchungen über die Situation von hörgeschädigten Mädchen und Jungen viele gute Erklärungsansätze. Klar scheint mir, daß der kleine Macho in vielen Jungen nicht naturgegeben, sondern vielmehr gesellschaftlich-historisch bedingt ist. Daß Nachbarn, Freunde, Großeltern, Tanten und Onkel, Kollegen, Lehrer und Schulbücher, Comics und Fernsehfilme miterziehen, wird heute mehr und mehr auch von vielen Eltern in ihre Überlegungen mit einbezogen. Daß dort gesündigt wird, wo Rollenklischees eher zementiert als hinterfragt werden, ist kaum bestritten. Es gibt aber noch andere heimliche Erzieher: Es sind die Bilder, die wir von unseren Eltern in uns tragen. Erzieherinnen und Erzieher, Lehrer und Lehrerinnen sind selbst ja auch Erzogene. Wir können jene Normen und Werte, die uns anerzogen wurden, zwar verdrängen, aber vorhanden sind sie dennoch.

7.10 Konsequenzen für die Pädagogik

Hörgeschädigte Mädchen in Regelklassen werden von den Lehrerinnen und Lehrern subjektiv als leistungsschwächer und hilfsbedürftiger eingestuft als hörgeschädigte Jungen. Ihre tatsächlichen Leistungsbewertungen anhand von Zensuren zeigen allerdings, daß dem nicht so ist. Die Zensuren sind mindestens ebenso gut wie jene der Jungen. Mit anderen Worten: Mädchen bedürfen – subjektiv – eher der Hilfe als Jungen. Das zeigt sich auch in der Tatsache, daß der Lehrer oder die Lehrerinnen der hörgeschädigten Mädchen viel häufiger der Meinung sind, sie sollten in der Gestaltung ihres Unterrichts noch mehr auf das hörgeschädigte Mädchen eingehen. Ob dieser Wunsch dem unbewußten Bedürfnis des Leh-rers oder der Lehrerin, das Mädchen innerhalb der Norm zu erziehen, entspringt, bleibt unbeantwortet. Vielleicht ist es so, daß die Lehrer von Mädchen beim Ausfüllen des Fragebogens das schlechte Gewissen beschleicht. Sie realisieren, daß sie dem hörgeschädigten Mädchen zu wenig Aufmerksamkeit schenken.

Bei den Jungen ist der Sachverhalt anders. Sie machen von sich aus mehr auf sich aufmerksam und werden damit offensichtlich auch eher wahrgenommen als die Mädchen.

ich höre ... nicht alles!

Eltern trauen den Mädchen zwar eine höhere Leistung und eine größere Sozialkompetenz zu als die Lehrer oder Lehrerinnen, bleiben tendenziell aber ebenfalls in der Vorstellung behaftet, daß Jungen dies alles doch besser können als die Mädchen.

- *Hörgeschädigten Mädchen und Jungen in Regelklassen wird subjektiv eine tiefere Sozialkompetenz und ein kleineres schulisches Leistungsvermögen als gleichaltrigen normalhörenden Jungen und Mädchen zugestanden. Die hörgeschädigten Mädchen und Jungen beweisen durch ihr Verhalten und ihre Leistungen jedoch, daß das Vorurteile sind, daß sie gerade in diesen Bereichen keineswegs hinter ihren normalhörenden Mitschülern und Mitschülerinnen zurückstehen.*

Aufgrund meiner Untersuchung komme ich zu zwei wichtigen Ergebnissen bezüglich integrativ beschulten hörgeschädigten Kindern und Jugendlichen:

- *Hörgeschädigte Kinder in Regelklassen haben keine tiefere schulische Leistungsfähigkeit und auch keinen tieferen sozialen Status als normalhörende Kinder.*

- *Hörgeschädigte Mädchen haben keine tiefere schulische Leistungsfähigkeit und auch keinen tieferen sozialen Status als hörgeschädigte Jungen.*

Die Frage ist nun, wie sich die Vorurteile seitens der Lehrerinnen und Lehrer aber auch der Eltern, hörgeschädigte Mädchen und Jungen hätten eine tiefere Sozialkompetenz und ein kleineres schulisches Leistungsvermögen als gleichaltrige normalhörende Jungen und Mädchen, auf die Betroffenen selbst und im speziellen auf hörgeschädigte Mädchen auswirken? Welche Möglichkeiten bleiben ihnen zur täglichen Bewältigung ihrer Situation unter gleichzeitiger Erschwerung durch die Hörschädigung? Und damit komme ich zurück zum Ausgangspunkt dieser Untersuchung, nämlich auf die Hypothese, daß hörgeschädigte Mädchen und Jungen unterschiedliche Voraussetzungen bei der Integration haben.

Aufgrund der Untersuchungsergebnisse stelle ich fest, daß hörgeschädigte Mädchen und ihre Lehrerin bzw. ihr Lehrer im Laufe der Zeit folgende Phasen durchlaufen:

1. Phase: Das hörgeschädigte Mädchen spürt im Alltag, daß der Lehrer bzw. die Lehrerin (wahrscheinlich nicht nur diese) nicht an seine (schulische) Leistungsfähigkeit und soziale Kompetenz glaubt.

2. Phase: Dies schwächt das Selbstbewußtsein und das Selbstwertgefühl des hörgeschädigten Mädchens.

3. Phase: Dadurch wird (und wirkt) das Mädchen unsicher in seinem Verhalten (nonverbale Bereiche) und in seinen Äußerungen (verbaler Bereich). Dies hat Gültigkeit sowohl für die schulischen Leistungen als auch für das Sozialverhalten.

4. Phase: Der Lehrer spürt diese Unsicherheiten und interpretiert sie (im positiven Fall) als Überforderung, Leistungsschwäche oder Hilfsbedürftigkeit. Auf jeden Fall als Schwäche und als nicht in die Norm passend.

5. Phase: Der Lehrer wird selbst unsicher in seinem Verhalten gegenüber dem Mädchen.

6. Phase: Der Lehrer empfindet seinen Einsatz für das hörgeschädigte Mädchen als zu gering und möchte sich in vermehrtem Maße um das Mädchen bemühen.

7. Phase: Der Lehrer nimmt die Hilfe einer Beratungsstelle in Anspruch.

8. Phase: Die Beziehung zum Mädchen kann sich im Laufe der Zeit verbessern.

Was ist zu erwarten, wenn in Phase 7 keine Hilfe gesucht und oder gefunden wird? Kann man dann davon ausgehen, daß sich die Beziehung im Laufe der Zeit verschlechtern wird?

Wie steht es in bezug auf die Peer-group? Spielen da die gleichen Mechanismen? Vor allem ab Phase 5 wäre dann zu erwarten, daß die soziale Stellung des hörgeschädigten Mädchens in der Klasse geringer wird und bleibt, da die Mitschüler und Mitschülerinnen im allgemeinen keine Hilfen im Umgang mit dem hörgeschädigten Mädchen erhalten.

Ausnahmen stellen jene Fälle dar – und das ist ein weiterer Hinweis für die Richtigkeit ökosystemischen Vorgehens in der Bereitstellung geeigneter Rahmenbedingungen für eine integrative Beschulung – in denen mit der Klasse die Hörschädigung thematisiert und dadurch die Empathie für das hörgeschädigte Mädchen unter den Mitschülern und Mitschülerinnen gefördert wird.

Daß dies nicht eine bloße Vermutung ist, läßt sich sehr schön nachweisen: Der Korrelationsfaktor zwischen Frage 49 (Beratung und Hilfe durch die Kantonale Beratungsstelle) und Frage 61 (soziale Stellung des hörgeschädigten Kindes in der Klasse) beträgt für die hörgeschädigten *Mädchen 0,6* und für die hörgeschädigten *Jungen 0,4*. Berücksichtigt man dabei die Tatsache, daß Mädchen-Lehrkräfte die Hilfe der Beratungsstelle (Frage 49) häufiger beansprucht haben, erstaunt es auch nicht, daß die Auswirkung auf die soziale

Stellung des hörgeschädigten Mädchens in der Klasse größer ist als bei den Jungen.

Bei der Frage der Peer-group gilt es, zwischen Mädchen- und Jungengruppen zu unterscheiden, da innerhalb dieser Gruppen zum Teil total verschiedene Normen gelten. Mädchen orientieren sich eher daran, über schulische Leistungen und Kooperation Anerkennung zu erhalten, während Jungen dies eher über sportliche Konkurrenz und 'Mackertum' versuchen. Als Folge davon gehen dann auch weniger Jungen aufs Gymnasium.

Die folgende Frage ist durchaus berechtigt: Werden hörgeschädigte Jungen eher als *normale Jungen* mit einer Hörschädigung angesehen, Mädchen dagegen eher als *behinderte Mädchen* mit einer Hörschädigung, *als Behinderte eben?* Es scheint so zu sein. Es ist jedoch nicht Aufgabe und Ziel dieser Arbeit zu erklären, *weshalb* das möglicherweise so ist. Meine Ausgangslage war die Hypothese, daß hörgeschädigte Mädchen und Jungen unterschiedliche Voraussetzungen bei der Integration haben. Die Antwort darauf lautet aufgrund meiner Untersuchungen:

Ja, hörgeschädigte Mädchen und Jungen haben unterschiedliche Voraussetzungen bei der Integration.

8. IDENTITÄT UND SOZIALE SITUATION

> "Es gibt keinen Grund zur Annahme,
> daß hörgeschädigte Schüler schlechter in die Klasse integriert sind
> als ihre normalhörenden Mitschüler."
> (ELMIGER 1992, S. 106)

Von Personen, die gegenüber der gemeinsamen Beschulung hörgeschädigter und normalhörender Jungen und Mädchen skeptisch sind, wird der Vorwurf erhoben, daß die schulische Integration hörgeschädigter Kinder die Entwicklung einer ausgeglichenen 'Identität' verhindere. Auch wenn von diesen Personen nur selten gesagt wird, was sie unter Identität genau verstehen, wird mit einer solchen Aussage suggeriert, daß hörgeschädigte Kinder und Jugendliche, die ihre Schulzeit in einer Sonderschule für Hörgeschädigte verbringen, eine bessere psychische Konstitution erreichen würden als solche, die gemeinsam mit normalhörenden Kindern in Regelklassen beschult werden. Diese Argumentation ist keineswegs neu.

Häufig werden irgendwelche Ergebnisse aus anderen Fachrichtungen unbesehen auf die Pädagogik Gehörloser und Schwerhöriger übertragen, wodurch eine diffuse Vorstellung erzeugt wird, von der niemand so richtig weiß, was damit gemeint ist. Zwei der wenigen Autoren und Autorinnen, die den Identitäts-Begriff bezüglich der hörgeschädigtenspezifischen Situation präzise aufgearbeitet haben, sind meines Erachtens BERND AHRBECK in seinem Buch 'Gehörlosigkeit und Identität' (1992) sowie URSULA HORSCH in 'Identität Schwerhöriger als Erziehungsziel' (1990). Beide achten darauf, zwischen Gehörlosen und Schwerhörigen zu differenzieren.

8.1 Die Bedeutung des Identitätsbegriffs

Es gibt kaum einen Begriff, der in den letzten zwei bis drei Jahrzehnten, zuerst in der Soziologie und Psychologie, dann auch in der Erziehungswissenschaft so intensiv diskutiert wurde wie jener der 'Identität', und es ist anzunehmen, daß er an Bedeutung noch gewinnen wird. Aus diesem Grund stelle ich einleitend dessen geschichtliche Entstehung dar und erläutere anschließend (in 8.3), was ich darunter verstehe.

Der Soziologe GEORGE HERBERT MEAD hat in den 30er Jahren mit seiner Theorie des 'Selbst' entscheidende Vorarbeiten für die Entwicklung neuerer Identitätstheorien geleistet. Seine Arbeiten gingen in die erziehungswissenschaftliche Diskussion vor allem durch die Beiträge von JÜRGEN HABERMAS (1973) und LOTHAR KRAPPMANN (1969) ein. Nach dem Zweiten Weltkrieg hat ERIK HOMBURGER ERIKSON den psychologischen Identitätsbegriff entscheidend weiterentwickelt. Heute wird dem Begriff der Identität in der allgemeinen Erziehungswissenschaft ein zentraler Stellenwert zuerkannt. In der Hörgeschädigtenpädagogik ist der Identitätsbegriff bisher jedoch verhältnismäßig selten angeführt und wenn, dann werden meistens nur Teilaspekte angeschnitten. So schrieb HERBERT DING noch 1981 (S. 319): *"Der Begriff Ich-Identität wird meines Wissens in der Literatur der Hörgeschädigtenpädagogik bislang nicht verwendet."* LÖWE, der 1984 ein 'Verzeichnis der wichtigsten nach 1945 in Buchform erschienenen deutschsprachigen Veröffentlichungen zur Hörgeschädigtenpädagogik und zu einigen ihrer Nachbardisziplinen' erstellte, erwähnt keinen einzigen Titel, der auf die Identitätsbildung Gehörloser hinweisen würde. Das ist allerdings erstaunlich, da in anderen Wissenschaftszweigen der Identitätsbegriff schon länger eingeführt wurde und heute bereits überstrapaziert wird. So übersteigt die Zahl der wissenschaftlichen Arbeiten, die sich mit 'Identität' befassen, bei weitem das Maß dessen, was sich ein einzelner noch zu überblicken zutrauen kann. Darüber hinaus sind die Identitätsbegriffe, die in den verschiedenen Disziplinen verwendet werden, keineswegs miteinander 'identisch'. Daß es zu dieser Situation kommen konnte, beweist jedoch die Tauglichkeit des Identitätsbegriffs. FRIEDRICH SCHWEITZER bestätigt dies, wenn er sagt:

> "Psychologische, soziologische und pädagogische Autoren sehen in der Identitätsbildung übereinstimmend eine der grundlegenden Aufgaben der menschlichen Entwicklung. Dieser Überzeugung, aus der heraus die meisten Veröffentlichungen über 'Identität' geschrieben werden, entspricht es, wenn Bildung und Erziehung heute weithin als Ausbildung persönlicher und sozialer 'Identität' verstanden werden." (SCHWEITZER 1985, S. 7)

Daß der Identitätsbegriff in der Hörgeschädigtenpädagogik bisher vernachlässigt wurde, interpretiere ich als Zeichen einer gewissen Überheblichkeit seitens einer Sonderpädagogik, aus der zwar viele Impulse für die allgemeine

Pädagogik entsprungen sind, die selbst jedoch in einer ignorierenden Selbstgefälligkeit verharrte und sich kaum darum kümmerte, was sie ihrerseits aus der allgemeinen Pädagogik übernehmen könnte. Dabei ist es doch so, wie PAUL MOOR einmal sagte: *"Heilpädagogik ist Pädagogik und nichts anderes."* (MOOR 1982, S. 273) Wenn heute versucht wird, dieses Versäumnis dadurch nachzuholen, indem die andernorts gewonnenen Erkenntnisse unterschiedslos auf Gehörlose und Schwerhörige übertragen werden, so ist das aus meiner Sicht weder wissenschaftlich, noch werden so die individuell verschiedenen Lebensrealitäten von Gehörlosen und Schwerhörigen gebührend berücksichtigt. Dies meint auch der Psychologe HEINRICH KRATZMEIER, wenn er feststellt:

> "Die Psychologie der Schwerhörigen ist ein vergleichsweise junger Wissenschaftszweig. Die bisherigen Ergebnisse sprechen für eine deutliche Abgrenzung gegenüber der Psychologie der Gehörlosen." (KRATZMEIER 1990, S. 169)

8.2 Identitätsverständnis bei Erikson, Mead und Krappmann

Vorerst stelle ich ERIKSONs psychoanalytische Sichtweise von Identität dar und gehe anschließend auf die soziologischen Ansätze von MEAD und KRAPPMANN ein.

> "Das bewußte Gefühl, eine persönliche Identität zu besitzen, beruht auf zwei gleichzeitigen Beobachtungen: der unmittelbaren Wahrnehmung der eigenen Gleichheit und Kontinuität in der Zeit, und der damit verbundenen Wahrnehmung, daß auch andere diese Gleichheit und Kontinuität erkennen. Was wir hier Ich-Identität nennen wollen, meint also mehr als die bloße Tatsache des Existierens, vermittelt durch persönliche Identität; es ist die Ich-Qualität dieser Existenz." (ERIKSON 1974, S. 18)

Das Erlangen der Identität stellt einen Prozeß dar, der nicht kontinuierlich, sondern in Phasen verläuft. Diese Entwicklungsphasen werden sowohl durch die jeweils individuelle Biographie als auch durch das gesellschaftliche Ökosystem, in dem ein Mensch lebt, maßgeblich geprägt. Demzufolge ist Identität keinesfalls als ein abgeschlossenes inneres System zu begreifen, das auf einem einmaligen Identifizierungsakt beruhen könnte und unzugänglich für Veränderungen wäre, sondern als ein Prozeß, der auf immer neue Erfahrungen angewiesen ist, aber gerade darin im Individuum wie in seiner Gesellschaft gewisse wesentliche Züge aufrechterhält und bewahrt (vgl. JOACHIM SCHARFENBERG 1972, S. 41). Das beinhaltet auch die Fähigkeit des Individuums, in neuartigen Situationen ein ausgewogenes Selbstbild, ein Gefühl von Konstanz zu behalten. Persönliche Biographie, ökosystemische Wandlungen und Identität sind deshalb stets miteinander verknüpft und dialektisch aufeinander bezogen und schließen sich nicht aus, sondern ergänzen sich. Geschehen Veränderungen – welcher Art auch immer – innerhalb des Ökosystems zu schnell, kann die Identitätsbildung erheblich erschwert werden (vgl. ERIKSON 1974, S. 46 f.). In Berücksichtigung dieser Tatsache schreibt SCHARFEN-BERG:

> "Identität bedarf einer gewissen Elastizität, um in den Wandlungsprozessen wesentliche Grundformen zu bewahren. Ja, man kann geradezu sagen: um radikale Veränderungen zu ertragen, bedarf es einer festbegründeten Identität."
> (SCHARFENBERG 1972, S. 42)

Die Identität eines Menschen wird sich dann herausbilden, wenn es ihm gelingt, von sich selbst Distanz zu gewinnen und aus dieser Distanz heraus, sich selbst zu betrachten und über sich nachzusinnen. In diesem Zusammenhang kommt mir ein Spruch von LAOTSE in den Sinn, den FRITZ SCHNEEBERGER, während meiner Studienzeit Direktor des Heilpädagogischen Seminars in Zürich, in seinem Büro hängen hatte:

> "Klar siehet, wer von ferne siehet
> und nebelhaft, wer Anteil nimmt."
> (LAOTSE, 6. oder 4. Jh. v. Chr.)

Das Nachsinnen aus Distanz bewirkt, daß die Identität als etwas Bewußtes wahrgenommen wird. Dies erfordert jedoch Interaktionen mit anderen. Der Einzelne ist unbedingt auf ein Gegenüber angewiesen. Er muß lernen, sich selbst so wahrzunehmen, wie andere es tun. Diese Gedanken finden wir viel früher bereits bei MEAD. MEAD, der noch nicht von der 'Identität', sondern vom 'Selbst'[39] sprach, beschreibt die Entwicklung des 'Selbst' folgendermaßen:

> "Der Einzelne erfährt sich – nicht direkt, sondern nur indirekt – aus der besonderen Sicht anderer Mitglieder der gleichen gesellschaftlichen Gruppe und aus der verallgemeinerten Sicht der gesellschaftlichen Gruppe als Ganzer, zu der er gehört. Denn er bringt die eigene Erfahrung als einer Identität oder Persönlichkeit nicht direkt oder unmittelbar ins Spiel, nicht indem er für sich selbst zum Subjekt wird, sondern nur insoweit, als er zuerst zu einem Objekt für sich selbst wird, genauso wie andere Individuen für ihn oder in seiner Erfahrung Objekte sind; er wird für sich selbst nur zum Objekt, indem er die Haltungen anderer Individuen gegenüber sich selbst innerhalb einer gesellschaftlichen Umwelt oder eines Erfahrungs- und Verhaltenskontextes einnimmt, in den er ebenso wie die anderen eingeschaltet ist." (MEAD 1973, S. 180)

---

[39] Der Begriff des 'Selbst' geht ursprünglich auf JAMES (1909) zurück. MEAD entwickelte diesen Begriff seit 1934 weiter.

An anderer Stelle sagt er: *"Wir müssen andere sein, um wir selbst sein zu können."* (MEAD 1987, S. 327) Nur, wie können wir lernen, andere zu sein? Offensichtlich ist es so, daß die Fähigkeit, sich in andere hineinzudenken, eine urmenschliche ist. Das Kind erwirbt diese Fähigkeit dadurch, daß es vorerst mit seinen engsten Bezugspersonen innerhalb der Familie und später mit jenen der Spielgruppe usw. in Kontakt tritt. Dabei erwirbt es ein ganzes Erfahrungsspektrum vielfältigster Verhaltensweisen und Reaktionen. Dieses Repertoire an Verhaltensweisen und Rollenerwartungen seiner Umgebung nimmt es wahr und beginnt, diese zu verinnerlichen, sie als Teil seines 'Selbst' zu integrieren. Dadurch wird sein 'Selbst' geformt und gefestigt. Schließlich wächst auf diese Weise das 'vollständige Selbst' des Kindes. Als MEAD dieses 'vollständige Selbst' beschrieb, verwendete er dabei zwei zentrale Begriffe: das 'I' und das 'me'. Als 'me' bezeichnet er die Vorstellung von der Wahrnehmung der eigenen Person durch andere. Die durch Rollenübernahme erschlossene Sicht der anderen und schließlich der ganzen Gemeinschaft führt zu einer Selbstwahrnehmung, die durch gesellschaftliche Verhaltenserwartungen geprägt ist. Das 'I' dagegen stellt die aktiv-kreative Antwort des Individuums dar, mit der es zwar ebenfalls auf eine durch Erwartungen definierte Situation reagiert, mit der es diese Situation zugleich aber von sich aus verändert. Als 'me' wird das Individuum von Konventionen geleitet, während es als 'I' für sozialen Wandel sorgt und seine Fähigkeit zu Neuschöpfungen zeigt (vgl. SCHWEITZER 1985, S. 29).

Es wird deutlich, daß MEAD nicht ein Menschenbild vorschwebte, bei dem sich das Individuum nur anzupassen hat, sondern eines, bei dem es auch selbst – entsprechend seines biographischen Hintergrundes – aktiv auf sein soziales Umfeld einwirken kann und soll. Diese beiden Bedürfnisse müssen in einem Individuum miteinander in Einklang sein. HABERMAS beschreibt dies so:

"In der Identität des Ich drückt sich das paradoxe Verhältnis aus, daß das Ich als Person überhaupt mit allen anderen Personen gleich, aber als Individuum von allen anderen Individuen schlechthin verschieden ist." (HABERMAS 1976, S. 85)

KRAPPMANN (1975) braucht anstelle des 'Selbst' den Begriff der 'Identität'. Er hat das Modell einer 'balancierten Ich-Identität' entwickelt. Ähnlich wie bei MEAD das 'Selbst' durch die beiden Komponenten 'me' und 'I' bestimmt wird, geht KRAPPMANN davon aus, daß die 'Identität' durch zwei einander ergänzende und miteinander verknüpfte Identitätsanteile erst entsteht. Er spricht von einer *sozialen* Identität und einer *personalen* Identität. Die 'personale Identität' entspricht dem MEADschen 'I', was bedeutet, daß das Individuum nach Einzigartigkeit und Verschiedenheit strebt; es möchte so sein wie sonst niemand. Dem 'me' bei MEAD entspricht die 'soziale Identität' bei KRAPPMANN, sie bedeutet, daß das Individuum nicht von den andern abweichen möchte; es sucht die Gleichheit, die Gemeinsamkeit, das Aufgehen in gesellschaftlichen Vorstellungen und Erwartungen. Wenn ein Mensch die Erwartungen der anderen zugleich akzeptierend und sich gleichzeitig von diesen abstoßend seine eigene Identität sprachlich (er unterscheidet nicht nach Laut- und Gebärdensprache) darstellen kann, dann ist nach KRAPPMANN (1975, S. 208) eine *balancierte Ich-Identität* erreicht.

Mir ist der Begriff der 'balancierten Ich-Identität' nicht sehr sympathisch, da er für mich etwas Statisches beinhaltet, obwohl er das ja gerade nicht sollte: Wenn ich den Begriff lese oder höre, taucht in meinem Geist unwillkürlich das Bild eine Balkenwaage auf, deren Balken – physikalisch betrachtet – nach jeder neuen Interaktion in eine 'gedämpfte Schwingung' versetzt wird und somit nach einer gewissen Zeit zum Stillstand kommt. Dadurch wird in mir die monokausale Vorstellung evoziert, daß, nachdem sich der Balken in der Ruhelage eingependelt hat, nichts mehr geschieht. Und da muß ich dann sofort an PAUL WATZLAWICK (1969) denken, der – wenn auch in anderem Zusammenhang – gesagt hat: "Man kann nicht nicht kommunizieren." URSULA HORSCH (1990, S. 9) muß das irgendwie ähnlich empfinden, denn sie findet, es bestehe bei KRAPPMANNs Modell die Gefahr, daß vergessen werde, daß beide Interaktionspartner die Aufgabe haben, eine balancierte Ich-Identität[40] anzustreben. Sie verweist auf einen erweiterten Ansatz bei KARL HAUSSER (1983), der drei Identitätskomponenten beschreibt:

"Nach HAUSSER entsteht zwischen realitätsadäquatem Selbstkonzept als einem Pol und sozialer Rücksichtnahme durch personale Kontrolle als dem Gegenpol ein positives Selbstwertgefühl in der Balance. Danach würden Identitätsbalance und positives Selbstwertgefühl eine notwendige Ergänzung für einander bilden." (HORSCH 1990, S. 10)

Später begründet HORSCH, weshalb sie das Selbstwertgefühl als dritte Komponente wichtig findet:

"Auf den Gedanken des Selbstwertgefühls möchte ich ... nicht verzichten, bezieht er doch die Gefühlsebene als die für beide Interaktionspartner mitentscheidende Ebene der Interaktion deutlicher und expliziter in die Reflexion mit ein, als dies in KRAPPMANNS Modell ... geschieht." (HORSCH 1990, S. 10)

---

[40] Ich ziehe es vor, von 'Identität' zu sprechen und vermeide daher den Ausdruck 'Ich-Identität'. Meiner Meinung nach ist das 'Ich' im Zusammenhang mit 'Identität' pleonastisch, also überflüssig. Identität meint nach DUDEN (1990^5, S. 331) die als 'Selbst' erlebte innere Einheit einer Person. Wenn man von der MEADschen Vorstellung ausgeht, daß das 'self' – der Kern des Selbst – als Prozeß zwischen dem 'I' und dem 'me' hervorgeht, dann wird durch die Bezeichnung 'Ich-Identität' der Akzent wesentlich auf den Aspekt des 'I' gelenkt, was ja gerade nicht sein sollte, da beide Aspekte prozeßhaft miteinander gekoppelt sind.

8.3 Identität als 'steady state'-Prozeß

Obwohl durch die Einführung dieses dritten Aspekts eine neue Kraft und auch eine größere Dynamik auf das für den Prozeß der Identitätsbildung notwendige Interaktionsgeschehen wirkt, bleibt für mich auch diese Vorstellung zu punktuell. Wie bei der Balance geschieht auch hier nur dann etwas, wenn ein Input ausgelöst wird. Das bedeutet, wenn niemand den Input gibt, dann entsteht auch keine Interaktion und letztlich wird auch keine Identitätsentwicklung veranlaßt. In Wirklichkeit stellen Interaktionen jedoch äußerst komplexe 'offene Systeme' dar, die praktisch nie zum Erliegen kommen. Dabei kommt es nicht einmal darauf an, wieviele Personen an einer Interaktion beteiligt sind. Auch bei nur zwei Partnern (das brauchen nicht einmal Menschen zu sein) gilt es, eine Vielzahl von Faktoren zu berücksichtigen: Mimik, Sprache, Lautstärke, Tonfall, Körperhaltung, Tempo der Sprache, Umgebung des Interaktionsgeschehens, Tageszeit, körperliche Verfassung, Absichten und Wünsche der Partner usw. Deshalb, aber auch aufgrund einer ökosystemischen Betrachtungsweise, ziehe ich einen Begriff aus der Biochemie, jenen des 'steady state', vor, um die Situation genauer zu verbildlichen. 'Steady state' bezeichnet ein spezielles 'Fließgleichgewicht'. Unter 'steady state' versteht man einen (äußerlich) stationären Zustand, bei dem in einen Reaktionsraum dauernd Substanzen einströmen und Reaktionsprodukte herausgeschleust werden. In einem Lehrbuch für Biochemie wird 'Fließgleichgewicht' wie folgt beschrieben:

"Zum Wesen eines Fließgleichgewichts gehören Transportvorgänge an den Grenzen des Systems ... . Es leuchtet ein, daß ein Organismus diese Bedingung erfüllt – Nahrung und Sauerstoff werden aufgenommen, CO_2 und Ausscheidungsprodukte abgegeben. Der Organismus ist also ein offenes System und kann sich nur als offenes (d.h. mit der Umgebung austauschendes) System entwickeln und erhalten." (PETER KARLSON 1977[10], S. 66)

Da der Organismus ein offenes System darstellt, müssen zur Sicherung seiner Lebensfunktionen Fließgleichgewichte aufrechterhalten werden.

"In einem Fließgleichgewicht bilden sich stationäre Konzentrationen aus, die von denen des (thermodynamisch bestimmten) chemischen Gleichgewichts verschieden sind. Es finden daher dauernd Reaktionen auf das Gleichgewicht hin statt, und gerade aus diesen Reaktionen bezieht der Organismus die Energie, die für die Lebensvorgänge nötig ist." (ebd.)

Wichtig scheint mir an diesem Vergleich, daß zur Aufrechterhaltung der Lebensvorgänge *dauernd* Reaktionen stattfinden müssen. Die Reagenzien, die in offenen biologischen Systemen diese Reaktionen auslösen, sind meistens Enzyme. Die Enzyme wirken nicht nur einmal und punktuell, sondern sie wirken ständig und stehen gleichzeitig in einem fließenden Gleichgewicht mit den fortwährend neu gebildeten Reaktionsprodukten.

8.4 Voraussetzungen zur Identitätsentwicklung bei Krappmann

Was den Enzymen im Fließgleichgewicht entspricht, sind im Interaktionsgeschehen die Grundfähigkeiten in der Identitätsbildung. Damit meine ich jene Komponenten, die für den Aufbau der Identität vorhanden sein müssen und deshalb von herausragender Bedeutung sind. Konkret werden diese von LOTHAR KRAPPMANN[41] (1975) sowie ROLF OERTER (1982) angegeben. Ich halte mich an die Begriffe von KRAPPMANN:

- Rollendistanz
- Empathie bzw. 'Role taking'
- Ambiguitätstoleranz
- Identitätsdarstellung

Ich beschreibe die einzelnen Grundfähigkeiten vorerst in allgemeiner Form und werde im nächsten Abschnitt überlegen, ob deren Entwicklung durch eine Hörschädigung beeinträchtigt wird.

- Rollendistanz

Unter *Rollendistanz* versteht man die Fähigkeit, Normen (Rollenerwartungen) interpretierend wahrzunehmen, mit ihnen reflektierend so umzugehen, daß eigene Bedürfnisse in die Interaktion eingebracht werden können.

- Empathie bzw. 'Role taking'

Mit *Empathie* ist die Fähigkeit gemeint, sich gefühlsmäßig in die Rolle des anderen hineinzuversetzen. Mit 'role taking' ist eher die kognitive Fähigkeit gemeint, die Rollenerwartung des andern zu antizipieren, zu verstehen und zu übernehmen.

- Ambiguitätstoleranz

Das Wort 'Ambiguität' (lat.) bedeutet nach DUDEN (1990[5], S. 52) 'Mehr- oder Doppeldeutigkeit von Wörtern, Werten, Symbolen oder Sachverhalten'. Nach KRAPPMANN bezeichnet *Ambiguitätstoleranz* die Fähigkeit, unterschiedliche Erwartungshaltungen des Interaktionspartners und unvollständige Befriedigung eigener Bedürfnisse zu ertragen. Dem Konzept der balancierten

---

[41] KRAPPMANN stützte sich seinerseits u. a. auf ERVING GOFFMAN (1965) ab.

Ich-Identität, das den Ausgleich zwischen den Anforderungen des 'I' und des 'me' beinhaltet, ist immanent, daß beide Seiten in den Interaktionen Abstriche von den eigenen Bedürfnissen machen müssen. Gelingt es einem Individuum nicht, Ambiguitäten auszuhalten, werden Abwehrmechanismen eingesetzt, um diese zu vermindern oder ganz auszuschalten.

- Identitätsdarstellung

Identitätsdarstellung bedeutet die Fähigkeit des Individuums, sich selbst und seine eigenen Vorstellungen in Interaktionen einzubringen und vorzustellen.

8.5 Identitätsbildung bei Schwerhörigen

Im folgenden Abschnitt beschränke ich mich auf die psychisch-soziale Situation *schwerhöriger* Mädchen und Jungen. Die Situation bei Gehörlosen und Resthörigen ist noch spezieller. Für Interessierte verweise ich auf BERND AHRBECK, der diese Thematik in 'Gehörlosigkeit und Identität' (1992) eingehend beschrieben hat.

Nachdem im vorherigen Abschnitt die wesentlichen Grundvoraussetzungen zur Entwicklung einer positiven Identität dargestellt wurden, geht es nun darum zu überlegen, welche hemmenden Auswirkungen eine Hörschädigung auf diese Entwicklung haben kann. Dann möchte ich der Frage nachgehen, ob und falls ja, wie die gemeinsame Erziehung und Beschulung hörgeschädigter Jungen und Mädchen sich auf deren Identitätsentwicklung auswirkt?

- Rollendistanz

Bei hörgeschädigten Kindern ist das Erreichen der Rollendistanz erschwert, weil eine wesentliche Voraussetzung, um die Rollenerwartung anderer uneingeschränkt wahrnehmen zu können, fehlt. Auch wenn dazu neben den lautsprachlichen noch parasprachliche Mittel gehören, so läuft doch sehr viel über die gesprochene Sprache ab. Es geht dabei nicht nur um die sprachlich vermittelten Inhalte, die je nach Absicht und Bildungsstand des Sprechenden oder der Sprechenden in eine ganz bestimmte Syntax gekleidet sein können, sondern ebenso sehr um den personalen Ausdruck der Sprechstimme, die individuell unterschiedlich eingesetzten prosodischen Merkmale, wie die Sprechmelodie, die Dynamik, die Stimmhöhe, den Krafteinsatz beim Sprechen usw. Je vielfältiger die Sprechumgebung des Kindes ist, desto größer ist die Chance, daß es lernt, eine normale Rollendistanz zu entwickeln und sich adäquat zu verhalten.

- Empathie bzw. 'Role taking'

Für das 'role taking' gilt im Prinzip das, was schon für die Rollendistanz gesagt wurde. Auch hier ist eine nicht beeinträchtigte Wahrnehmung der Rollenerwartung anderer vorauszusetzen. Erst wenn dies gelingt, kann man sich in die Rolle des anderen hineinversetzen und dessen Standpunkt antizipieren. Da die meisten Interaktionen lautsprachlich erfolgen, gilt für Schwerhörige, daß sie möglichst früh in einer möglichst normalen Lautsprachumgebung – Familie, Regelkindergarten oder Regelklasse – interagieren sollten. Dem Berater bzw. der Beraterin des hörgeschädigten Kindes fällt in diesem Bereich eine wichtige Aufgabe zu, denn nicht nur die Empathie des hörgeschädigten Kindes bedarf besonderer Aufmerksamkeit sondern auch jene seiner hörenden Mitschüler.

- Ambiguitätstoleranz

Das Auftreten von Ambiguitäten ist ein normales Faktum, das in den Interaktionen behinderter sowie nicht behinderter Menschen prinzipiell unvermeidbar ist. Das gilt für schwerhörige Menschen genauso wie für hörende. Da hörende Interaktionspartner in der Regel nicht bereit sind, immer auf die besonderen Kommunikationsbedürfnisse Hörgeschädigter Rücksicht zu nehmen, bleibt hörgeschädigten Kindern nichts anderes übrig, als zu lernen, mit einem höheren Maß als hörende Kinder, solche Widersprüchlichkeiten zu ertragen. HORSCH (1990, S. 16) weist darauf hin, daß dies, wenn es die Situation erfordert, Verzicht auf aktuelle Bedürfnisbefriedigung bedeuten kann. Dies darf jedoch nicht zum generellen Verzicht auf eigene Bedürfnisse führen, weil diese Haltung zur Meidung von Interaktionen führen kann.

- Identitätsdarstellung

Identitätsdarstellung heißt für Schwerhörige wie für Normalhörende, daß sie sich dem anderen in ihrer persönlichen Einzigartigkeit darstellen können, ohne Teile ihrer Identität zu leugnen. Das kann für Schwerhörige dann schwierig werden, wenn sie die Lautsprache nur mangelhaft beherrschen. PRISKA ELMIGER stellt diesbezüglich fest:

"Auch wenn bis zum Jugendalter die Schwerhörigkeit im Kontakt zu Hörenden kein Problem darstellte, kann sich dies ab diesem Zeitpunkt ändern. Peer-groups verlangen von ihren Mitgliedern ein eigenes Sprachrepertoire, konforme Verhaltensweisen und Kleidung. Wer dem nicht entspricht, wird aus der Gruppe ausgeschlossen. Die Ansprüche der Peer-group können von Schwerhörigen aufgrund ihrer sprachlichen und verhaltensmäßigen Probleme als Folge von Informationsdefiziten oft nicht erfüllt werden." (ELMIGER 1992, S. 49)

8.6 Ein Seitenblick auf Watzlawick

Wenn Ziel der Identitätsbildung ist, daß der Mensch nicht nur in den Aufgaben der Gesellschaft aufgehen soll (durch das 'me' oder die 'soziale Identität'), sondern sich als eigenständige Person von dieser auch ganz bewußt absetzen darf (durch das 'I' oder die 'personale Identität'), so bedingt dies allerdings, daß er sowohl sich als auch seine Mitwelt mehr oder weniger bewußt wahrnehmen kann und aus dieser Wahrnehmung sich ein Bild von dieser Welt machen kann. Die Konstruktivisten sprechen davon, daß sich der Mensch ein Bild von der Wirklichkeit bzw. von der jeweils individuell verschiedenen Wirklichkeit konstruiert. Dieser Ansatz macht bewußt, daß ich als Mensch ein Konstrukteur und Gestalter bin. Damit die eigene Wirklichkeit bewußt gestaltet, konstruiert werden kann, ist die Entwicklung der 'Ich-Komponenten', des 'I' so wichtig. Das 'I' befähigt das Individuum zur Kommunikation und zum Dialog. Wenn man bedenkt, daß nach PAUL WATZLAWICK (1988[3] S. 9) *"die sogenannte Wirklichkeit das Ergebnis von Kommunikation ist"*, wird erst klar, welch große Bedeutung der Kommunikation für die Identitätsentwicklung zukommt.

8.7 Auswirkungen auf die Identitätsbildung durch die integrative Beschulung

Ich postuliere: Die gemeinsame Beschulung hörgeschädigter und normalhörender Jungen und Mädchen hat einen Einfluß auf die Entwicklung ihrer Identität. Der Einfluß beschränkt sich nicht nur auf die Identität der hörgeschädigten, sondern auch auf jene der normalhörenden Kinder. Ich bin weiter der Meinung, daß der Einfluß der gemeinsamen Beschulung für die Entwicklung der Identität überwiegend ein förderlicher und nicht ein hinderlicher ist.

Kinder und Jugendliche, die nicht in ihrer Familie aufwachsen können und dazu noch in Schule und Familie mit unterschiedlichen Kommunikationssystemen konfrontiert sind, haben erschwerte Bedingungen zur Entwicklung einer stabilen Identität. Zudem besteht durch die getrennte Schul- und Familiensituation für hörgeschädigte Kinder die Tendenz einer örtlichen und zeitlichen Verinselung ihrer dringend benötigten sozialen Bezugspersonen, die als Identifikationspersonen nicht ausreichend zur Verfügung stehen. In der Folge können mit ihnen nicht genügend Erfahrungen gemacht werden, die für die Entwicklung ihrer Identität jedoch wichtig sind. Es besteht die Gefahr, daß solche Kinder in ihrem Leben anonym und heimatlos bleiben. AHRBECK drückt das so aus:

> "Es wird leicht zu verschiedenen Teilidentifikationen und Partialerfahrungen kommen, die eine Synthese nur schwer zulassen.
> Ein Gefühl von Gleichheit und Kontinuität, wie es für eine Identitätsbildung notwendig ist, wird unter diesen Bedingungen nur schwer zu erreichen sein. Umgekehrt gilt: Erfahrungen werden sich insgesamt besser miteinander synthetisieren lassen, wenn die einzelnen Lebenszusammenhänge nicht zu sehr miteinander in Widerspruch stehen und sich nicht zu schnell wandeln, so daß ein inneres Gefühl von Sinnhaftigkeit und Beständigkeit, bei allem notwendigen Wandel, entwickelt werden kann." (AHRBECK 1992, S. 20)

Wenn man davon ausgeht, daß auch hörgeschädigte Kinder und Jugendliche primär auf die sie umgebende 'Welt' der Hörenden ausgerichtet sind und auch ihre 'Peer-group' eine Gruppe normalhörender Kinder ist, dann kann gesagt werden, daß durch die gemeinsame Erziehung und Beschulung mit Normalhörenden den oben angeführten Gefahren vorgebeugt wird. Mit der Integration wird dem Normalitätsprinzip entsprochen. Das heißt, daß dem hörgeschädigten Kind weitgehend dieselbe ausgewogene Basis zur Identitätsentfaltung zur Verfügung steht wie seinen hörenden Geschwistern oder KlassenkameradInnen.

Verallgemeinert werden darf diese Aussage jedoch nicht, denn die Gruppe der Hörgeschädigten stellt ein genauso heterogenes Gebilde dar wie die Gruppe der Hörenden. Deshalb läßt sich nur sagen, daß, je nachdem, welche Behinderung durch die Hörschädigung beim einzelnen Kind verursacht wird, die Identitätsfindung erschwert ist. Es besteht die Gefahr, daß Hörgeschädigte sich zu sehr an den Guthörenden orientieren und ihre Schwerhörigkeit, die Teil ihrer Persönlichkeit ist, zu ignorieren versuchen. Deshalb muß die Hörbehinderung als Teil der eigenen Persönlichkeit begriffen und in das Selbstbild eingefügt werden.

Daß die Identitätsentwicklung auch bei normalhörenden Kindern beeinträchtigt sein kann, bestreitet kaum jemand. Weil bei einzelnen hörgeschädigten Kindern eine Beeinträchtigung der Identität vermutet wird, darf daraus nicht abgeleitet werden, daß alle Schwerhörigen gleichermaßen Probleme bei der Identitätsbildung hätten. Eine solche Argumentation ließe nicht nur völlig außer acht, daß die individuellen Ökosysteme große Unterschiede aufweisen, sondern auch, daß durch unser heutiges Gesellschaftssystem bei vielen Menschen eine diffuse Unzufriedenheit und ein instabiles Selbstwerterleben auftreten. Bezüglich der daraus resultierenden Identitätsstörungen schreibt DIETER WYSS:

> "Das pathologische Moment der mangelnden Identität, von ERIKSON als 'Identitätsdiffusion' bezeichnet, ist in der heutigen Zeit zunehmender Auflösung alter Identifikationsmöglichkeiten außerordentlich verbreitet." (WYSS 1972, S. 423)

Dennoch wird gelegentlich der Vorwurf geäußert, die schulische Leistung und die schulische Integration Hörgeschädigter sei nur möglich, wenn dafür bei der Entwicklung der Identität Abstriche in Kauf genommen würden. Oder anders ausgedrückt: Schwerhörige Kinder mögen schulisch vielleicht integriert sein, aber sozial bleiben sie draußen und sind somit nicht wirklich in die Klassengemeinschaft integriert. Aus solchen, keinesfalls belegten Behauptungen, wird gefolgert, ihre Identität sei mangelhaft ausgebildet.

Was läge da näher, als die Qualität der Identität bei integrativ beschulten hörgeschädigten Jungen und Mädchen zu untersuchen? Hilfreich wäre das, doch dies stellt ein schwieriges Unterfangen dar. Grundsätzliche methodologische Überlegungen sprechen gegen eine empirische Untersuchung der Identitätsproblematik. KRAPPMANN (1975, S. 21) verweist auf verschiedene Schwierigkeiten und ungelöste methodische Probleme, die auftreten, wenn Identität empirisch erfaßt werden soll (vgl. MARCIA 1980). Die Identität erwies sich bisher allerdings als zu komplex, und die entsprechenden Resultate waren unbefriedigend. Die Ergebnisse können bestenfalls einzelne Aspekte der Identität widerspiegeln. AHRBECK weist ebenfalls auf die großen Schwierigkeiten hin, die sich beim Versuch ergeben, Identität operationalisieren und empirisch erfassen zu wollen:

"Der Begriff der Identität ist, bei MEADs Theorie des Selbst ebenso wie bei ERIKSON, auf einer hohen Abstraktionsebene angesiedelt. Je nachdem, ob es wie bei MEAD gelingen soll, die persönliche und soziale Seite der Identität in den jeweiligen Interaktionsprozessen miteinander auszubalancieren, oder ob es wie bei ERIKSON darum geht, die bisherigen Lebenserfahrungen zu dem Gefühl der Einheit und Ganzheit zu integrieren, immer handelt es sich um ein höchst komplexes Geschehen, das von einer Vielfalt von Einflußgrößen bestimmt wird."
(AHRBECK 1992, S. 30 f.)

Da sich die Qualität der Identität methodisch schon bei Nichtbehinderten empirisch schlecht untersuchen und schlüssig interpretieren läßt, erweist sich dieses Unterfangen bei Hörgeschädigten erst recht als problematisch. Vielleicht war es dieses Unvermögen, den multifaktoriellen Charakter unseres Selbst empirisch in den Griff zu bekommen, das selbst in der Hörgeschädigtenpädagogik – lange bevor von 'Identität' die Rede war – dafür verantwortlich war, daß versucht wurde, wenigstens Teilaspekte zu erfassen, zu analysieren und zu interpretieren. Einer dieser facettenhaften Ausschnitte stellt die psycho-soziale Situation hörgeschädigter Kinder in ihrem integrativen Alltag dar. Anders ist kaum zu erklären, weshalb seit eben jener Zeit, als man mit der Integration hörgeschädigter Jungen und Mädchen anfing, Fachleute sich um schlüssige Aussagen bezüglich des psychischen Wohlbefindens bzw. Unwohlbefindens dieser Kinder bemühen.

8.8 Untersuchungsergebnisse zur sozialen Situation hörgeschädigter Kinder in Regelklassen

Wenn aus Hypothese 3 (geschlechtsspezifische Unterschiede) hervorgeht, daß hörgeschädigte Mädchen und Jungen im schulischen Alltag unterschiedlichen Bedingungen ausgesetzt sind, könnte man auch vermuten, daß gerade hörgeschädigte Mädchen im sozialen Bereich unbefriedigend integriert sind und in der Folge eine schwache Identität entwickeln. PRISKA ELMIGER ist dieser Frage in ihrer Forschungsarbeit, in der sie die Jugendlichen selbst befragte, nachgegangen, hat aber keine Unterschiede im Selbstwertgefühl zwischen Jungen und Mädchen finden können. Weiter konnte sie auch keine Differenzen im Maß des Integriertseins zwischen hörgeschädigten und normalhörenden Schülern nachweisen. Sie formuliert ihre Ergebnisse folgendermaßen:

"Schwerhörige Schüler in Regelklassen unterscheiden sich bezüglich der sozialen Situation nicht von ihren normalhörenden Mitschülern. Auch bei der Selbsteinschätzung des sozialen und emotionalen Integriertseins zeigen sich keine Differenzen. Die Selbsteinschätzung der sozialen Situation in der Klasse ist realistisch."
(ELMIGER 1992, S. 124)

Ausgangspunkt für ELMIGER waren Fragen wie folgende:

- Werden hörgeschädigte Kinder als integriert erlebt? (Fremdeinschätzung)
- Wie gut fühlen sich hörgeschädigte Kinder selbst integriert? (Selbsteinschätzung)
- Welche Faktoren beeinflussen die soziale Integration?

ELMIGER fand eine weitgehende Kongruenz zwischen Fremdeinschätzung und Selbsteinschätzung integrativ beschulter hörgeschädigter Kinder. Hingegen stieß sie auf eine große Diskrepanz zwischen dem, was hörgeschädigte Jungen und Mädchen, bzw. deren Eltern an Integrationsvorleistung erbringen müssen und dem, was die Schule als Integrationsumgebung beizutragen bereit ist. Ihre Folgerung ist daher, daß die Integrationsfähigkeit der Schule verbessert werden muß (vgl. auch MUTH 1986, S. 112).

Mit akribischer Genauigkeit recherchierte ELMIGER (1992) rund 70 Untersuchungen zur sozialen Integration von hörgeschädigten Kindern in Regelschulen und in Sonderschulen. Sie stellte fest, daß die psycho-soziale Situation integrativ beschulter hörgeschädigter Kinder mit den verschiedensten methodischen Ansätzen untersucht wurden. Das dabei zur Anwendung gekommene Repertoire an Untersuchungsinstrumenten reicht von der Soziometrie, über Beobachtungen, Tests, mündliche und schriftliche Befragungen bis hin zu halboffenen Interviews. Zudem analysierte sie eine Vielzahl von Erfahrungsberichten, wobei sie sowohl Schilderungen einzelner Schüler und Schülerinnen, aber auch Berichte einzelner Schulen und Erhebungen aus verschiedenen

Ländern berücksichtigte. Sie hält zusammenfassend fest, daß die Erfahrungen mit der Integration Hörgeschädigter im internationalen Überblick recht einheitlich und größtenteils positiv sind. Sie schreibt:

> "Erfreulich viele Länder setzen sich für die Integration ein. Die soziale Situation der Hörgeschädigten wird als befriedigend bis gut beschrieben. Eine Ausnahme stellt Deutschland[42] dar. Die Deutschen tun sich mit der Integration von Hörgeschädigten eher schwer. Erst einige wenige Bundesländer haben befriedigende integrative Schulmodelle entwickelt." (ELMIGER 1992, S. 80)

Trotz der gesamthaft gesehen positiven Einschätzung der psycho-sozialen Situation der integrativ beschulten hörgeschädigten Kinder darf nicht übersehen werden, daß in einzelnen Bereichen auch Erschwernisse vorhanden sind. Wie aus den Kapiteln 5 und 7 hervorgeht, werden hörgeschädigte Schüler und Schülerinnen leistungsmäßig unterschätzt. Dieser Sachverhalt kann dazu führen, daß die Integration als eine Schulleistungsangleichung mißverstanden wird. Das kann bewirken, daß in hörgeschädigten Schülerinnen und Schülern das Gefühl wächst, tatsächlich weniger zu können. Dieser Gefahr kann, wie aus ELMIGERs Untersuchung hervorgeht, nicht einfach durch möglichst viel Stützunterricht vorgebeugt werden: *"Die zur Verbesserung der Leistungsfähigkeit organisierten Stützmaßnahmen scheinen dieses Gefühl noch zu verstärken, indem sie auch nach außen manifestieren, daß der schwerhörige Schüler weniger kann und darum Unterstützung braucht."* (ELMIGER 1992, S. 125; vgl. auch TVINGSTEDT 1986, S. 116; 1989, S. 61)

Aus ELMIGERs Untersuchung geht leider nicht hervor, wie groß der zeitliche Umfang der Stützmaßnahmen bei den hörgeschädigten Schülern ihrer Stichprobe effektiv war. Aufgrund eigener Untersuchungen (vgl. Abschnitt 7.7 sowie RENÉ MÜLLER 1991) über den Umfang an Stützmaßnahmen konnte ich nachweisen, daß das Ausmaß der Unterstützung nicht größer als bei normalhörenden Schülern und Schülerinnen ist. Deshalb glaube ich, daß der Stütz- oder Logopädieunterricht in Wirklichkeit für die Mehrheit der integrativ beschulten hörgeschädigten Kinder kein Problem darstellt.

Im Zusammenhang mit dem Stützunterricht möchte ich noch einen anderen Aspekt aufzeigen. Ich erlebe immer wieder Schülerinnen und Schüler, die im Einzelunterricht eine Chance, ein Ventil sehen. JÜRG JEGGE beschreibt die Situation der Therapiestunde, wie er sie bei sogenannt verhaltensgestörten Kindern erlebt, folgendermaßen:

> "Und da ist auch noch die 'Therapiestunde', von der das Kind erfahren hat: Hier darf ich klein, hilflos, schutzlos sein, ohne daß für mich ein 'Verlust' daraus ent

---

[42] Vielleicht ist die Tatsache, daß die Deutschen der Integration Hörgeschädigter offensichtlich zurückhaltend gegenüberstehen ein Grund, weshalb hier extrem wenige Untersuchungen über die schulische Leistungsfähigkeit integrativ beschulter hörgeschädigter Jungen und Mädchen vorliegen (vgl. 5.2.7).

steht. Auch das ist neu. Bisher hatte es immer Schläge einstecken müssen, wenn es an die Wand gedrängt war. Aber hier, das weiß es, hier kann ihm nichts passieren. Hier kann es im Extremfall weinen, ohne ausgelacht, schreien, ohne zur Ruhe gemahnt, beschimpfen, ohne selbst beschimpft zu werden. Hier kann es über alles sprechen, was ihm irgendwie zum Problem geworden ist. Es kann sich der 'Außenwelt' viel leichter stellen, wenn es daneben diese Möglichkeit hat."
(JÜRG JEGGE 1983, S. 174)

Ein weiterer Faktor, der der Aufmerksamkeit bedarf, ist die feststellbare Tatsache, daß während der Pubertät die Belastung bei integrativ beschulten hörgeschädigten Kindern subjektiv zunimmt (vgl. Abschnitt 6.6.3 ff.). ELMIGER kommt in ihrer Untersuchung zu folgendem Resultat:

"Eindeutig sind die Hinweise dafür, daß die soziale Integration altersabhängig ist. In unteren Klassen verläuft die Integration oft unproblematisch und wird im Jugendalter, also in oberen Klassen, zunehmend schwieriger."
(ELMIGER 1992, S. 72)

Auch wenn es sicher zutrifft, daß es naturgemäß zu jeder Entwicklung dazugehört, große Belastungen während der Adoleszenz auszuhalten, scheint es doch so, daß dieses Alter für Hörgeschädigte (nicht nur in Regelschulen) eine speziell schwierige Phase darstellt. Es ist der Lebensabschnitt einer intensiven Suche nach Lebenssinn und eigener Stellung innerhalb dieser Welt. Dazu gehört auch das Finden seines Platzes – ist er nun ganz in der Welt der Hörenden oder vielleicht ein wenig zusammen mit anderen Schwerhörigen? In dieser Zeit sind Gespräche und der Austausch von Ideen und Träumen wichtig. Aber Diskussionen werden gerade in dieser Lebensphase in großer Schnelligkeit geführt. Daher kann es für hörgeschädigte Jugendliche schwierig sein, sich an solchen Unterhaltungen zu beteiligen. Deshalb ist es nicht erstaunlich, wenn aus den schwedischen Untersuchungen von TVINGSTEDT (1986, 1989) hervorgeht, daß der Sozialstatus *jugendlicher* Schwerhöriger niedriger ist als jener von Kindern in den ersten Schuljahren und unter einzelnen integrierten Jugendlichen die Tendenz ersichtlich ist, daß sie mit zunehmendem Alter weniger Freundinnen und Freunde unter den Normalhörenden haben.

8.9 Schlußfolgerungen

Das Gefühl der eigenen Unzulänglichkeit kann mangelndes Selbstvertrauen zur Folge haben und die Unsicherheit, ob man allen Erwartungen gerecht wird, kann ein potentielles Problem für hörgeschädigte Jugendliche sein. Deshalb ist es notwendig, daß die Jugendlichen ein gutes Selbstwertgefühl entwickeln. Wie man dabei behilflich sein kann, beschreibt WENDY LYNAS:

> "Es wird manchmal notwendig sein, dem Kind eine besondere Beratung zu geben – besonders in der Pubertät. Wenn es das einzige hörgeschädigte Kind in der Regelschule ist, ist es hilfreich, ihm Gelegenheit zu geben, andere hörgeschädigte Kinder und Jugendliche zu treffen. Auf diese Weise werden solche Kinder erkennen, daß sie nicht die einzigen hörgeschädigten Personen auf der Welt sind." (LYNAS 1992, S. 79)

Letztlich ist das Ziel jeglicher Hilfestellungen, *"die Schwerhörigen dazu zu befähigen, sich selber helfen zu können. Sie sollen lernen, soziale Situationen so zu gestalten, daß ihnen dabei eine möglichst große Chance zur Teilhabe eröffnet wird."* (RENÉ MÜLLER 1989, S. 39) Die Wege zu solch großer Autonomie sind bisher allerdings noch kaum beschrieben. ELMIGER stellt fest:

> "Selten werden dem Leser konkrete Hinweise dafür gegeben, wie die Ideale (die Sozialkompetenzen; Anmerkung des Autors) erreichbar wären. Die praktische Umsetzung wird dem Wissen, der Kreativität und der Phantasie der Praktiker überlassen." (ELMIGER 1992, S. 57)

Einen gangbaren Weg sehe ich etwa in Rollenspielen. Es ist ein allgemeines pädagogisches Prinzip, Rollenspiele zur Förderung des Einfühlungsvermögens (des 'role taking' und der 'Empathie') im Unterricht einzusetzen. Daß daraus ganze Theaterstücke werden können, beschreibt FRANK (1986, S. 117). Weiter ist in den USA ein interessantes und umfangreiches Buch von SCHLOSS & SMITH (1990) erhältlich, das eine ganze Sammlung von methodischen Zugängen für die Erweiterung sozialer Charaktereigenschaften bei Kindern und Jugendlichen enthält.

Ich möchte noch auf ein Argument eingehen, das gelegentlich angeführt wird, um die Sonderschule zu favorisieren. Ich zitiere dafür noch einmal LYNAS:

> "Die Ergebnisse vergangener Forschungsarbeiten zeigen, daß Sonderschulen während der Schulzeit auch sehr starke Selbstwertgefühle erzeugen können. Allerdings basiert diese Selbsteinschätzung auf unrealistischen Vorgaben und ist deshalb keine gute Vorbereitung für das Leben nach der Schule (EVANS and FALK 1986). Es wird nie leicht für die hörgeschädigte Person sein, in der hörenden Welt zurechtzukommen. Aber ein Vorteil der Integration ist es, dem Menschen zu helfen, mit dieser Tatsache fertigzuwerden." (LYNAS 1992, S. 80)

Abschließend eines der Schlußergebnisse von ELMIGERs Forschungsarbeit über die 'Soziale Situation von integriert beschulten Schwerhörigen in Regelschulen':

> "Die Ergebnisse deuten zudem darauf hin, daß die Hörgeschädigten eine Behinderungsgruppe sind, deren schulische Integration weniger problematisch verläuft als die von anderen Gruppen, beispielsweise den Lernbehinderten (vgl. HAEBERLIN, BLESS, MOSER, KLAGHOFER (1990); Anmerkung des Autors). Bezüglich ihrer sozialen Situation, der subjektiven Einschätzung des sozialen und emotionalen Integriertseins sowie den beeinflussenden Faktoren unterscheiden sich die Hörgeschädigten nicht wesentlich von Nichtbehinderten. Die Schwerhörigkeit scheint folglich eine Behinderung zu sein, die gesellschaftlich besser akzeptiert ist als andere Behinderungen." (ELMIGER 1992, S. 125)

9. VOM PRAGMATISMUS ZUR UTOPIE

Oder:
Der Weg vom konkret-pragmatischen Modell einer Beratungsstelle
zur konkret-utopischen Konzeption eines Förderzentrums
für hörgeschädigte Kinder und Jugendliche

In Kapitel 1 zeigte ich auf, daß der Gedanke, hörgeschädigte Kinder gemeinsam mit normalhörenden zu beschulen, nicht neu ist. Alle früheren Bestrebungen scheiterten jedoch nach einigen Jahren. Seit den fünfziger Jahren hat sich die Situation grundlegend verändert. Gesamthaft sind heute im Kanton Zürich 72% aller hörgeschädigten Kinder integriert; bei den Schwerhörigen sogar 87% (Abschnitt 1.8). Das ist ein erfreuliches Ergebnis, darf aber nicht darüber hinwegtäuschen, daß dies nicht das Verdienst unseres Schulsystems an sich ist, sondern andere Ursachen hat. Fachleute aus dem Bereich der Hörgeschädigtenpädagogik und Eltern hörgeschädigter Kinder waren die Initianten der Integrationsbewegung. Während der ersten drei Jahrzehnte der Integration bestand das Ziel vorwiegend darin, hörgeschädigte Mädchen und Jungen so zu fördern, daß sie integrationsfähig wurden. Das bedeutete eine Verbesserung der Anpassungsleistungen seitens der hörgeschädigten Kinder. Erreicht wurde dieses Ziel in drei Schritten: Erstens durch eine verbesserte Früherkennung der hörgeschädigten Kinder, zweitens durch eine raschere und bessere Hörgeräteanpassung und drittens durch eine gezielte hörgerichtete Spracherziehung bereits im Kleinkindalter. Ökosystemisch betrachtet ging es somit um die Anpassung des kindlichen Mikrosystems, damit es in die bestehenden schulischen und gesellschaftlichen Meso-, Exo- und Makrosysteme einfügbar wurde.

Durch die vielen Erfolge in der integrativen Beschulung wurde immer klarer, daß ein gemeinsamer Unterricht mehr ist als die Summe von sonderpädagogischen und regelpädagogischen Anteilen. Durch die Integration eines behinderten Kindes wird die Klasse nicht einfach um ein Kind größer, sondern es entsteht eine andere Klasse mit einer anderer Gruppendynamik. Durch den gemeinsamen Unterricht stellen sich Nebeneffekte ein, die überhaupt nicht geplant waren. Beispielsweise ist eine Verbesserung der Fähigkeiten zum Dialog- und Beziehungsaufbau nicht nur beim hörgeschädigten Kind, sondern auch bei einer großen Zahl von nicht behinderten Schülerinnen und Schülern feststellbar. Dies bedeutet mehr als nur eine 'Optimierung der gemeinsamen Beschulung' und geht weit über den schulischen Leistungsaspekt hinaus.

Verfechterinnen und Verfechter der gemeinsamen Beschulung realisierten in den letzten Jahren mehr und mehr, daß Integration nicht als ein Prozeß verstanden werden darf, der in einseitiger Weise vom behinderten Kind abhängig ist, sondern ein gesellschaftliches Anliegen darstellt, das sich erst in unserer geschichtlichen Epoche langsam entwickelt. Dies erforderte ein Umdenken, ein Verlassen der alten gesellschaftlich-pädagogischen Betrachtungsweisen und die Übernahme neuer ökosystemischer Perspektiven (vgl. MUTH 1986, S. 112).

Aus der Definition des Behinderungsbegriffes (Abschnitt 1.3.2) und der Darstellung des Ökosystems (Abschnitt 3.1.2) ging hervor, daß die Behinderung eines Kindes erst in seinem realen Leben bzw. durch die Interaktionen mit seinem konkreten und sehr komplexen Umfeld, das von der unmittelbaren Mikro- bis zur gesamtgesellschaftlichen Makroebene reicht, entsteht. Behinderung entsteht also aus ungenügender Integration in das individuelle Ökosystem. Wird diese Überlegung ernst genommen, resultieren daraus für die pädagogische Praxis neue Handlungsmöglichkeiten. Wenn schon die physische Schädigung eines behinderten Kindes nicht veränderbar ist, so ist immerhin seine Behinderung durch pädagogische Maßnahmen wesentlich beeinflußbar. Genau da setzt die Arbeit der Beratungsstelle für hörgeschädigte Kinder (vgl. Abschnitt 3.5 f.) ein. Die Gründung der Beratungsstelle stellte einen wesentlichen Fortschritt dar. Sie zielte mit ihrer Tätigkeit nicht mehr allein auf das individuelle Mikrosystem des behinderten Kindes, sondern bezog bewußt auch dessen Meso- und Exosystem, das konkrete Kind-Umfeld-System also, mit ein. Neben den Integrationsleistungen der hörgeschädigten Mädchen und Jungen rückten damit erstmals auch Anpassungsleistungen von PädagogInnen, von MitschülerInnen sowie von anderen Klassen im Schulhaus und den örtlichen Schulverwaltungen ins Blickfeld des Interesses. Gleichzeitig wurden die architektonischen Gegebenheiten der Klassenzimmer vermehrt auf ihre Qualität hinsichtlich Akustik und Ausleuchtung und damit auf ihre Tauglichkeit für das Unterrichten von hörgeschädigten Kindern überprüft. Durch das Engagement der Beratungsstelle konnten einige Rahmenbedingungen für hörgeschädigte *und* hörende Kinder in Regelklassen nachhaltig verbessert werden.

Im ersten Teil dieses Kapitels gebe ich einen Überblick über die vielfältigen Vernetzungen der Bereiche, die bei der gemeinsamen Beschulung hörgeschädigter und normal hörender Mädchen und Jungen berücksichtigt werden sollten.

Im zweiten Teil werde ich eine konkret-utopische Konzeption eines Beratungs- und Förderzentrums für hörgeschädigte Kinder und Jugendliche entwickeln. Dabei werden notwendige Veränderungen ökosystemischer Strukturen sichtbar gemacht. Erst wenn diese Anpassungen verwirklicht sind, wird es möglich sein, die Integration aller hörgeschädigten Kinder – ohne Grenzen – zu gewährleisten. Damit meine ich auch Kinder, bei denen niemand garantieren kann, daß sie einmal sprechen werden. Als ein Beispiel habe ich Anja (Abschnitt 2.3) vorgestellt, die – nach herkömmlicher Meinung – denkbar schlechte Prognosen für die Integration hatte.

9.1 Konkret-pragmatische Beratungsarbeit

Bei der Integration hörgeschädigter Mädchen und Jungen in Regelklassen sind eine Vielzahl von ökosystemischen Variablen und Rahmenbedingungen zu beachten. Zwischen diesen Systemkomponenten bestehen sensitive Abhängigkeiten. Mit 'sensitiver Abhängigkeit' ist gemeint, daß jede Veränderung irgendwelcher Systemkomponenten eine direkte oder indirekte Auswirkung auf das Mikrosystem des Kindes hat. Das Schaubild auf der nächsten Seite ist der Versuch, das Geflecht von Aspekten und Beziehungen innerhalb des Kind-Umfeld-Systems graphisch darzustellen. Die einzelnen Kreise stehen darin für Komponenten, die bei der integrativen Beschulung hörgeschädigter Kinder zu beachten sind. Je nach der individuellen Entwicklungsphase des Kindes erlangen die einzelnen Aspekte eine unterschiedliche Bedeutung. Die Größe der einzelnen Kreise soll anzeigen, wie die Arbeit nach meinem Verständnis gewichtet ist. Ich bin mir bewußt, daß ich auch in diesem komplexen Gebilde nur eine unvollständige Anzahl Parameter berücksichtigt habe. Je nach Kanton oder Bundesland, gilt es weitere Faktoren mitzubedenken; andere verlieren vielleicht an Bedeutung. Zudem ist die Darstellung zweidimensional, die dritte Dimension fehlt und die vierte erst recht. Aber wie lassen sich ökosystemische Bedingungen, zwischenmenschliche Beziehungen und zeitliche Abhängigkeiten von einander graphisch darstellen? Wichtig ist für mich, daß Interdisziplinarität und Multikausalität wenigstens ansatzweise zum Ausdruck kommen.

ich höre ... nicht alles!

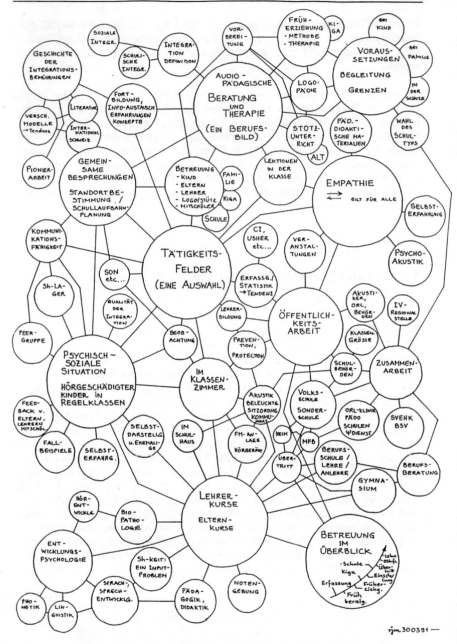

Abb. 9.1-1: Aspekte der Förderung hörgeschädigter Kinder in der Regelschule

Von vielen Punkten aus kann ins Kind-Umfeld-System eingegriffen werden, um dieses zu beeinflussen. Wie mich die Erfahrung der vergangenen Jahre jedoch gelehrt hat, darf ein Eingreifen keinesfalls von einem zufälligen Punkt aus geschehen. Es muß stets zielgerichtet und koordiniert erfolgen. Ich bin davon überzeugt, daß unter anderem dank der gezielten Einflußnahme durch Mitarbeiter und Mitarbeiterinnen der Abteilung Pädoaudiologie des Kinderspitals und Beratungsstelle die integrative Beschulungsform jene guten Resultate ermöglichte, die meine Untersuchung ans Tageslicht brachte; nämlich daß

- die integrativ beschulten hörgeschädigten Mädchen und Jungen im Vergleich zu normal hörenden Kindern und Jugendlichen eine durchschnittliche bis gute schulische Leistung erbringen,

- die Alltagsbelastung hörgeschädigter Kinder und deren Bezugspersonen nicht größer als bei normalhörenden Kindern empfunden wird und

- die psycho-soziale Situation integrativ beschulter hörgeschädigter Kinder sich nicht unterscheidet von jener normalhörender Kinder und Jugendlicher.

Mitzuberücksichtigen ist aber auch, daß sich die Regelschulen seit einigen Jahren in ihrem Unterrichtsgeschehen zu verändern beginnen. Diese angelaufene innere Umstrukturierung bei methodischen Fragen (z. B. Wochenplanarbeit, offener Unterricht, Werkstattunterricht) erlaubt zunehmend eine gezielte Förderung der hörgeschädigten Schüler und Schülerinnen im sozialen Verband ihrer Regelklasse am Wohnort (vgl. auch RAIDT 1992[2], S. 200). Von den Unterrichtsbedingungen in den Regelschulen hängt es weitgehend ab, ob die gemeinsame Beschulung im individuellen Fall pädagogisch sinnvoll ist und ob für das hörgeschädigte Kind das Recht auf gemeinsames Leben und Lernen verwirklicht werden kann. In welcher Art die Unterrichtssituation in der Regelschule durch die Beratungsstelle beeinflußt und unterstützt werden kann, wurde teilweise bereits in den vorhergehenden Kapiteln ersichtlich.

Im folgenden beschränke ich mich auf jene Aspekte der Arbeit der Beratungsstelle, die mich am wesentlichsten dünken, nämlich die 'pädagogische Beratung', die 'gemeinsamen Besprechungen' und die 'Arbeit mit Lehrerinnen, Lehrern und Eltern'.

9.1.1 Pädagogisch-psychologische Beraterinnen und Berater

Eine wesentliche Aufgabe der Beratungsstelle besteht in der Beeinflussung des Kind-Umfeld-Systems. Die zentrale Frage ist, wie dies zu bewerkstelligen ist? Die Erfahrungen weisen darauf hin, daß den Anstrengungen im Bereich der Erwachsenenarbeit am meisten Erfolg beschieden ist. Auch wenn der Sensibilisierung der Klassengemeinschaft für die spezielle Wahrnehmungssituation des hörgeschädigten Kindes eine große Bedeutung zukommt, so liegt doch die größere Chance in der pädagogisch-psychologischen Beratung von Lehrerinnen, Lehrern, Eltern, Fachleuten und Behördenmitgliedern. Im Modell, das in der Region Zürich verwirklicht ist, übernimmt der pädagogische Berater (eine Beraterin wäre für viele Gespräche jedoch äußerst dringend!) diese Aufgabe. Der Berater sollte ein erfahrener Pädagoge oder eine erfahrene Pädagogin aus dem Hörgeschädigtenbildungswesen sein oder mindestens über einen großen Erfahrungsschatz in der Erziehung und Unterrichtung hörgeschädigter Kinder in Regelklassen verfügen. Er oder sie berät Eltern, Lehrerinnen und Lehrer in pädagogischen und psychologischen Fragen unter Berücksichtigung hörgeschädigtenspezifischer Aspekte und ist Begleiter und Anlaufstelle der schwerhörigen Kinder über viele Jahre hinweg. Das sind jedoch nicht alle seiner Aufgaben. MAX GLOOR, ein Kollege von mir, der neben einer Anstellung an der Schwerhörigenschule Landenhof einige hörgeschädigte Mädchen und Jungen in Regelklassen begleitet, beschrieb das Berufsbild des Beraters für hörgeschädigte Kinder anläßlich einer Tagung für Integrationspädagogik auf humoristische Weise:

> "Den eigentlichen Einstieg in die 'Materie' bewirkte meine ehemalige Schülerin Nicole, die in der 3. Sekundarklasse sehr unglücklich war und unbedingt an ihrem Wohnort die öffentliche Sekundarschule besuchen wollte. Nach einem Versuch wurde sie definitiv in die Klasse aufgenommen. Seither bin ich, ihr ehemaliger Lehrer, ihr aktueller Betreuer. Ich glaube, daß die Sonderschule die Aufgabe der Reintegration übernehmen soll; daß sie dadurch glaubhaft bleibt, und das kann ihre Chance sein.
>
> Ich habe mir überlegt, was denn die Anforderungen sind, die die Arbeit des pädagogischen Beraters und des Ambulanz- oder Wanderlehrers, die Betreuerarbeit also, charakterisieren.
>
> Daß damit nicht einfach der Besitz von Wanderschuhen und eines Rucksacks mit Lehrerpatent, beziehungsweise der Besitz von Auto und Führerschein gemeint ist, war mir allerdings schon lange klar. Es ist uns ein Anliegen, den 'Wanderlehrer' an dieser Stelle zu 'begraben', umsomehr als ich auch heute vor der Türe keinerlei Wanderausrüstungen vorgefunden habe. Ja, was soll er denn können, dieser Wandermann?

Er ist ein spezieller Lehrer, ein Hörgeschädigtenpädagoge mit einigen Zusatzfähigkeiten aus einer großen Zahl von Berufen. Zuerst aber eben ein

- *Lehrer,* der aber nicht nur den Stoff der jeweiligen Stufe beherrscht, sondern ganz einfach das ganze Spektrum der Klassen abzudecken im Stande ist. Daneben verfügt er selbstverständlich über Kenntnisse der Schulsysteme verschiedener Kantone.
- *Und sonst?* Neben diesem Basisberuf muß er in seinem Alltag noch eine Vielzahl von weiteren Fähigkeiten unter Beweis stellen; Fähigkeiten, die oftmals gar nicht viel mit dem Lehrerberuf zu tun haben. So muß er von den folgenden Berufen eigentlich immer ein wenig beherrschen, das dann aber auch sehr gut, und dieses Wenige ist sehr oft gerade auch das Schwierigste:
- *Psychologe,* vorzugsweise mit großer schulpsychologischer Erfahrung.
- *Seelsorger,* der konfessionsunabhängig, jedoch in jeder Konfession gut belesen oder 'bewandert' ist.
- *Berater* der guthörenden Mitschüler, der Schulkommission, der gut und schlechter hörenden Lehrer etc.
- *Schallisolationsspezialist,* der von Materialkunde etwas versteht und bei Renovationen der Schulzimmer oder Schulneubauten beraten kann. Also auch ein
- *Raumakustiker,* der Schulzimmer in Bezug auf Lärm beurteilen kann; aber auch ein
- *Beleuchtungsfachmann,* der mit sicherem Gespür beurteilen kann, ob ein Schulzimmer gut ausgeleuchtet ist und als
- *Diplomat* mit Fingerspitzengefühl seine Forderungen durchzusetzen versteht.
- *Logopäde,* der mit anderen Logopädinnen und Logopäden Förderungsprogramme ausarbeiten kann, die behinderungsspezifisch ausgerichtet sind.
- *Hörerzieher,* der nebenbei auch Hörgeräte, FM-Anlagen und Mikrophone bedienen oder noch besser reparieren kann.
- *Detektiv,* der überall, wo er hinwandert, verschollene hörgeschädigte Kinder auffindet, die unfreiwillig integrativ beschult werden.

Dazu ein Beispiel, wie es vor zwei Wochen wirklich geschah, weder im Napfgebiet, noch in Le Prese, auch nicht in Flawil, sondern in Aarau, wo der Ohrenarzt einen 5. Kläßler mit einem Hörsturz zum Akustiker schickte, welcher ihm dann ein Hörgerät verpaßte und ihm noch sagte, wo er Batterien kaufen solle und welche Marke.
Was geschah dann? Der Klassenlehrer dieses Schülers berichtete mir am Telefon von einem Schüler, der ständig an seinem Apparat herumschraube hinter seinen Ohren, der leistungsmäßig sehr gefährdet sei und auch so komisch reagiere. Inzwischen ist die Betreuung organisiert und ein Übertritt in die Schwerhörigenschule im Gespräch. Glauben Sie auch, daß dies kein Einzelfall ist? Also, Detektiv soll er sein und darüber hinaus Philanthrop." (GLOOR 1989, S. 7 f.)

Was aus GLOORs Beschreibung hervorgeht, ist die Tatsache, daß hier ein neuer Beruf entstanden ist. Von der Beraterin bzw. dem Berater sind Kompetenzen gefragt, die *weit* über das herkömmliche Berufsbild der Lehrerin bzw. des Lehrers hinausgehen. Das beschriebene Tätigkeitsfeld prägt das berufliche Selbstverständnis der pädagogischen Berater und Beraterinnen, erfordert aber auch entsprechende Beratungs- und Gesprächsführungskompetenzen. Teamarbeit und praxisbegleitende Supervision, z. B. nach WOLFGANG MUTZECK (1989), zur Reflexion der eigenen Rollenproblematik sind unverzichtbar. Andererseits sind die Berater auch gefordert, die Grenzen ihrer Kompetenzen zu sehen: Familientherapie oder Eheberatung gehören nicht zu ihrem Aufgabenbereich. Dafür wird eine interdisziplinäre Zusammenarbeit zur täglichen Notwendigkeit. Dies bedeutet aber auch, daß Berater – ganz im Gegensatz zur traditionellen Rolle von Lehrerinnen und Lehrern – nicht für sich abgeschottet im Klassenzimmer wirken können, sondern völlig extrovertiert handeln müssen und auch im konstanten Kritikfeld der Öffentlichkeit stehen.

In den unten dargestellten Aufgabenfeldern geht es darum, jene Bereiche miteinander in Beziehung zu setzen, in denen hörgeschädigtenpädagogische und -psychologische Beratung in besonders ausgeprägter Form wirksam werden.

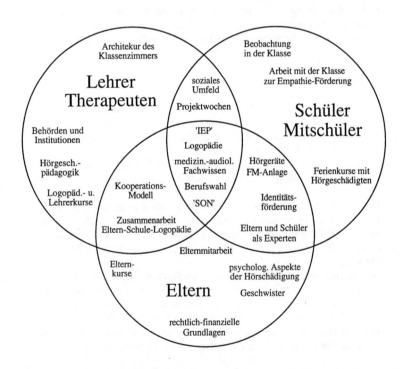

Abb. 9.1.1-1: Aufgabenfelder der pädagogisch-psychologischen Beratung

Da Beratung stets Teil eines interdisziplinären Gesamtkonzeptes ist, bestehen auch vielfältige Beziehungen zu medizinischen, pädagogischen, logopädischen und psychologischen Fachstellen, Institutionen oder Behörden.

9.1.2 Die 'pädagogisch-psychologische Beratung'

Das zentrale Anliegen bleibt jedoch die direkte Beratungstätigkeit. Beratung, wie ich sie im Rahmen der pädagogisch-psychologischen Tätigkeit verstehe, geht in ihrer Bedeutung über das alltagssprachliche Beraten eines Freundes oder Nachbarn, einer Freundin oder Nachbarin hinaus. Beratung bedeutet auch, den involvierten Bezugspersonen Wege aufzuzeigen, die zum Erkennen der eigenen Situation führen und sie befähigen, selbst Entscheidungen zu finden und zu treffen. Andererseits ist die von mir gemeinte Beratung auch eingeschränkter als jene zwischen Freunden und Nachbarn, denn sie bezieht sich schwerpunktmäßig auf pädagogische Themen. Wenn ich im folgenden von pädagogischer Beratung spreche, meine ich diejenigen Bereiche, die sich zuerst auf die Schülerinnen und Schüler und dann auf ihre pädagogischen Bezugspersonen beziehen. Dabei lassen sich im wesentlichen drei Stränge erkennen. Ich übernehme hier die in der Fachliteratur üblichen englischen Begriffe:

- 'educational counseling' (Schullaufbahnberatung)
- 'vocational counseling' (Berufswahlberatung)
- 'personal counseling' (persönliche Beratung)

Wenn ich an die vergangenen sieben Jahre Tätigkeit als Berater für hörgeschädigte Kinder zurückdenke, dann fällt mir auf, daß sich diese drei Beratungsbereiche als ein komplexes Interaktionsgeschehen wie rote Fäden durch jedes Kind-Umfeld-System gezogen haben. Sie waren es, die wie in einem großen Kreislauf eins ums andere in Bewegung setzten. Die wichtigste der drei Formen war dabei mit Abstand die 'persönliche Beratung'. Situationen, bei der diese Form der Beratung angezeigt ist, beschreibt LOTHAR MARTIN wie folgt:

"Es handelt sich um all jene Probleme vor allem der Lernenden, möglicherweise auch der Lehrenden, die nicht unmittelbar aus den Bedingungen der Schullaufbahn oder Ausbildungs- und Berufswahl erwachsen sind. Es sind vor allem die Schwierigkeiten, die sich aus persönlichen Behinderungen, Störungen des Verhaltens und Erlebens oder aus sozialen Konflikten ergeben. Neben den Körper- und Sinnesbehinderungen (Sehbehinderung, Blindheit, Gehörschwäche, Gehörlosigkeit usw.) und der Lernbehinderung gehören hierzu vor allem die Störungen der Lernmotivation, des Lern- und Leistungsverhaltens (einschließlich Legasthenie,

Diskalkulie, Konzentrationsschwäche u. a.), Auffälligkeiten des Verhaltens und Erlebens (Tics, Schulangst, Prüfungsangst, Gehemmtheit) und die Probleme, die sich in den sozialen Beziehungen der Schulklasse, Lerngruppe oder der Schule überhaupt ergeben: Streit, Aggressivität, Kontaktschwierigkeiten usw." (MARTIN 1980, S. 78 f.)

Die Beschreibung dieses Problemkatalogs zeigt ein grundsätzliches Problem auf, nämlich, daß Beratung noch häufig als Symptombehandlung und nicht als Wurzeltherapie oder Ursachenbehandlung verstanden wird und deshalb zu spät einsetzt. Die hier beschriebenen Probleme weisen auf krisenmäßige Beratung hin. Viele Probleme entstehen aber gerade deshalb, weil keine rechtzeitige Beratung stattgefunden hat. Ohne Beratung zur rechten Zeit geschieht das, was für das Kind wichtig ist, nicht. Zum Beispiel wird eine angezeigte Therapie zur Förderung der Wahrnehmung (vgl. FÉLICIE AFFOLTER 1987) nicht eingeleitet. Beratung, wie ich sie verstehe, muß darauf abzielen, daß die Schülerin oder der Schüler gerade nicht zum Problemfall wird. Dies bedeutet, daß Beratung regelmäßig stattfindet und als Prozeß verstanden wird. So ist es einfacher, Lernschwierigkeiten frühzeitig zu erkennen und einer schulischen Über- bzw. Unterforderung des Kindes wirkungsvoll entgegenzuwirken. Es kann eine Schullaufbahnberatung und -planung durchgeführt werden, die den Begabungen und der Intelligenz des behinderten Jugendlichen gerecht wird. In Zürich geschieht dies vorwiegend anläßlich der sogenannten 'gemeinsamen Besprechung', die ich unter 9.1.3 beschreiben werde.

Für die Akzeptanz des Beraters ist es von entscheidender Bedeutung, welche Beratungskultur gepflegt wird. Aus meiner Sicht sollte nur eine Beratung zum Einsatz kommen, die die gesamte Lern- und Lebenssituation eines Kindes analysiert. Dabei geht es hauptsächlich darum, die Qualität der jeweiligen ökosystemischen Wechselbeziehungen zwischen Komponenten verschiedener Bereiche oder Personen – insbesondere innerhalb der Familie – aufzufinden und diese in einer für das Kind günstigen Richtung zu forcieren. In Kombination mit dem ökosystemischen Paradigma spreche ich von einem 'ökosystemisch-transaktionalen' Beratungskonzept. Man kann drei verschiedene Typen oder Prinzipien von Beratung unterscheiden:

- 'nonflexible Beratung'
- 'transitive Beratung'
- 'reflexive Beratung'

Bei der 'nonflexiblen Beratung' handelt es sich um eine Beratung, die keine persönliche Beziehung voraussetzt. Sie kann beispielsweise durch Informationsblätter und Briefe, durch Massenmedien oder auch durch öffentliche Vorträge erfolgen. In der Integrationsarbeit spielt sie nur am Rand eine Rolle, weniger als Beratung als vielmehr als Informationsvermittlung oder allenfalls als Bereitmachen für eine individuelle Beratung. Die Kommunikationsrichtung (eigentlich ist das aber keine echte Kommunikation!) ist nicht umkehrbar und verläuft in *vertikaler* Richtung von oben nach unten. Von den Spezialisten zu den Laien (Eltern, Lehrern, Therapeuten).

Die 'transitive Beratung' erfolgt *gemäßigt vertikal*. Die Klienten gewinnen in der Beratung Teilkompetenzen, so daß sie als Mediatoren selbst ebenfalls beraten können.

Anders ist die Situation bei der 'reflexiven Beratung'. Es handelt sich dabei um eine symmetrische Kommunikationsstruktur, bei der sich die Partner auf der gleichen Ebene befinden. Der Kommunikationsfluß läuft entsprechend auch *horizontal* ab. Dabei kann es durchaus vorkommen, daß die Rollen von Berater und Klient austauschbar sind.

Um sich die drei verschiedenen Beratungsprinzipien besser vorstellen zu können, habe ich sie zeichnerisch dargestellt. Ich habe dabei jene Perspektive berücksichtigt, aus der die Klientin bzw. der Klient die Beraterin bzw. den Berater erlebt:

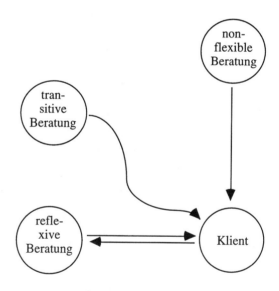

Abb. 9.1.2-1: Beratungsprinzipien

Im ökosystemisch-transaktionalen Beratungskonzept ist eine 'reflexive Beratung' erforderlich, bei der ein partnerschaftliches 'Sich-Beraten' im Vordergrund steht. EDUARD KLEBER schreibt:

> "Pädagogische Beratung enthält von Anfang an horizontale Elemente (Elemente partnerschaftlicher Kooperation) und sieht neben anderen inhaltlichen Teilen als eine zentrale Aufgabe an: das Miteinanderumgehen partnerschaftlicher (horizontaler) zu gestalten, vom allgemeineren Beraten in das 'Sich-Beraten' überzugehen, d.h. Mündigkeit der Beteiligten zu erhöhen, und Verantwortlichkeit in tragbarem Maße auszubauen." (KLEBER 1983, S. 12)

GITTA ZIELKE weist auf eine Gefahr hin, die eintreten kann, wenn Sonderpädagoginnen und Sonderpädagogen ohne entsprechende Qualifikation im Beratungsdienst tätig werden:

> "Aufgrund von Unkenntnis in der Beratungsforschung greifen Sonderpädagogen/innen häufig zur *nonflexiven Beratungsmethode*, die wegen ihrer vertikalen Struktur Konflikte eher fördert als abbaut. Beratung wird dann dahingehend verstanden 'gute Ratschläge' zu erteilen, im Gegensatz zu der ... gestellten Forderung, Beratung immer unmittelbar mit der eigenen Praxis zu verbinden." (ZIELKE 1990², S. 230 f.)

9.1.3 Die 'gemeinsame Besprechung'

> "Sehr viele Ideen, wenn nicht überhaupt alle, entwickeln sich aus der Interaktion mehrerer Personen und sind genau genommen nicht so sehr einer Person zuzuschreiben, als vielmehr der Beziehung, aus der heraus sich diese ergeben haben." (JÜRG WILLI 1987, S. 239)

Am Beispiel der 'gemeinsamen Besprechung' manifestiert sich die Notwendigkeit einer regelmäßig stattfindenden Beratungstätigkeit besonders deutlich. Zu solchen Besprechungen finden sich sämtliche an der Beschulung und Erziehung des hörgeschädigten Kindes mitwirkenden Bezugspersonen zwei- bis dreimal jährlich zusammen: Mutter *und* Vater, LehrerInnen, LogopädInnen, StützlehrerInnen, pädagogischer Berater, gegebenenfalls ein Mitglied des schulpsychologischen Dienstes und eine Vertreterin oder ein Vertreter der Schulpflege. Sobald das Kind versteht, worum es an den Besprechungen geht, beteiligt es sich ebenfalls daran. In der Regel wird die gemeinsame Besprechung vom Berater bzw. von der Beraterin geleitet.

An der gemeinsamen Besprechung wird das weitere schulische Vorgehen besprochen und der 'Individuelle Entwicklungs- oder Förderplan' des Kindes festgelegt. In Anlehnung an die US-amerikanische Praxis wird er mit 'IEP' (Individualized Education Program) abgekürzt. Damit dies geschehen kann, ist es notwendig, einander gegenseitig darüber zu informieren, wie sich die Situation des Kindes seit der letzten Besprechung entwickelt hat. Haben die einzelnen Maßnahmen bereits Früchte hervorgebracht oder sind Änderungen vorzunehmen? Wo liegt seine 'Zone der nächsten Entwicklung' (vgl. 9.1.4)? Wünsche oder Bedenken von Eltern und Pädagogen werden besprochen. *Gemeinsam* werden Lösungen gesucht. Der 'IEP' stellt gewissermaßen eine Synthese aus allen Informationen dar, die aus Lernstandsanalysen, Beobachtungen von Lehrkräften, Eltern und Berater während des Unterrichts und der gemeinsamen Besprechung gewonnen wurden. Auf dieser Basis werden dann im 'IEP' Lernziele und Fördervorschläge zum Erreichen dieser Ziele formuliert. Daraus ist ersichtlich, daß der 'IEP' nichts Statisches ist, sondern etwas, das gemeinsam *prozeßhaft* entwickelt wird. Durch das Prinzip der gemeinsamen Besprechung wird der 'IEP' von allen Beteiligten mitentwickelt und dessen praktische Umsetzung auch mitgetragen. Beschlossene Fördermaßnahmen sind für die Eltern kostenlos.

9.1.4 Die 'Zone der nächsten Entwicklung' nach Wygotski

Um der Gefahr bei Lehrern, Lehrerinnen und Eltern vorzubeugen, vom hörgeschädigten Kind – oftmals aus einem falschen heilpädagogischen Verständnis heraus – zu wenig zu fordern, ist es wichtig, an der gemeinsamen Besprechung die sensitiven Phasen des Kindes und die *'Zone seiner nächsten Entwicklung'* auszuloten (WYGOTSKI 1964, S. 236 ff.). Alle Bezugspersonen des Kindes sollen ermuntert werden, eine seiner Intelligenz und Konstitution entsprechende Leistung zu fordern. Dabei sollen die ökosystemischen Möglichkeiten der örtlichen Schule so weit wie möglich zugunsten der individuellen Fähigkeiten des Kindes ausgeschöpft werden. Ausgehend von den erreichten Leistungen oder Fertigkeiten wird sozusagen eine nächste Plattform vorbereitet, die das Kind als nächstes erklimmen soll. LEW WYGOTSKI wies in seinem 1934 erstmals erschienenen Buch 'Denken und Sprechen' auf die fundamentale Bedeutung der 'Zone der nächsten Entwicklung' hin:

> "Das Lernen ist nur dann gut, wenn es Schrittmacher der Entwicklung ist. Dann werden dadurch eine ganze Reihe von Funktionen, die sich im Stadium der Reifung befinden und in der Zone der nächsten Entwicklung liegen, geweckt und ins Leben gerufen. Und eben darin besteht die wichtigste Bedeutung des Lernens für die Entwicklung. Darin unterscheidet sich das Lernen des Kindes vom Erlernen spezialisierter technischer Fertigkeiten wie Maschineschreiben und Radfahren, die keinen wesentlichen Einfluß auf die Entwicklung ausüben. Der formalbildende Unterricht in jedem Schulfach ist der Bereich, in dem dieser Einfluß des Lernens auf die Entwicklung ausgeübt und verwirklicht wird. Der Unterricht wäre überhaupt nicht nötig, wenn er nur das bereits in der Entwicklung Gereifte verwenden könnte, wenn er selbst keine Quelle der Entwicklung und der Entstehung von Neuem wäre." (WYGOTSKI 1964, S. 236 ff.)

Natürlich wird dabei auch bestimmt, von welchen Bezugspersonen das Kind wann welche konkreten Hilfen in Anspruch nehmen darf und soll. In dieser Spannweite zwischen selbständigem und helfendem Lernen wird sich das Kind zur nächsten Zone seiner Entwicklung bewegen. Mit diesem Prinzip wird auch verhindert, daß vom Kind zu viel gefordert wird; irgendwann ist es nämlich auch 'des Guten genug'.

9.1.5 Das 'Beratungs-Paradox' nach Drave

Eine wesentliche Einsicht in die Beratungsarbeit erhielt ich durch die gemeinsamen Besprechungen: Man kommt zusammen, um sich etwas zu sagen. Das heißt aber nicht, daß das Thema unbedingt die schulische Leistung oder das soziale Gefüge innerhalb der Klasse sein muß. Oftmals ist es einfach so, daß durch das Zusammenkommen das Gespräch zwischen den verschiedenen Bezugspersonen des Kindes aufrecht erhalten bleibt und sich fördernd auf die mehr oder weniger losen Beziehungen zwischen diesen Personen auswirkt. Je besser die Beratung läuft, desto weniger besteht theoretisch Anlaß zusammenzukommen. Das führte bei mir schon dazu, daß ich beim Verabschieden den Eindruck hatte, die Besprechung sei überflüssig gewesen. Die Beteiligten widersprachen dem jedoch vehement, indem sie beispielsweise sagten: "Wichtig war, daß wir zusammengekommen sind, daß wir einander gesehen haben und wissen, daß alle am gleichen Strick ziehen." WOLFGANG DRAVE kam zu einer ganz ähnlichen Erkenntnis:

> "Die Beratung besteht zwar gelegentlich aus einem direkten 'Ratgeben' und aus dem Angebot, miteinander nach Lösungen für bestimmte Probleme zu suchen. Wichtiger jedoch scheint eine andere Funktion. Die Beratung stellt die regulierende Verbindung zwischen den verschiedenen Bezugspersonen des Schülers her.
>
> Diese Aussage ist weitreichend. Die Hauptschwierigkeit beim Verständnis dieser Zusammenhänge und der Unterschiede einzelner Funktionen der Beratung besteht in einem Paradox. Wer die pädagogische Wirkung der Beratung verstehen will, muß auf die 'unpädagogischen' Anteile der Beratung achten. Er muß es für möglich halten, daß die kürzesten Wege zuweilen Umwege sind und daß Umwege zuweilen die einzigen Wege sind, die zum Ziel führen." (DRAVE 1990, S. 80)

DRAVE weist noch auf einen anderen zentralen Aspekt hin, der für mich zur Schnittstelle zwischen pädagogischem Fachwissen und pädagogisch-psychologischer Beratung geworden ist:

> "Mehr als alle anderen, selbstverständlich von uns ebenfalls durchgeführten Maßnahmen (individuelle Förderung, Gruppenarbeit, Trainings etc.) war die indirekte, beratende Tätigkeit zu einem Schwerpunkt in der 'Betreuung' geworden. ... Dabei

konnte immer wieder beobachtet werden, daß in dieser Beratung häufig Themen angesprochen wurden, die vordergründig keinen Zusammenhang zur Behinderung des betreffenden Kindes erkennen ließen, sich aber doch für die weitere Beratung als von entscheidender Bedeutung erwiesen. Dieser 'Bandeneffekt' – gemeint ist damit, daß wie im Billardspiel die Kugel, die erst mehrere Banden anstößt, bevor sie eine weitere Kugel trifft, Themen angesprochen werden, die ganz andere Wirkungen als erwartet hervorrufen – weckte mein Interesse in besonderem Maße." (DRAVE 1990, S. 7)

Das, was DRAVE hier anspricht, möchte ich an einem Beispiel veranschaulichen: Ich hatte seit kurzer Zeit wahrgenommen, dass die Lehrerin im Zusammenhang mit dem hörgeschädigten Beat in ihrer Klasse Schwierigkeiten hatte. Doch sie wagte erst nachdem ich ihr dazu einen symbolischen Pfad auf einer völlig anderen Ebene vorbereitet hatte, mir ihr wirkliches Problem anzuvertrauen. Während ich sie, zusammen mit meinem Hund, auf einem Klassenspaziergang im Wald begleitete, erzählte ich ihr davon, wie schwierig es für mich als Lehrer sei, bei der Lehrerin meiner Tochter vorzusprechen, da diese sich durch mich in ihrem Unterricht verunsichert fühle; nicht weil ich ein Mann oder Vater, sondern weil ich ebenfalls Pädagoge bin. Nach diesem für sie belanglosen Gespräch erzählte sie schließlich, daß sie sich von Beats Mutter in ihrer schulischen Intimsphäre bedrängt fühle, weil diese fast täglich während des Unterrichts in der Klasse anwesend sein wolle. Als ich an der nächsten Besprechung – wieder auf Umwegen – auf dieses Problem zu sprechen kam, stellte es sich heraus, daß sich die Mutter bei diesen Besuchen ebenfalls nicht wohl fühlte, sie aber durchführte, weil sie glaubte, dies wäre im Sinne der Sprachtherapeutin. Das erwies sich jedoch als Mißverständnis, denn die Logopädin fragte lediglich einmal, ob die Mutter spezielle Probleme bei Beats Sprachentwicklung sähe. Die Mutter dachte, daß sie das, nachdem sie zu Hause keine Auffälligkeiten bemerken konnte, am ehesten in der Klasse feststellen könnte. Damit war der Kreis der Mißverständnisse dann geschlossen. Ohne informelle Kontakte und ohne indirektes Vorgehen bei der Beratung hätte sich aus dieser Lappalie eine gravierende Störung ergeben können.

9.1.6 'Kooperationsmodell' nach Speck

Beratung darf niemals indoktrinierend sein, nicht von oben herab. Im Gegenteil: Sie muß auf kollegialer Ebene geschehen, sei dies nun im Gespräch mit den Eltern oder den Lehrerinnen und Lehrern.

OTTO SPECK (1983, S. 13-25) beschreibt für den Bereich der Frühförderung drei verschiedene Modelle der Interaktion zwischen Eltern und Fachleuten:

- das Laien-Modell
- das Ko-Therapeuten-Modell
- das Kooperations-Modell

Diese Modelle lassen sich auch auf das Schulalter anwenden. Sie besitzen Gültigkeit sowohl für das Interaktionsgeschehen zwischen Berater und Eltern als auch für jenes zwischen Berater und Lehrer.

Elternarbeit wird bis heute von den meisten Institutionen in der Regel nur sporadisch durchgeführt und hat entsprechend selten einen professionellen Charakter. Typisch ist, daß Eltern dabei stets das deprimierende Gefühl vermittelt bekommen, über unzureichende Kenntnisse und Kompetenzen zu verfügen und dem eigenen behinderten Kind wenig Gutes tun zu können. Im Falle der Lehrerbildung verhält sich die Sache dort, wo ein Ausbildungsgefälle zwischen Fachleuten und Lehrpersonen besteht, fast genauso. Auch ihnen wird der Eindruck vermittelt, daß das, was sie bisher für ihre behinderte Schülerin bzw. für ihren behinderten Schüler getan haben, nicht ausreichend gewesen sei.

Wenn sich Fachleute gegenüber ratsuchenden Eltern, Lehrerinnen oder Lehrern extrem einseitig, autoritär und dirigistisch verhalten und sie und deren Kinder oder Schüler dazu noch zu Objekten ihrer Diagnostik und Behandlung machen, spricht man von einem *'Laien-Modell'* (vgl. SPECK 1983, S. 14).

Diese Form der Interaktion ist zwar weder für die Förderung des Kindes, noch für das Verhältnis der Erwachsenen untereinander von Vorteil, dafür ist sie – wenigstens aus einer kurzsichtigen geistigen Optik heraus betrachtet, die nie etwas von ökosystemischen Zusammenhängen realisiert hat – zeitsparend; deshalb ist sie wohl die noch immer am häufigsten praktizierte Methode. Wenn Eltern oder Lehrer als Laien behandelt werden, sind sie beispielsweise mit folgenden Haltungen der Fachleute konfrontiert:

- professionelle Ignoranz gegenüber anderweitigen Hilfen
- Geheimniskrämerei, unverständliche Fachsprache
- Ignoranz gegenüber Vorschlägen von Eltern oder Lehrer
- Herauskehren einer omnipotenten 'Alleswisserei'
- Tendenz, Eltern und Lehrern Kompetenzen abzusprechen
- Überweisung des Problems an andere Spezialisten

Wird ein Großteil der Verantwortung für die Förderung an die Eltern und Lehrkräfte delegiert, so ist das ein *'Ko-Therapeuten-Modell'*. Die täglichen Bezugspersonen des Kindes werden quasi zum verlängerten Arm der Beraterin oder des Beraters und damit als Personen aufgewertet, insbesondere, weil ihnen die Kompetenz zugestanden wird, selbst therapeutisch tätig und erfolgreich zu sein. Vor allem Eltern können dadurch im Alltag jedoch in einen

Rollenkonflikt geraten, da sie sich dann auf eine Gratwanderung begeben müssen, auf der sie ständig Gefahr laufen, zu stark therapeutisch zu handeln und ihre natürlichen Elternfunktionen zu ignorieren. Zudem besteht bei diesem Modell gerade beim Spracherwerb hörgeschädigter Kinder seitens der Fachleute die Tendenz, einen ausbleibenden Therapieerfolg der mangelhaften elterlichen Hausarbeit anzulasten.

Ist die Zusammenarbeit zwischen Berater und Eltern bzw. Lehrer durch Gleichberechtigung, gegenseitige Achtung und Beachtung gekennzeichnet, so kann von einem *'Kooperationsmodell'* gesprochen werden. Lehrer und Eltern werden als echte PartnerInnen und als Experten bezüglich Wissen, Erfahrungen und Beobachtungen ihres Kindes behandelt. Ihre Wünsche, Anregungen und Fragen werden ernst genommen und in die gemeinsame Planung der weiteren Förderung miteinbezogen. Eltern dürfen bei diesem Modell Eltern bleiben und werden nicht in das oben erwähnte Rollendilemma gedrängt.

Für die ambulante Begleitung, wie sie von der Beratungsstelle geleistet wird, hat das Kooperations-Modell keinen idealtypischen Charakter mehr, sondern entspricht dem Regelfall. Es ist für das Gelingen der 'gemeinsamen Besprechungen' nicht nur ein hilfreiches und praktikables Modell, sondern geradezu ein unabdingbares Instrument geworden. Es zeigt sich nämlich immer wieder, daß im Gespräch eine große Chance liegt; die Chance, während des Gesprächs gemeinsam Lösungen zu finden, die vorher gar nicht überlegt wurden. Beratung lebt gerade aus der Spannung von Struktur und spontanem Eingehen auf die jeweiligen Bedürfnisse in der Augenblickssituation. Sie darf sich nicht auf Behinderungsspezifisches beschränken. Wenn es um die Integration eines Kindes geht, schon gar nicht. Da gilt es, sich an den Fähigkeiten des behinderten Kindes zu orientieren. Die Beratungsperson muß sich für Themenbereiche öffnen, die scheinbar nichts mit dem eigentlichen Beratungsgegenstand zu tun haben, jedoch für die Lebenswirklichkeit des zu Beratenden, innerhalb seines Lebenshorizontes, bedeutsam sind. Dies kann auch Außerschulisches und Privates sein. Die Wirkungen von Beratung sind dabei nicht vorhersehbar, können also nicht direkt angepeilt werden.

Wenn man sich einer solchen Grundhaltung für die Beratungsarbeit in der Integration verschrieben hat, dann ist einzig das Kooperationsmodell akzeptabel. Noch deutlicher wird das, wenn die 'personenzentrierte Gesprächstherapie' nach ROGERS als Beratungsmethode mitberücksichtigt wird.

9.1.7 'Personenzentrierte Gesprächstherapie' nach Rogers

Wenn ich versuche, darzustellen, von welcher psychologischen Richtung ich mich in meinem Beratungstil leiten lasse, dann ist das gar nicht so einfach. Parallelen sind bei CARL ROGERS (1972), der von einer personenzentrierten

Beratung spricht, erkennbar. ROGERS gilt als Begründer der personen- oder klientenzentrierten Psychotherapie, die oftmals auch Gesprächspsychotherapie genannt wird. Bei ROGERS findet sich eine erstaunliche Parallele zur Vorstellung des 'Language Acquisition Device' (LAD) von CHOMSKY bzw. des 'Language Acquisition Support System' (LASS) von BRUNER (vgl. Abschnitt 5.3.2). Wie CHOMSKY beim LAD, geht ROGERS davon aus, daß der Mensch über eine angeborene Fähigkeit verfügt, sich in der Doppeldeutigkeit von Faszination und Angst so zu organisieren, daß daraus nicht eine Zwiespältigkeit und innere Zerrissenheit resultiert, sondern daß er sich adäquat mit seiner Umwelt auseinandersetzen kann. Und wie BRUNER beim LASS ist er der Meinung, daß diese Tendenz der Selbstorganisation nur voll zur Wirkung kommen kann, wenn in einer unterstützenden, vertrauensvollen zwischenmenschlichen Beziehung die Voraussetzungen zum persönlichen Wachstum erhöht werden. Auf dieser Grundlage entstand die klientenzentrierte Psychotherapie. Der Therapeut wendet sich dem Klienten zu in dem Bemühen, dessen innere Erfahrungswelt zu verstehen (Empathie) und es ihm zu ermöglichen, sich nicht weiter an seine alten Gefühle und Erlebnisse klammern zu müssen (Ambiguitätstoleranzförderung). ROGERS (1975) beschreibt dies mit folgenden Worten:

"Wenn ich zu einem Klima verhelfen kann, das von Echtheit, Achtung und Verständnis gekennzeichnet ist, dann geschehen – wie mich die Erfahrung gelehrt hat – aufregende Dinge. In solch einem Klima bewegen sich Personen und Gruppen fort von Rigidität und hin zur Flexibilität, von einem statischen Leben zu einem prozeßhaften Leben, von Abhängigkeit zu Autonomie, von Voraussagbarkeit zu unvorhersagbarer Kreativität, von einem durch Abwehr bestimmten Verhalten zur Selbstannahme. Sie geben lebendigen Beweis eines auf Verwirklichung ausgerichteten Strebens. ... Ich habe gelernt, daß in jeder wichtigen oder dauerhaften Beziehung anhaltende Gefühle Ausdruck finden sollten. Wenn ich sie als Gefühle, die mir zugehören, ausdrücke, so mag das zwar zeitweilig Aufregung bewirken, letztlich wird das Ergebnis aber viel lohnender sein als jeder Versuch, sie zu verleugnen oder zu verbergen." (ROGERS 1975, S. 22 f.)

Als notwendige und ausreichende Bedingungen klientenzentrierten Handelns stellt ROGERS drei Verhaltensmerkmale dar (ROGERS 1977, S. 20-26):

- Präzises, einfühlendes Verstehen, Empathie
- Wertschätzung oder bedingungsloses Akzeptieren
- Echtheit oder Kongruenz

Im Feld der Beratung bedeutet *'Empathie'*, daß der Berater oder die Beraterin versucht, sich in das Erleben und Empfinden der anderen bzw. des anderen einzufühlen und für diese konkrete Situation dadurch Verständnis zu zeigen, indem das Verstandene in eigenen Worten möglichst präzise und umfassend dargestellt wird. HELLA und JÜRGEN DAHMER beschreiben diesen Sachverhalt folgendermaßen:

"Einfühlung heißt ... mit den Augen des anderen sehen, mit den Ohren des anderen hören und mit dem Herzen des anderen fühlen. Abweichend vom bloßen Mitgefühl und von der Sympathie bleibt Einfühlung in bezug auf allgemeine oder persönliche Wertmaßstäbe wertungsfrei. Der Klient bedarf der Wertschätzung im Sinne der Wohlgesonnenheit und der freundlichen Zuwendung, nicht aber der Bewertung." (DAHMER & DAHMER 1982, S. 114)

Ich möchte hier noch einen anderen Zugang zum Empathiebegriff aufzeigen: Nach ENID BALINT[43] (1975) und ihrer Arbeitsgruppe geht es im Gespräch darum, sich als Arzt vom Patienten benutzen zu lassen. Wenn dem Arzt ein *'Tuning-in'*, eine Einstimmung gelingt, so kann sich ein *'Flash'* ergeben, eine blitzartige Erhellung der Situation und eines für den Patienten wichtigen Aspektes. Der 'flash' ist kein isoliertes Ereignis im Arzt oder der Ärztin, er kann auch auf der Seite des Patienten oder der Patientin vorkommen oder sich gleichzeitig in beiden ergeben. JÜRG WILLI formulierte dieses Phänomen folgendermaßen:

"Er ist eine Kommunikation auf einer gemeinsamen, psychotherapeutischen Wellenlänge. Therapie geschieht *nicht im* Arzt, aber auch *nicht im* Patienten, sondern *zwischen* beiden. Sie ist das Erlebnis, daß es zwischen zwei Personen plötzlich funkt. Vom Arzt setzt das ein hohes Maß an Identifikationsvermögen voraus, eine Gleichsetzung aus der Situation der Wesensverwandtschaft. Zu dieser Identifikation ist ein Arzt oder ein Therapeut allerdings nur befähigt, wenn sein Ich genügend stark ist, um die Identifikation so zu regulieren, daß es nicht zu einem Clinch mit dem Patienten kommt, sondern die Ich-Du-Differenzierung aufrechterhalten bleibt." (WILLI 1985, S. 277)

Zu Anfang ihrer Tätigkeit konzentrieren sich Therapeuten in der Regel auf das Diagnostizieren von Sachverhalten oder auf das lehrbuchgemäße Anwenden einer therapeutischen Technik. Erst mit der Zeit wird die Fähigkeit gewonnen, sich selbst und das Gelernte zu vergessen und sich vom Prozeß des Dialogs, der Interaktion ergreifen zu lassen, ohne sich dem Patienten allzusehr auszuliefern. Soweit sie Teil werden von einem gemeinsamen Prozeß, werden sie auch immer weniger so intervenieren, wie sie es als richtig gelernt haben, sondern mehr und mehr so, wie es sich aus der Situation und der Bereitschaft der Patientin oder des Patienten ergibt. Es ist dann nicht mehr so sehr der Therapeut oder die Therapeutin selbst, die handeln, sondern es ist die Situation, die sie handeln läßt.

---

[43] ENID BALINT war Initiantin zu regelmäßig (in der Regel wöchentlich) stattfindenden Gruppenbesprechungen unter ÄrztInnen und MedizinstudentInnen. Die so entstandenen Selbsthilfegruppen (heute würde man von Supervisionsgruppen sprechen) hatten zum Ziel, sich intensiv mit der Arzt-Patienten-Beziehung zu befassen.

CARL ROGERS beschreibt dieses Erlebnis treffend:

"Wenn ich als Gruppenleiter oder als Therapeut in meiner besten Form bin, entdecke ich ein weiteres Charakteristikum. Ich stelle fest, daß von allem, was ich tue, eine heilende Wirkung auszugehen scheint, wenn ich meinem inneren, intuitiven Selbst am nächsten bin, wenn ich gewissermaßen mit dem Unbekannten in mir in Kontakt bin, wenn ich mich vielleicht in einem etwas veränderten Bewußtseinszustand befinde. Dann ist allein schon meine Anwesenheit für den anderen befreiend und hilfreich. Ich kann nichts tun, um dieses Erlebnis zu forcieren, aber wenn ich mich entspanne und dem transzendentalen Kern von mir nahekomme, dann verhalte ich mich manchmal etwas merkwürdig und impulsiv in der jeweiligen Beziehung, ich verhalte mich auf eine Weise, die ich rational nicht begründen kann und die nichts mit meinen Denkprozessen zu tun hat. Aber dieses seltsame Verhalten erweist sich merkwürdigerweise als richtig: Es ist, als habe meine Seele Fühler ausgestreckt und die Seele des anderen berührt." (ROGERS 1981, S. 79)

Mit diesen Gedanken kommt man wie von selbst zur zweiten von ROGERS' genannten Voraussetzung für ein klientenzentriertes Handeln, *'der Wertschätzung und dem bedingungslosen Akzeptieren'*. Dies bedeutet, daß der Klient – im Falle der integrativen Beschulung sind das die Eltern und Lehrer, bzw. Lehrerinnen – von der Beraterin bzw. vom Berater mit Wertschätzung und Wärme akzeptiert wird, unabhängig davon, was der Inhalt des Beratungsgegenstandes ist. Dies ist nicht immer einfach, denn längst nicht immer kann man sich inhaltlich mit den Aussagen oder Handlungen identifizieren, dann muß der Berater oder die Beraterin dem Klienten oder der Klientin zu spüren geben, daß dies nicht störend ist. DRAVE beschreibt diese schwierige Einstellung so:

"Das bedeutet für den Berater, daß er eine solche allgemeine Haltung und Einstellung den Beratenen gegenüber auch tatsächlich verwirklichen können muß. Dies ist deswegen notwendig, weil Personen nur sehr unvollkommen Empfindungen und Haltungen kontrollieren, unterdrücken und lenken können. Mag z. B. jemand eine Person nicht, so wird diese Antipathie in mimisch-gestischer Form und in sprachlichen Botschaften (z. B. Tonfall) immer wieder sichtbar. Wichtig ist, daß sich der Berater bewußt macht, inwieweit er einen Klienten tatsächlich akzeptieren und annehmen kann." (DRAVE 1990, S. 68)

ROGERS' dritte Verhaltensvoraussetzung seitens der Beratenden ist *'Echtheit oder Kongruenz'*. Das bedeutet, daß sich die beratende Person während des Gesprächs voll und ganz auf diese eine Sache konzentriert. Daraus resultiert eine Kongruenz oder Deckungsgleichheit in ihren Gefühlen, ihren Äußerungen, ihrem Gesichtsausdruck und ihren Gesten. Damit diese hohe Anforderung erfüllt werden kann, muß ein aufrichtiges Interesse an der zu beratenden Person vorhanden sein und darüber hinaus auch eine Selbstsicherheit und ausgereifte Identität, die es erst ermöglicht, sich ganz auf die emotionale Ebene des Gesprächs zu begeben. Damit wäre hier ein weiteres Qualifikationsfeld für pädagogisch-psychologische Berater und Beraterinnen aufgezeigt, das sich wesentlich von jenem der Lehrerin oder des Lehrers abhebt.

Werden Gespräche an 'gemeinsamen Besprechungen' klientenzentriert geleitet, dann erweisen sich diese als fruchtbare beraterisch-therapeutische Felder. Eltern, Lehrer und Lehrerinnen kann dadurch geholfen werden, Konflikte und Schwierigkeiten in ihrem schulischen Alltag aufzuarbeiten und das Ökosystem des behinderten Kindes nachhaltig zu verbessern.

9.1.8 Zusammenarbeit mit Lehrerinnen und Lehrern

Im Integrationsmodell für hörgeschädigte Kinder wie es im Kanton Zürich durch die Beratungsstelle praktiziert wird, sind für die direkte Arbeit am Kind in erster Linie die Lehrerinnen und Lehrer verantwortlich. Auf- und Ausbau einer normalen Lautsprache werden in der Regel durch Logopädinnen und Logopäden gewährleistet. Ein allfälliger Stützunterricht wird entweder von der Klassenlehrerin bzw. dem Klassenlehrer selbst oder einer zusätzlichen Lehrperson erteilt. Damit diese Aufgaben befriedigend erfüllt werden können, benötigen die betreffenden Pädagogen eine entsprechende Beratung und Begleitung.

Daß die Beratung der Lehrkräfte auch für die normal hörenden Mitschüler ein besseres Lernumfeld bewirkt, bestätigen viele Gespräche, die ich während der vergangenen sieben Jahre mit Eltern und Lehrern führen konnte. Zudem werden die Mitschüler eingehend über Gefahren im Zusammenhang mit Lärm und Hörschäden informiert, was für sie Vorbeugung *(Prävention)* und Schutz *(Protektion)* ihres Gehörs bedeutet.

Weil die RegelschullehrerInnen im allgemeinen keine vorausgehende Ausbildung für das Unterrichten hörgeschädigter Kinder haben, ist eine gezielte Beratung und Supervision dieser Lehrkräfte bezüglich der besonderen individuellen Situation des hörgeschädigten Kindes in der Klasse ein absolutes Muß. Nur ist dies manchmal leichter gesagt als getan. Es gibt Lehrer, die sich nicht gerne in ihren Unterricht schauen lassen, die auch nicht offen zugeben möchten, wenn ein Problem mit dem hörgeschädigten Kind auftaucht, da sie befürchten, dies werde als Schwäche ihrerseits interpretiert. Dann gibt es auch solche, die überhaupt keine Wertschätzung für die Arbeit des Beraters bekunden. Wie kann man da in ein persönliches Gespräch kommen? Und wie können solche Lehrer motiviert werden, einen Informations- und Erfahrungsaustauschkurs zu besuchen? Es hat sich bei solchen 'hartnäckigen' Lehrern als gut erwiesen, wenn der Berater – quasi als Eisbrecherfunktion – anbot, selbst in der für ihn fremden Klasse einige Lektionen zum Thema 'Hören' abzuhalten. In Absprache mit der Klassenlehrerin oder dem Klassenlehrer können solche Lektionen speziell auf die augenblicklich aktuelle Situation der Klasse abgestimmt werden, beispielsweise auf ein Biologie- oder Physikthema, vielleicht aber auch auf das Fach 'Lebenskunde' bzw. 'Mensch und Umwelt'. Diese Tätigkeit erfordert vom Berater ein hohes Maß an Selbstsicherheit und fachlicher Kompetenz. Es fällt nicht allen leicht, vor einer unbekannten Klasse und einer unbekannten und skeptisch eingestellten Lehrperson seinen Unterrichtsstil zu demonstrieren.

OTTO F. BOLLNOW spricht vom 'Risiko oder Wagnis des Aufschlusses', das eigentlich nur dort eingegangen werden darf, wo der 'Verstehende', das ist in unserem Falle der Berater oder die Beraterin, bereit ist

"... sich ohne Rückversicherung dem Wagnis dieser Begegnung zu überantworten, auch auf die Gefahr, vor dieser Begegnung in seiner eignen Nichtigkeit offenbar zu werden. Aber dies Wagnis wird ihm nicht geschenkt ... ."
(BOLLNOW 1977[5], S. 111)

BOLLNOW spricht hier zwar vom Verhältnis zwischen Erzieher und seinem Zögling, doch, was er sagt, trifft auf das Verhältnis zwischen Berater und Lehrer in diesem Bereich ebenfalls zu. Und jede oder jeder, der schon in dieser Situation gestanden hat, weiß, daß dies viel Kraft erfordert. BOLLNOW beschreibt an anderer Stelle, was es bedeutet, wenn man mit seiner Botschaft nicht durchkommt, wenn man scheitert:

"Der Erzieher aber scheitert in seinem innersten Kern, weil er dort zusammenbricht, wo er sich im Existentiellen mit seiner vollen Kraft eingesetzt hatte. Der Erzieher muß täglich nicht nur den passiven Widerstand eines Materials überwinden, sondern möglicherweise auch den aktiven Widerstand seiner widerstrebenden Zöglinge." (BOLLNOW 1977[5], S. 135)

Ich habe in der Vergangenheit etliche Lehrerinnen und Lehrer erlebt, bei denen ohne dieses Wagnis als Einstieg wohl nie ein kollegiales Gespräch über das hörgeschädigte Kind hätte zustande kommen können. Ist diese Phase jedoch überwunden, beginnt in der Regel eine konstruktive und fruchtbare Zusammenarbeit auf der 'reflexiven' Beratungsebene.

Beraterinnen und Berater, die nach dem vertikalen, dem non-flexiblen Prinzip vorgehen, laufen Gefahr, Konflikte eher zu fördern als abzubauen. GITTA ZIELKE schreibt dazu:

"Derartiges Verhalten kann zur Folge haben, daß GrundschullehrerInnen sich nicht beraten lassen wollen, weil sie dann Unzulänglichkeiten eingestehen müßten (auch Unzulänglichkeiten im Unterrichten, die nicht unbedingt etwas mit den 'behinderten Kindern' oder der Integration zu tun haben). Somit versuchen sie 'irgendwie' allein mit den Problemen zurechtzukommen, um nicht implizit als partiell unmündig erklärt und damit in ein einseitiges Abhängigkeitsverhältnis gedrängt zu werden." (ZIELKE 1990[2], S. 231)

Später schreibt sie, daß insbesondere Lehrerinnen und Lehrer für sinnesgeschädigte und körperbehinderte Kinder dazu tendieren, in einem nonflexiblen, vertikalen Kommunikationsmuster zu beraten. Sie ist der Meinung, daß bei solchen SonderpädagogInnen die Tendenz besteht, daß sie von den Lehrerinnen und Lehrern am liebsten mit dem behinderten Kind weggeschickt würden, damit sie – möglichst in einem separaten Raum – sich ausschließlich mit diesem einen Kind beschäftigen, bis dieses soweit 'normalisiert' sei, daß es wieder ohne Fremdhilfe in den Klassenverband zurückkehren könne. Ihrer Meinung nach neigen die Spezialisten für Sinnes- und Körperbehinderte dazu, als Repräsentanten eines 'Kompetenzmonopols' quasi im 'weißen Kittel' durch die Schule zu laufen.

In Kenntnis dieser Problematik muß bei der Anstellung neuer Beraterinnen und Berater neben der grundsätzlichen Einstellung zur Integrationsarbeit besonderes Gewicht auf die Beratungsfähigkeiten gelegt werden. Wenn die Beratung nämlich nicht auf der Basis des horizontalen, reflexiven Prinzips läuft, wird sie nicht sehr erfolgreich sein können. Ist sie jedoch horizontal-reflexiv, ist sie ein wertvoller Schlüssel zur erfolgreichen gemeinsamen Beschulung behinderter und nicht behinderter Kinder. Das Risiko des Aufschlusses, das die Beraterin oder der Berater auf sich nimmt, wird Früchte tragen.

Während ich als Berater mit der ganzen Klasse arbeite und sie über Probleme im Zusammenhang mit schlechtem Hören eingehend informiere, ist vieles davon auch für die Lehrerin oder den Lehrer absolut neu. Mit Spielen, Ablese- und Hörtests (Selbsterfahrungen) versuche ich, das Empathievermögen der Mitschülerinnen und Mitschüler für das hörbehinderte Kind zu fördern. Dadurch wird das ganze Lernumfeld des hörgeschädigten Kindes für die alltäglichen schulischen Hörschwierigkeiten sensibilisiert. Die LehrerInnen lade ich in regelmäßigen Abständen zu Fortbildungsveranstaltungen ein, die sie dazu befähigen sollen, die besondere Situation des hörgeschädigten Kindes in den pädagogisch-didaktischen Überlegungen ihres Unterrichtens gebührend zu berücksichtigen. Sicher liegt in diesem Vorgehen eine Stärke, weil es sicherstellt, daß das behinderte Kind Verständnis und Hilfe von jenen Bezugspersonen erfährt, mit denen es am häufigsten zusammen ist.

Ein Bereich, in dem noch viel Aufbauarbeit geleistet werden muß, ist die Lehrerinnen- bzw. Lehrerbildung. Erst einzelnen Seminarklassen wurde bisher die Möglichkeit eingeräumt, sich grundsätzliche Informationen zur Integration hörgeschädigter Kinder anzueignen.

9.1.9 Zusammenarbeit mit den Eltern

Neben den Lehrerinnen und Lehrern sind es vor allem die Eltern, die der Aufmerksamkeit bedürfen. Sie sind es, die die integrative Beschulung am nachhaltigsten unterstützen können und darum auch selbst besondere Unterstützung brauchen. Sie verbringen am meisten Zeit mit dem hörgeschädigten Kind. Sie sind die eigentlichen Experten ihres Kindes (vgl. SANDER 1993, S. 67). Dabei müssen sie stets darauf achten, neben ihrer pädagogischen Arbeit nicht ihre natürliche Elternaufgabe zu vernachlässigen.

Für die Frühförderung hörgeschädigter Kinder gibt es einige wenige gute Ratgeber:

- 'Ratschläge und Anleitungen für Eltern und Erzieher hörgeschädigter Kinder' von SUSANNE SCHMID-GIOVANNINI (o. J., ca. 1985). Anleitungen zum hörgerichteten Spracherwerb, die direkt aus der Praxis kommen, zeichnen diese drei Büchlein aus. Es wird darin unter anderem die Technik des Tage- oder Erlebnisbuchführens vorgestellt.

- 'Elternarbeit konkret – Unser Kind ist hörbehindert' von DAGMAR BÖHLER (1992). In diesem informativen Buch werden den Eltern z. B. wertvolle Hilfen aufgezeigt, wie sie den Diagnoseschock überwinden können.

- 'Kinder, die nicht sprechen. Neue Therapieansätze' von HEIDI HELDSTAB (1991). Neben fundiertem theoretischem Hintergrund werden prägnante Anleitungen zum therapeutischen Sprachaufbau bei Kindern mit Wahrnehmungsverarbeitungsstörungen vorgestellt.

Es ist wichtig, Eltern, Lehrerinnen und Lehrern Literatur anbieten zu können, die in einer für sie verständlichen Sprache geschrieben ist und ihnen hilft, ihre bzw. die Situation ihres hörgeschädigten Kindes realistisch einzuschätzen. Für den Schulbereich stelle ich lediglich zwei Büchlein vor. Ratgeber für diese Altersstufe sind im deutschen Sprachraum derzeit erst spärlich vorhanden.

- 'Ich höre die Glocke nicht' von PAUL ZAUGG (1988). Dieses Buch, zusammen mit einer Audiokassette mit Tonbeispielen, wird von der Beratungsstelle gratis an Eltern abgegeben. Es ist eine praxisorientierte Hilfe für Pädagogen, Eltern und Schüler.

- 'Pädagogische Hilfen für hörgeschädigte Kinder in Regelschulen' (1987) von ARMIN LÖWE. Dieses Buch ist ein sehr praktischer und umfassender Ratgeber. Es war das erste, in dem sich ein erfahrener Fachmann an Lehrerinnen, Lehrer und Eltern wandte und sie als Partnerinnen und Partner betrachtete.

Einen Vorbehalt bringe ich nicht nur bei den erwähnten Ratgebern an, sondern bei praktisch allen mir bekannten Büchern zur gemeinsamen Beschulung hörgeschädigter und normal hörender Mädchen und Jungen: Den Hauptteil der Integrationsleistung hat gemäß diesen Ratgebern stets das Kind bzw. seine Familie auf der Mikro- und Mesoebene zu erbringen. Die Forderung, daß das Schul- oder Gesellschaftssystem *zuerst* integrationsfähig werden sollte, findet sich darin kaum. Solche dringenden Veränderungen sind jedoch notwendig, allerdings können diese nur durch politische Vorstöße veranlaßt werden. Weiter braucht es Fachleute an Universitäten und Fachhochschulen, die sich für die gemeinsame Beschulung einsetzen. Solche Wissenschaftlerinnen und Wissenschaftler gibt es derzeit allerdings erst wenige. Die bedeutendsten der deutschsprachigen Schweiz sind: ANDREAS BÄCHTOLD, CONCITTA FILIPPINI STEINEMANN, MARIANNE WILDBERGER, URS CORADI, URS STRASSER in Zürich, EMIL KOBI und HANS WERDER mit ihren Mitarbeitern und Mitarbeiterinnen in Basel, URS RÜEGGER und RAFFAEL WIELER (Basel), ALOIS BÜRLI, GABRIEL STURNY-BOSSART (Luzern) sowie URS HAEBERLIN und GÉRARD BLESS mit ihrer Forschungsgruppe in Freiburg.

Elternzusammenarbeit ist vielleicht in den Leitbildern einzelner Institutionen vorgesehen, in der Praxis bleibt davon jedoch selten etwas übrig. Eine der wenigen Schulen für Hörgeschädigte, die Elternarbeit auch in Form von Wochenendseminaren anbietet, ist jene von SUSANNE SCHMID-GIOVANNINI in Meggen. In den Kursen werden Anleitungen zum Arbeiten mit den hörgeschädigten Kindern vermittelt. Ein wichtiger Aspekt der Elternarbeit muß darin bestehen, bei Eltern Freude an der Spracharbeit mit ihrem Kind zu wecken. Von der Beratungsstelle aus werden Eltern ebenfalls zu Veranstaltungen eingeladen, um anhand eines für sie aktuellen Themas, zum Beispiel des Übertritts in die Oberstufe (Sekundarstufe I), ihr Sensorium noch mehr für die psychischen und sozialen Aspekte der Hörbehinderung zu schärfen. Dann, wenn sich der Ablösungsprozeß des Kindes von den Eltern als problematisch erweist, kann es wichtig sein, die Eltern zu ermutigen, eine passivere Rolle im Leben ihres Kindes zu spielen. Dadurch kann das Kind in seinem Streben nach Selbständigkeit unterstützt werden. Wenn Kinder vereinzelt den Wunsch äußern, ihre letzten drei Schuljahre in der Schweizerischen Schwerhörigenschule Landenhof bei Aarau zu verbringen, gilt es, den Eltern Vor- und Nachteile der Sonderschule eingehend aufzuzeigen und bei ihnen Ängste abzubauen, damit der Entscheidungsprozeß unterstützt werden kann.

Der Grund, weshalb so wenig Literatur zum Thema 'Elternarbeit' vorhanden ist, liegt vermutlich darin, daß Eltern in den Sonderschulen beim Erziehungsprozeß nicht selten sogar ausgeklammert wurden und werden. PAT CHAPMAN beschreibt wie sie die Rolle der Eltern erlebte als die Integration in ihrer Gegend (Leicestershire) noch nicht so verbreitet war wie heute:

"Viele Kinder waren für lange Zeit räumlich von den Eltern getrennt. Die Lehrer bemühten sich, die Eltern in das, was im Leben ihrer Kinder vor sich ging, einzubinden. Doch die Eltern fühlten sich ausgeschlossen, weil sie merkten, daß sie zur schulischen Entwicklung nicht viel beitragen konnten. Also verließen sie sich auf die Pädagogen der Schule. Heute meine ich, daß die Kinder auf zweifache Weise Entbehrungen erlitten: Sie konnten keine tiefgreifende Beziehung zu ihren Eltern aufbauen, und sie versäumten die Sprachstimulation, die sie in dem alltäglichen Umgang mit ihrer Familie bekommen hätten. Die Bedeutung der Eltern und der Familie in der Entwicklung der Sprache ist bekannt, und die Eltern der hörgeschädigten Kinder in den normalen Schulen werden ermutigt, aktiv mitzuarbeiten. ... Hinzu kommt die Tatsache, daß eine enge Zusammenarbeit mit den Eltern ein wesentlich vollständigeres Bild des Kindes gibt." (CHAPMAN 1992, S. 121)

Es scheint, daß sich im englischen Sprachraum schon ein weitaus größeres Bewußtsein über die Bedeutung der Elternarbeit entwickelt hat als im deutschen Sprachraum. INGE KRÄMER kommt zu der Feststellung, daß

"das Studium der englischsprachigen Fachliteratur zeigt, daß die 'Kompetenz von Eltern als wichtige Voraussetzung für das Gelingen schulischer Fördermaßnahmen bei Kindern mit besonderem Förderbedarf' angesehen wird (vgl. WARNOCK-REPORT 1978, HEGARTY 1987). Legt man die öffentlichen Stellungnahmen des englischen Erziehungsministeriums, wie z. B. den PLOWDEN REPORT (1967), den WARNOCK REPORT (1978) oder den Education Act (1981) zu grunde, so ist festzustellen, daß den 'Eltern eine zunehmend wichtigere Rolle in der schulischen Erziehung' zugesprochen wird." (KRÄMER 1993)

Weiter konstatiert KRÄMER, daß insbesondere auch für die Zusammenarbeit mit Eltern von Kindern mit Sprach- und Sprechproblemen mit dem Mythos gebrochen werden müsse 'Professionelle' könnten die sprachliche Entwicklung eines Kindes besser fördern als die Eltern.

9.2 Beratungs- und Förderzentrum für hörgeschädigte Kinder und Jugendliche – eine konkret-utopische Konzeption

Ich kenne niemanden, der der Meinung ist, die ökosystemischen Rahmenbedingungen für die Integrationsarbeit müßten nicht verbessert werden. Diese Feststellung wurde mehrmals auch öffentlich an Integrationstagungen vorgebracht (RENÉ MÜLLER 1989, S. 5 f.; 1992, S. 3; MAX GLOOR 1992, S. 42 ff., HUBERT KREPPER 1992, S. 75). SUSANNE BEWS, die sich in Wien für eine Verbesserung der Rahmenbedingungen für Integrationspädagoginnen und -pädagogen einsetzte, forderte beispielsweise eine zeitliche Entlastung wegen der mit dieser Schulform verbundenen Mehrarbeit. Sie ist der Meinung, daß die Integration zum Scheitern verurteilt sei, wenn von den Schulbehörden nicht in vermehrtem Maße Unterstützung in materieller und personeller Hinsicht gewährt werde. Sie weist auf ein besonderes Problem hin:

> "Bedenkt man, daß die 'Vorreiter' und 'Anfangskämpfer' notgedrungen müde und ausgebrannt werden und ihr Engagement im Laufe der Zeit versickert, wird sich die Situation zwangsläufig eher verschlechtern. Zum momentanen Zeitpunkt sind viele ... noch bemüht, Unzulänglichkeiten aus eigener Kraft auszugleichen, ich bezweifle jedoch, daß dies ... weiter der Fall sein kann." (BEWS 1992, S. 128) Später sagt sie. "Gelingt es nicht, grundlegend bessere Bedingungen zu schaffen, muß sich die Behörde den Vorwurf gefallen lassen, eine 'Spielwiese' für engagierte Menschen als Alibi geschaffen zu haben und kein ehrliches Interesse am Gelingen der gemeinsamen Erziehung aller Kinder in einer Schule für alle Menschen zu haben." (BEWS 1992, S. 129)

Verbunden mit der gegenwärtigen wirtschaftlichen Flaute, verschlechtern sich die ökosystemischen Rahmenbedingungen für die gemeinsame Beschulung behinderter und nicht behinderter Kinder rapide: Größere Klassen, weniger Geld für Stütz- und Fördermaßnahmen, kein Geld für bauliche Anpassungen der Klassenräume. Das bedeutet, daß heute wieder vermehrt Kind und Eltern (zusammen mit Lehrkraft und Therapeutin) praktisch die gesamten Integrationsanstrengungen erbringen müssen, damit das behinderte Kind in der Regelschule verbleiben kann. Dem Exosystem Schule werden durch Sach- und Geldzwänge im Makrosystem jene Ressourcen, die zur eigenen Integrationsvorleistung notwendig wären, sukzessive entzogen.

9.2.1 Begriffsklärung

Ich bezeichne das 'Förderzentrum' als eine 'konkret-utopische Konzeption'. Bevor ich aufzeige, welche Veränderungen notwendig wären, um von der Beratungsstelle zum Förderzentrum zu gelangen, will ich diese Begriffe erklären. Die Entstehung der Beratungsstelle kann mit einem mehrjährigen Forschungsprojekt verglichen werden. Dabei handelte es sich um ein Projekt, das nicht allein von wissenschaftlichen Leitgedanken bestimmt war. Erfahrungen, Wünsche und Probleme verschiedener Personengruppen innerhalb der täglichen Praxis fanden laufend ihren Niederschlag in der Modellentwicklung. Die Beratung wurde so zur eigentlichen Forschungsstrategie und war – entsprechend der Verschiedenheit der auftauchenden Fragen und Konfliktsituationen – nicht im vornherein festgelegt. Im Sinne der *'Handlungsforschung'* war es erforderlich, erhobene Daten, Informationen und Rückmeldungen von Eltern, LehrerInnen und SchülerInnen direkt in die Entscheidungen über Forschungsmethodologie und statistische Auswertung miteinzubeziehen. Zusammen mit den eigenen Erfahrungen und Eindrücken wurden auf dieser Basis jeweils weitere Schritte geplant. Dieses Vorgehen ist ein pragmatisch-konkretes Prinzip. Und weil ich nun vom wirklichen, vom vorhandenen Modell der Beratungsstelle ausgehe, spreche ich von einer 'konkreten' Konzeption. Den Begriff 'Konzeption' verwende ich, weil darin – im Gegensatz zu 'Konzept' – ein vorgreifendes Element, ein gedanklicher Entwurf, eine 'Utopie' steckt. Auch wenn Utopien momentan noch in der Zukunft liegen, so sind sie nicht lediglich Hirngespinste und müssen keineswegs eine Abkehr von der Realität bedeuten.

Die Alternative zur Utopie wäre eine bloße Verlängerung des Status quo. Ein solcher ist jedoch weder mit der Perspektive auf die Schaffung eines für das zunehmend komplexer werdende Leben befähigenden schulischen Ökosystems noch mit den Anforderungen menschlicher Solidarität vereinbar. Ähnlich wie auf dem Gebiet der Gesundheitspflege oder der Zerstörung der Ökosphäre ist die nachträgliche Korrektur eingetretener Schäden noch immer die Regel. Wäre eine Prävention, die Gesundheitsschäden gar nicht erst zuläßt, nicht vernünftiger? Ich bin davon überzeugt, daß wir unser gesamtes Bildungssystem grundlegend ändern müssen, wenn wir auch in Zukunft unsere Kinder – die behinderten und die nicht behinderten – zu mündigen und entscheidungsfähigen Menschen erziehen und bilden wollen.

9.2.2 Sonderschule versus Förderzentrum

"Auch dann, wenn wir ein gutes Gewissen haben können, daß behinderte Kinder in Sonderschulen gut gefördert werden, verspürt eine integrationsorientierte Sonderpädagogik Schmerz und Trauer darüber, daß die Förderung dieser Kinder nicht im sozialen Zusammenhang mit nichtbehinderten Kindern erfolgt."
(WOCKEN 1992b, S. 2)

Meine Konzeption geht von der Vorstellung aus, daß für *alle* hörgeschädigten – und im weiteren für alle behinderten Kinder – ein flächendeckendes Integrationsangebot in Regelschulen besteht. Damit werden Regelschul- und Sonderschulpädagogik miteinander verzahnt. Die Sonderschulen haben bezüglich der Integration nicht nur versagt, sondern sie vertreten teilweise noch heute den Standpunkt, ihre Aufgabe bestünde nicht in der Rehabilitation, sondern vorwiegend in der Förderung der Entwicklung einer Scheinidentität, abgeschottet in einer segregierten Gemeinschaft von Gehandicapten. Wie ich weiter vorne gezeigt habe, ist die Regelschule für eine flächendeckende Integration noch nicht genügend vorbereitet. Zwar kann eine wirklich gute Frühförderung sowie Beratung und Unterstützung der Eltern, der Lehrer und der betroffenen Kinder selbst, viel bewirken, doch reicht das offensichtlich nicht aus. Es kann sogar gesagt werden, daß durch das bestehende Prinzip der Einzelintegration eine Selektion bei der Integration betrieben wird (vgl. SANDER 1992). Ist jedoch eine Lösung in Sicht?

Eine erfreuliche Tendenz ist in einigen deutschen Bundesländern festzustellen, die durch eine veränderte Gesetzgebung die Schulen verpflichten, den sonderpädagogischen Förderbedarf in der Regelschule zu verwirklichen. Dies ist bereits im Saarland, in Berlin, Brandenburg, Hessen, Rheinland-Pfalz und Schleswig-Holstein der Fall. In Niedersachsen, Nordrhein-Westfalen, Hamburg und Bremen sind die Gesetze in Vorbereitung. Darüber, wie der sonderpädagogische Förderbedarf verwirklicht wird, gibt es zur Zeit noch verschiedene Vorstellungen. Eine erfolgversprechende Organisationsform stellt das 'Sonderpädagogische Förderzentrum' dar. Vereinfacht kann man sagen, daß ein Förderzentrum etwa die gleichen Aufgaben erfüllt wie die Beratungsstelle, die ich vorgestellt habe. Neu dazu kommt, daß die pädagogischen Mitarbeiter und Mitarbeiterinnen neben der Arbeit *für* das Kind auch Arbeit *mit* dem Kind leisten (vgl. 9.2.3).

Sonderpädagogische Förderzentren existieren in der deutschsprachigen Schweiz gegenwärtig noch nicht (auch nicht solche für Lernbehinderte), während in Deutschland in den letzten Jahren bereits über deren Aufgaben und Gestalt diskutiert wird (WOCKEN 1990, 1992b, GERS 1991, SANDER 1992). In mehreren deutschen Bundesländern gibt es bereits Förderzentren: Brandenburg, Schleswig-Holstein, Berlin, Nordrhein-Westfalen, Bayern, Saarland; Schleswig-Holstein und Hessen haben die Umwandlung aller Sonderschulen zu Förderzentren auf Gesetzesebene vorbereitet. Das Schulgesetz von Schleswig-Holstein hat diesbezüglich folgenden Wortlaut:

> "Als Förderzentren unterstützen die Sonderschulen Unterricht und Erziehung von Schülerinnen und Schülern mit sonderpädagogischem Förderbedarf in anderen Schularten ..." (§ 25 Abs. 2 des Schlesw.-Holst. Schulgesetzes vom 13.3.1990)

Konkret bedeutet das, daß die Sonderschulen ihren Auftrag und ihr Selbstverständnis völlig neu überdenken müssen. WOCKEN schreibt:

> "Wegen der grundsätzlichen Priorität der integrierten Förderung sind sonderpädagogische Einrichtungen verpflichtet, ihre dringliche Notwendigkeit kritisch zu hinterfragen und zu überprüfen. Eine integrationsorientierte Sonderpädagogik ist aufgerufen, für eine Besserung der Lehr- und Lernbedingungen in den allgemeinen Schulen einzutreten und gegebenenfalls auch die Selbstauflösung der eigenen Einrichtungen zu betreiben." (WOCKEN 1992b, S. 2)

Eine Auflösung der Sonderschulen, denke ich, ist nicht nötig. Aber eine gründliche Umstrukturierung wird mittelfristig kaum zu umgehen sein. Sonderschulen, die das nicht wahrhaben wollen und sich nicht auf neue Aufgaben einrichten, müssen damit rechnen, daß sie gelegentlich aufgelöst werden. Einige Sonderschulen könnten versuchen, sich mit einem 'Etikettenschwindel' über Wasser zu halten. Das heißt, daß sie lediglich ihre Bezeichnung von *'Sonderschule für ...'* in *'Förderzentrum für ...'* ändern, ohne dabei eine konzeptionelle Änderung vorzunehmen.

Um die Konzeption eines Förderzentrums zu beschreiben, gehe ich vom bekannten Konzept der herkömmlichen Sonderschule (beispielsweise für Hörgeschädigte) aus. Die Sonderschule beruhte von Anfang an auf der Idee, daß die behinderten Schüler und Schülerinnen zu ihr kommen müssen. Sie verstand sich stets als zentraler Sammelort für Kinder (dargestellt durch die Kreise mit dem 'S') einer ganzen Region, die dauerhafte und erhebliche Schulschwierigkeiten haben. Im deutschen Sprachraum gibt es so konzipierte Sonderschulen seit rund 190 Jahren (vgl. 1.4.2). Betrachtet man das bis heute weitgehend noch immer gültige Organisationskonzept der traditionellen Sonderschulen, wird deutlich, wie erschwerend sich die Sonderbeschulung gegenüber einer Integration am Wohnort allein aufgrund der zeitweiligen örtlichen Trennung von der Familie und der Wohnumgebung auf das Kind auswirken kann.

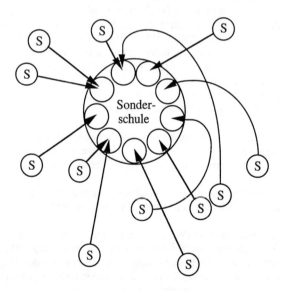

Abb. 9.2.2-1: Sonderschule

Als Folge der getrennten Schulorte haben die hörgeschädigten Kinder mit diesem Konzept an ihrem Wohnort nur unter erschwerten Bedingungen die Möglichkeit, freundschaftliche Kontakte zu pflegen. Berücksichtigt man dabei noch das schweizerische Schulzeitenmodell (vgl. Kap. 3), nach dem die Kinder erst am späteren Nachmittag nach Hause kommen, ist eine Integration am

Wohnort ohnehin sehr schwierig. Im Falle jener Kinder, die im Heim (Internat) der Sonderschule wohnen, potenzieren sich die Nachteile noch.

Die Darstellung vom 'Förderzentrum' unterscheidet sich wesentlich von jenem der 'Sonderschule'. Auffallend ist einerseits, daß die Pfeile nun in umgekehrter Richtung verlaufen und andererseits, daß nun verschiedene Pfeile vorhanden sind. Die Neuorientierung der Pfeile drückt die unterschiedlichen Aufgaben aus, die vom Förderzentrum (der ehemaligen Sonderschule) erfüllt werden. Die dünnen Pfeile beinhalten grundsätzlich jene Aufgaben, die unter 9.1 ausführlich beschrieben wurden, nämlich Beratung der Lehrer, Therapeuten, Eltern, Behörden usw. Neu sind die Aufgaben, die durch die fett gezeichneten Pfeile dargestellt werden: ambulante oder mobile pädagogisch-therapeutische Unterstützung oder eventuell das Unterrichten als Zweitlehrer in Integrationsklassen.

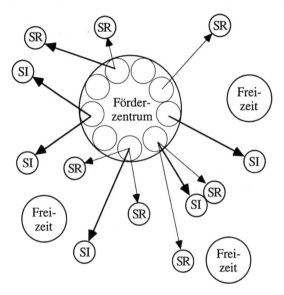

Abb. 9.2.2-2: Förderzentrum

Was in der Zeichnung weiter auffällt, ist, daß die Kreise im Förderzentrum, die ehemaligen Klassen, leer sind. Das bedeutet, daß in der ehemaligen Sonderschule keine Schüler und Schülerinnen mehr sind; sie sind an ihrem Wohnort in Regelklassen (SR) oder in Integrationsklassen (SI). Hörgeschädigte Kinder sind damit in das gleiche schulische und soziale Umfeld des Wohnquartiers eingebettet wie alle anderen Kinder. Auf die Zeichnung sind zusätzliche Kreise gekommen. Damit sind Freizeitaktivitäten gemeint, die für das behinderte Kind nun in den Bereich seiner zeitlichen Möglichkeiten gerückt sind, beispielsweise Sportclub, Freizeitanlage, Schwerhörigenverein, Gehörlosenzentrum usw. Übrigens werden die Räumlichkeiten der ehemaligen Sonderschule, obwohl die Sonderschullehrerinnen und -lehrer vorwiegend außerhalb des Zentrums unterrichten, nicht frei. Sie dienen den Ambulanz- oder Wanderlehrern und den Beratern als zentraler Dienstsitz, um eigene Teamsitzungen, Supervision usw. durchzuführen. Daneben können hier auch Workshops für Eltern, Lehrerinnen und Lehrer sowie Schülerinnen und Schüler abgehalten werden. Internatsgebäude können während Wochenendseminaren als Übernachtungsmöglichkeit dienen. Auch WOCKEN beschreibt diesen Aspekt:

"Obwohl Förderzentren im wesentlichen 'außer Haus' und 'vor Ort' tätig sind, können behinderte Kinder natürlich auch für besondere Förderkurse oder Trainingsphasen in das Zentrum geholt werden. Solche Intensivphasen sonderpädagogischer Förderung im Zentrum sollten allerdings in ihrer Häufigkeit und in ihrer zeitlichen Dauer begrenzt bleiben. Ansonsten könnten aus den Förderkursen schnell Sonderklassen werden, und aus mehreren Sonderklassen könnte sich dann wieder eine Sonderschule entwickeln. Förderzentren sind aber keine stationären Einrichtungen für behinderte Kinder, sondern Dienstleistungsunternehmen für integrationsunterstützende Arbeit. Dieser integrationsunterstützende Service- und Assistenzcharakter von Förderzentren muß wegen des Prinzips der Gemeinsamkeit unter allen Umständen erhalten bleiben." (WOCKEN 1992b, S. 6)

In meiner Beratungstätigkeit sagen Lehrer und Lehrerinnen oftmals, daß sie froh wären, auch für andere auffällige Kinder ihrer Klasse eine ähnliche Unterstützung beanspruchen zu können wie bei den Hörgeschädigten. Es ist nicht einzusehen, weshalb im Falle der Weiterentwicklung einer Sonderschule für Hörgeschädigte zu einem Förderzentrum dieses nur für hörgeschädigte Kinder zuständig sein sollte. Um die notwendigen fachlichen Kompetenzen zu gewährleisten, muß lediglich darauf geachtet werden, daß die im Förderzentrum tätigen Pädagogen insgesamt in vielen verschiedenen Fachrichtungen ausgebildet sind: Fachleute der Körper- und Geistigbehindertenpädagogik, Verhaltensauffälligenpädagogik, Blinden- und Sehbehindertenpädagogik, Schwerhörigen- und Gehörlosenpädagogik, Sprach- und Lernbehinderten- sowie der Immigrationspädagogik (vgl. ANDREA LANFRANCHI 1992). Daneben können weitere Fachleute, Männer und Frauen, dem Förderzentrum angehören, beispielsweise Schulpsychologen, Schulärzte, Psychomotoriktherapeutinnen. Ist das der Fall, so spricht man von einem 'multiprofessionellen' Förder- oder Kompetenzzentrum. In dieser Organisationsform ist es einfacher, gesamtheitlich, multiprofessionell und interdisziplinär zu beraten. Die Gefahr, daß ökosystemische Zusammenhänge zu wenig Beachtung finden, wird dadurch kleiner. Genau das ist aber wichtig, um die Vernetztheit des schulischen Alltags des behinderten Kindes, sein Mikrosystem zuerst, dann aber auch die darüberliegenden Systeme, als Ganzes zu sehen und von verschiedenen Seiten aus zu optimieren.

9.2.3 Organisatorische Voraussetzungen für ein Förderzentrum

Die Beratungsstelle ist kein Förderzentrum für hörgeschädigte Kinder. Sie stellt allenfalls einen bescheidenen Ansatz dafür dar. Ein multiprofessionelles Förderzentrum liegt jedoch noch außer Sichtweite. Deshalb stellt sich die Frage, welche organisatorischen Voraussetzungen notwendigerweise erfüllt sein müssen, um die Schaffung eines Förderzentrums für Hörgeschädigte zu ermöglichen? Ich sehe auf zwei Ebenen zwingende Anpassungen:

- Ebene des Exosystems: Einrichtung von Integrationsklassen und Ausbau der mobilen oder ambulanten Dienste
- Ebene des Mesosystems: Lehrerinnen- und Lehrerbildung

Die Veränderungen auf der Exoebene sind organisatorischer Art, und sie sind es, die Veränderungen pädagogischer Art auf der Mesoebene veranlassen, z. B. bei der Ausbildung von Lehrern und Lehrerinnen. Vorerst beschäftige ich mich mit den organisatorischen und strukturellen Voraussetzungen auf der Exoebene, den Integrationsklassen innerhalb der Regelschule und dem ambulanten Dienst des Förderzentrums.

9.2.3.1 Integrationsklassen

Die Idee der Integrationsklassen ist nicht neu. Beispielsweise existieren an der Fläming-Grundschule in Berlin-Schöneberg seit 1975 und an der Uckermark-Grundschule, ebenfalls im Bezirk Schöneberg, seit 1982 Integrationsklassen. In einer Integrationsklasse werden in der Regel 18 Kinder ohne Behinderung und 2 Kinder mit Behinderung gemeinsam unterrichtet (vgl. PETER HEYER u. a. 1990, S. 196). Integrationsklassen gelten als wesentliche Voraussetzung für eine wohnortnahe gemeinsame Beschulung aller Kinder. Am Beispiel der Uckermark-Schule sind die grundlegenden Überlegungen in verschiedenen Aufsätzen dargelegt worden (z. B. PREUSS-LAUSITZ 1982, EBERWEIN 1984, ECK u. a. 1984, HEYER 1988).

Wenn eine Regelklasse aus einer relativ homogenen SchülerInnengruppe gebildet wird, wenn also die Schüler und Schülerinnen in etwa ähnliche Lernvoraussetzungen mitbringen, dann genügt für diese Gruppe ein Lehrer oder eine Lehrerin. Für alle Kinder gelten ja auch die gleichen Lernziele, und die Erfahrung zeigt, daß ein großer Teil der Kinder mit den gleichen Hilfen und Methoden erfolgreich lernen kann. Das ist das Prinzip unseres gegliederten

Schulwesens. In einer Integrationsklasse verhält sich die Sache anders. Hier besteht die Klasse aus einer gewollt heterogenen Gruppe. Das Spektrum an Begabungen und Fähigkeiten ist entsprechend breiter als in einer Regelklasse. Der Unterricht muß hier viel stärker individualisiert werden. Das kann eine Lehrperson allein im allgemeinen nicht leisten. Aus diesem Grund unterrichten in einer Integrationsklasse während etwa der Hälfte aller Stunden zwei Pädagogen, deshalb spricht man vom Zwei-Pädagogen-System (HOLGER MÜLLER 1988, S. 41). Dadurch wird *Individualisierung im Unterricht* erleichtert. Eine der beiden Lehrkräfte ist in der Regel sonderpädagogisch ausgebildet. Für die normalerweise *zusätzliche sonderpädagogische Förderung* pro Integrationsklasse werden im allgemeinen acht zusätzliche Lehrerstunden eines Sonderpädagogen ausreichend sein (HEYER 1990, S. 197). Übrigens ist auch dann, wenn alle behinderten Kinder in Integrationsklassen aufgenommen werden, nicht damit zu rechnen, daß alle Klassen zu Integrationsklassen werden (PETER HEYER u. a. 1990, S. 198).

Die Erfahrungen mit den Integrationsklassen sind im allgemeinen gut. Diesen Eindruck erhielt ich im Oktober 1992 anläßlich des 10-Jahre-Jubiläums der Integrationsklassen in der Uckermark-Schule. Die Erfahrungen, die dort gewonnen wurden, führten zur Erkenntnis, daß *ein bißchen Integration* nicht geht, sondern ein umfassendes und verbindliches Zusammenleben im schulischen Alltag notwendig ist, um ein wirklich kooperatives Miteinander zu gewährleisten. Die an der Uckermark-Schule erzielten Ergebnisse erlauben es, die These von der Notwendigkeit eines Schonraums für behinderte Schüler, wie er nur in Sonderschulen möglich sei, zurückzuweisen. Durch die Integrationsklassen fand eine Intensivierung und Veränderung der pädagogischen Arbeit in den verschiedensten Bereichen statt:

- in der täglichen Arbeit mit dem Kind
- im Verhältnis zum Lehrerkollegium
- in der Zusammenarbeit mit den Eltern
- im Umgang mit Behörden und Institutionen

Die Autoren und Autorinnen des Abschlußberichtes sind überzeugt, durch die zehnjährige erfolgreiche Praxis den Nachweis erbracht zu haben, daß die Ergebnisse auch auf andere Schulen und Regionen übertragbar sind (HEYER 1990, S. 195).

NORBERT STOELLGER beschreibt die an der Fläming-Grundschule gewonnenen Erfahrungen im Bericht zur wissenschaftlichen Begleitung der Versuchsphase folgendermaßen:

> "In den Integrationsklassen der Fläming-Grundschule wurde anschaulich aufgezeigt und objektiv nachgewiesen, daß eine gemeinsame Schulerziehung von behinderten und nichtbehinderten Kindern nicht nur bildungspolitisch wünschenswert, sondern tatsächlich auch machbar ist, ohne daß die Bildungsbedürfnisse der

einen oder anderen Kindergruppe vernachlässigt werden. Der schulische Leistungsstand der Integrationsklassen war mindestens immer ebenso gut wie der paralleler Regelklassen. Die Persönlichkeitsentwicklung der behinderten und der nichtbehinderten Kinder wird fast ausnahmslos über die Jahre hinweg von Eltern und Pädagogen positiv und als zufriedenstellend eingeschätzt."
(STOELLGER 1989, S. 209)

Da die Errichtung von Integrationsklassen den Schulbehörden obliegt, sind die Möglichkeiten, deren Gründung durch ein Förderzentrum mitzubeeinflussen, sehr gering. Das ändert nichts daran, daß Integrationsklassen die notwendige Voraussetzung darstellen für die gemeinsame Beschulung von Kindern mit verschiedenen Behinderungsarten.

9.2.3.2 Mobiler oder ambulanter Dienst – Wanderlehrer

Die zweite organisatorische Voraussetzung zur flächendeckenden Integration muß vom sonderpädagogischen Förderzentrum selbst geschaffen werden: Der mobile oder ambulante Dienst[44] zur Unterstützung, Beratung und Begleitung der Schülerinnen und Schüler mit sonderpädagogischem Förderbedarf. Wanderlehrer und Berater sind damit einerseits Voraussetzung für die Integration und andererseits selbst von ihr abhängig. Im Laufe der letzten Jahre haben verschiedene Schulen für Schwerhörige einen ambulanten Dienst aufgebaut, um hörgeschädigte Kinder in Regelschulen zu betreuen. Eine dieser Schulen ist die Westfälische Schule für Schwerhörige in Bielefeld. Von 1988-1991 führte sie einen Schulversuch zur sonderpädagogischen Betreuung schwerhöriger Schülerinnen und Schüler an Regelschulen durch. Im Abschlußbericht schreibt ALFRED KAPRAL:

"Die Arbeit in der Regelschulambulanz stellt eine erhebliche Erweiterung der Tätigkeit der Lehrer an Schwerhörigenschulen dar. Sie ist belastend, weil sie ein hohes Maß an konzeptioneller und planerischer Arbeit voraussetzt, in der konkreten Arbeit aber nicht immer vorausplanbar ist und dadurch ein hohes Maß an Flexibilität verlangt." (KAPRAL 1991, S. 31)

KAPRAL sieht neben der Bereicherung, die die Arbeit bietet, auch Schwächen, die einerseits darin begründet sind, daß es sich bei der Ambulanztätigkeit um eine 'neue' Aufgabe handelt, andererseits aber bedingt sind durch das Ambulanzlehrersystem. Er stellt zwei Hauptforderungen zur Behebung dieser

---

[44] Ich finde den Ausdruck 'ambulanter Dienst' gräßlich. Er erinnert mich immer an ein medizinisches Ambulatorium und lenkt so unweigerlich den gedanklichen Blick auf das Defizit der betreuten Kinder statt auf deren Fähigkeiten. Aus diesem Grund ziehe ich den Begriff des 'Wanderlehrers' bzw. der 'Wanderlehrerin' vor, obwohl ich auch diesen nicht glücklich finde, da hier wieder eine andere unpassende Assoziation entsteht, nämlich die des Herumstreifens, des Wanderns eben, der ja nun auch nicht gerade zutreffend ist. Zudem decken Wanderlehrer ja nur einen Aspekt des ambulanten Dienstes ab; die Beratung gehört genauso dazu.

Schwächen auf: Erstens muß ein Fortbildungsangebot aufgebaut werden für die Gebiete Beratung, Gesprächsführung, Erwachsenenbildung und psychologische Diagnostik, und zweitens müssen die entsprechenden Inhalte in die Ausbildung der HörgeschädigtenlehrerInnen miteinbezogen werden.

Ich beschränke mich bewußt auf diese kurze Darstellung des ambulanten Dienstes, denn bei allen Einrichtungen, die diesen Dienst anbieten, ist die gleiche unbefriedigende Situation festzustellen: Neben einer meistens fehlenden Einführung in die Unterstützungs- und Beratungsarbeit fehlt es an Personal bzw. bewilligten Stellen (vgl. RENÉ MÜLLER u. a. 1989, S. 11-48; WOLFGANG DRAVE 1990, S. 355). Stellvertretend die Aussage von WERNER SALZ:

"Die ambulante Betreuung hörgeschädigter Kinder und Jugendlicher durch das Pfalzinstitut hat 1972 mit drei Kindern begonnen, sie hat somit schon eine gewisse Tradition an unserer Einrichtung, wenngleich die Möglichkeiten insbesondere an Zeit und Personaleinsatz nach wie vor als unzureichend angesehen werden müssen." (SALZ 1992, S. 361)

Diese Beispiele genügen, um zu zeigen, daß ambulante Dienste zur Betreuung hörgeschädigter Kinder vorhanden sind. All diesen Diensten ist jedoch gemeinsam, daß sie an der gleichen Krankheit leiden wie die Beratungsstelle im Kanton Zürich. Sie können eigentlich nur dort helfen, wo vom Kind her die Integrationsfähigkeit genügend groß ist. Ist das nicht der Fall, führt der Weg doch wieder in die Sonderschule. Es sind eben alles *keine Förderzentren* für Hörgeschädigte. Im Bereich der Hörgeschädigtenbildung gibt es meines Wissens im deutschen Sprachraum noch kein echtes Förderzentrum. PETER RAIDT (1992[2], S. 199) erwähnt zwar, daß aufgrund der veränderten Gesetzeslage im Saarland die Möglichkeit bestehe, die saarländischen Hörgeschädigtenschulen in 'Schulen ohne Kinder' bzw. in integrationspädagogische Förderzentren umzuwandeln oder weiterzuentwickeln, mir ist jedoch nicht bekannt, ob dies in der Zwischenzeit geschehen ist. In Bezug auf Beratung ist das Dienstleistungsangebot der Beratungsstelle in Zürich wahrscheinlich eines der am weitesten fortgeschrittenen. Im Kanton Zürich sind zwar keine Wanderlehrer an der Gehörlosenschule angestellt. Etliche Kinder werden jedoch von der Schule für Hörgeschädigte in Meggen betreut. Zudem besteht ein engmaschiges Netz von Logopädiestellen. Und die Logopädinnen und Logopäden werden während ihrer Ausbildung nicht nur in Hörgeschädigtenpädagogik eingeführt, sondern auch in die Integrationsarbeit.

Erwähnenswert ist, daß im 'neuen' Bundesland Brandenburg die Planung von Förderzentren – und vereinzelt auch schon deren Errichtung – weiter vorangeschritten ist als in den meisten 'alten' Bundesländern. Neben regionalen Förderzentren, die jeweils für einen Kreis zuständig sind und die häufigsten Behinderungsformen wie Lern- und Sprachbehinderung, Verhaltensauffälligkeit abdecken sollen, ist für das ganze Land ein überregionales Förderzentrum (analog jenem in Schleswig-Holstein für Sehgeschädigte) geplant, das für die Betreuung der seltener vorkommenden Behinderungsarten wie Blinde verantwortlich sein wird. Was die Hörschädigungen betrifft, sind für das Land Brandenburg drei regionale Förderzentren geplant.

9.2.4 'Service for Hearing Impaired Children in Leicestershire'

Anders sieht die Situation in Großbritannien[45] aus. In Leicestershire beispielsweise existiert seit 1975 ein Förderzentrum für hörgeschädigte Kinder und Jugendliche, der 'Service for Hearing Impaired Children'.

Einige Daten zum 'Förderzentrum für hörgeschädigte Kinder' in Leicestershire:

Hörgeschädigte Kinder insgesamt	532
Vorschule (Pre-Schools)	56
in Regelschulen (Ordinary Schools)	423
in Sonderschulen (Units)	13
in weiterführender Bildung	33
in Berufsausbildung	7

Abb. 9.2.4-1: Hörgeschädigte Kinder in Leicestershire (1991) nach DAVID R. HARRISON (1992)

Nachstehend eine Kurzbeschreibung von DAVID HARRISON, dem Leiter des 'Service for Hearing Impaired Children':

> "Leicestershire ist eine ländliche Grafschaft in den West Midlands. Die zentral gelegene Hauptstadt Leicester ist Zentrum der Strumpf- und Wirkwarenindustrie. Von den fast 900'000 Einwohnern des Landes sind etwa zwanzig Prozent asiatischer Herkunft. Viele Kinder dieser Bevölkerungsgruppe werden eingeschult, ohne der englischen Sprache mächtig zu sein.

---

[45] Eine umfassende Darstellung des Bildungswesens im Vereinigten Königreich hat HAJO FRERICHS (1992) geschrieben. Der Bericht 'Begabungsentfaltung gehörloser Schüler durch gemeinsames Lernen mit Nichtbehinderten' (1992) enthält von WENDY LYNAS et al. eine Gesamtdarstellung der gemeinsamen Förderung hörgeschädigter und nichtbehinderter Kinder in englischen Bildungseinrichtungen. UWE MARTIN, ein Kenner der englischen Schullandschaft, beschrieb die Situation in Cornwall (1986).

Es gibt etwa fünfhundert Kinder mit Schallempfindungsschwerhörigkeit, die von dem Service für hörgeschädigte Kinder gefördert werden. Die Hälfte dieser Kinder hat hochgradige Hörschädigungen. Neun Kinder werden in Gehörlosen-Sonderschulen außerhalb Leicestershire beschult – alle anderen Kinder sind in Regelschulen. Eine kleine Anzahl, zur Zeit sind es zwölf, besuchen 'Units' (diese sind vergleichbar mit den 'Integrationsklassen' des Kantons Zürich, die unter 3.4 beschrieben sind; Anm. d. Autors) für hörgeschädigte Kinder, wo Fachlehrer in den Regelschulen permanent beschäftigt sind. Diese Kinder verbringen ungefähr die Hälfte ihrer Zeit in den Regelklassen, wo sie mit hörenden Kindern zusammen unterrichtet werden. Alle anderen Kinder besuchen die Schule, die ihre Eltern aussuchen; dort werden sie durch Wanderlehrer unterstützt. Die Schulbehörde in Leicestershire beschäftigt dreiunddreißig Vollzeit-Fachkräfte, um Kinder und Jugendliche von der Diagnose der Hörschädigung (im Alter von sechs Monaten) bis zum Ende ihrer Fachhochschulbildung (mit zwanzig Jahren) zu fördern."
(HARRISON 1992, S. 88)

Folgender Aspekt scheint mir am Leicestershire-Modell besonders beachtenswert: Das Angebot von Dienstleistungen, das von der Frühberatung bis ins Erwachsenenalter reicht. Dadurch bieten sie Gewähr für eine Begleitung der Eltern während der Diagnose, der Früherziehung, der Einschulung und durch die gesamte Schulzeit hindurch. Die Wanderlehrer von Leicester betreuen im Durchschnitt acht bis zwölf Kinder. Diese Zahl entspricht auch jener, die beispielsweise DRAVE (1990) und WOCKEN (1992b, S. 6) nennen. Dies ist nur dadurch möglich, daß von den Behörden genug Personal zur Verfügung gestellt wird. Würde man die Zahlen auf die Situation von Zürich übertragen (interpolieren), so würde das bedeuten, daß wir etwa 22 volle Stellen zugestanden bekommen müßten; es bestehen aber nur deren zwei.

MitarbeiterInnen (insgesamt)	*39*
SonderschullehrerInnen (inkl. 3 Pädaudiologen/EDN Audiologists)	33
Früherzieherinnen (Nursery nurses)	4
Techniker	2

Abb. 9.2.4-2: Mitarbeiter des Service for Hearing Impaired Children, Leicestershire

9.2.5 Konsequenzen für die Ausbildung von Lehrerinnen und Lehrern

Mit dem Aufbau eines Förderzentrums muß auf der Mesoebene, bei der Lehrer- und Lehrerinnenbildung, eine Veränderung einhergehen. Eine flächendeckende gemeinsame Erziehung und Bildung behinderter und nichtbehinderter Kinder kann nicht ohne Auswirkungen sowohl auf die Regelpädagogik als auch auf die Sonderpädagogik bleiben. Integrationsklassen werden zwar in Regelschulen eingerichtet, werden personell aber von der Sonderschule unterstützt. Das Personal der mobilen oder ambulanten Dienste wird zwar von der einstigen Sonderschule, dem Förderzentrum gestellt, ist aber vorwiegend in den Regelschulen tätig. Der Netzwerkcharakter zwischen Sonder- und Regelpädagogik wird dadurch deutlich. Die herkömmliche regel- und sonderpädagogische Ausbildung entspricht weder den Anforderungen in Integrationsklassen noch jenen in Regelklassen mit ambulanter sonderpädagogischer Unterstützung, geschweige denn jenen, die die Arbeit als Berater oder Beraterin verlangt. Somit kommt eine Ausbildungstätte für Lehrerinnen und Lehrer, die sich der Integrationspädagogik verpflichtet fühlt, nicht darum herum, ihre Ausbildungspläne ebenfalls weiterzuentwickeln. Dieses verzahnte Zusammenwirken von Sonderpädagogik und Regelpädagogik stellt meines Erachtens eine neue und umfassende Pädagogik dar, die Integrationspädagogik, die sich vermehrt zuständig fühlt für soziale Randgruppen. Die zentralste Forderung ist, daß Lehrerinnen und Lehrer sämtlicher Schulstufen und Schultypen obligatorisch einen Studienanteil im Bereich 'integrationspädagogische Grundlagen' absolvieren müssen.

Wichtig finde ich, daß die Lehrerinnen und Lehrer während ihrer Ausbildung Klassen besuchen, in denen Integration stattfindet. Derzeit steht jedoch eher der Besuch in einer Schule für Hörgeschädigte auf dem Ausbildungsprogramm. Dadurch entstehen in den Köpfen der angehenden Lehrer und Lehrerinnen falsche Bilder, denn die meisten hörgeschädigten Kinder sind nicht in Sonder-, sondern in Regelschulen, und die meisten von ihnen sprechen auch unauffällig. Wenn später eine Lehrkraft gefragt wird, ob sie ein hörgeschädigtes Kind unterrichten möchte, assoziiert sie damit die Vorstellung von exotisch anmutenden Kindern, die kaum verständlich sprechen können. Unter solchen Umständen muß sich zwangsläufig ein 'Spezialist-Generalist-Dilemma' entwickeln, das den Regelschulpädagogen suggeriert, die Sonderschulpädagogen seien für die 'Defizite' behinderter Kinder zuständig und dafür schließlich ja auch entsprechend ausgebildet, während sie selbst nur für die 'normalen' Kinder zuständig seien.

Ein hervorragendes Beispiel zur Förderung des Integrationsgedankens während der Ausbildung stellt meines Erachtens die 'Interdisziplinäre Arbeitsstelle Integration Behinderter' in Berlin dar. HANS EBERWEIN beschreibt deren Funktion:

"Als Bindeglied zwischen Universität und integrativer Schulpraxis gedacht, ist ihr Hauptanliegen, eine Studienreform im Hinblick auf Integrationspädagogik anzuregen und voranzubringen sowie 'Diskrepanzen zwischen integrationspädagogischen Kompetenzen und schulpraktischen Erfordernissen' abzubauen."
(EBERWEIN, HANS in VERNOOIJ, MONIKA 1992[2], S. 268)

In der Arbeitsstelle findet sich beispielsweise eine umfassende Dokumentationsstelle von Forschungsergebnissen, von Berichten aus Modell- und Schulversuchen, von themenspezifischer Literatur, von förderdiagnostischen Materialien sowie von behinderungsspezifisch entwickelten didaktischen Arbeitsunterlagen. Die Stelle dient auch als Beratungsstelle für Integrationsschulen.

Aus Großbritannien, wo man sich schon früher mit Integrationspädagogik auseinanderzusetzen begann als auf dem Kontinent (vgl. vorherigen Abschnitt), ist mir die Bücherserie 'Special Needs in Ordinary Schools' ('spezielle Bedürfnisse in der Regelschule') von BRAHM NORWICH (1990) bekannt, die viele Anregungen für Eltern behinderter Kinder sowie Lehrerinnen und Lehrer an Regelschulen aufzeigt. Diese kleine 'Integrationsbibliothek' umfaßt derzeit bereits 21 Titel. Hier eine kleine Auswahl der Themen:

- 'Primary Schools and Special Needs'
  (Primarschule und besondere Bedürfnisse)
- 'Secondary Schools for All? Strategies for Special Needs'
  (Sekundarstufe für alle? Strategien für besondere Bedürfnisse)
- 'Children with Hearing Difficulties' (hörgeschädigte Kinder)
- 'Children with Learning Difficulties' (lernbehinderte Kinder)
- 'Children with Physical Disabilities (körperbehinderte Kinder)
- 'Children with Speech and Language Difficulties'
  (sprech- und sprachbehinderte Kinder)
- 'Improving Classroom Behaviour: New Directions for Teachers and Pupils' (Verbessern des Verhaltens im Klassenzimmer. Neue Perspektiven für LehrerInnen und SchülerInnen)
- 'The Visually Handicapped Child in Your Classroom'
  (sehgeschädigte Kinder im Klassenzimmer)

Es genügt nicht mehr, Lehrer und Lehrerinnen für die Arbeit in traditionellen pseudohomogenen Regel- und Sonderklassen vorzubereiten. Nötig ist die Vorbereitung auf das Unterrichten in Regelklassen *und* in Integrationsklassen, die in ihrer Zusammensetzung in jeder Beziehung heterogen sind. Viele Klassen bieten heute das Bild einer multikulturellen, multikonfessionellen und auch multipel gehandicapten SchülerInnengruppe. Weiter sind die Pädagogen zu befähigen, als Mitarbeiter und Mitarbeiterinnen des sonderpädagogischen Förderzentrums vielseitige Stütz- und Förderaufgaben zu übernehmen und Bereiche der Erwachsenenarbeit aufzubauen und diese auch selbst durchzuführen. Beispielsweise ist zu bedenken, daß die Arbeit in einer Integrationsklasse durch ein Zweierteam nicht einfacher wird. Nicht alle sind in der Lage, ein koopertives Teamteaching zu verwirklichen. GISELA KREIE schreibt dazu in ihrer Untersuchung über integrative Kooperation:

> "Für das Gelingen der Kooperation ist der psychische Entwicklungsstand der Lehrer entscheidend, ihre Selbst- und Fremdwahrnehmungsfähigkeit, ihr Selbstwertgefühl in beruflichen Arbeitszusammenhängen." (KREIE 1985, S. 117)

SUSANNA BEWS, die selbst während einiger Jahre in einer Integrationsklasse in Wien unterrichtete, verschweigt nicht die zeitweise enorm schwierige Situation, die zwischen ihr und ihrer Teamlehrerin bestand. Sie schreibt:

> "Wenn LehrerInnen jedoch in einer sogenannten 'Normalklasse' schon an die Grenzen ihrer Möglichkeiten stoßen, weil sie das entsprechende 'Rüstzeug' nicht mitbekommen haben, ja sogar im Gegenteil ihre individuellen Eigenschaften größtenteils verschüttet werden, können sie in einem so sensiblen Schulversuch, wie ihn Integrationsklassen darstellen, nur schwer bestehen. Gerade hier, wo LehrerInnen aufgrund der vielfältigen Konfrontation mit Neuem und 'Andersartigem' besondere Kraft, Kreativität und Freiraum benötigen würden, stoßen sie viel eher an Grenzen und Hindernisse.
> Vor allem die Frage nach Kooperation und Teamarbeit scheint mir bedeutend, da dieser Problemkreis im Rahmen der Ausbildung zur Gänze ausgeklammert wird. Dieses Kooperieren im Team ist in einer Integrationsklasse unerläßlich, man könnte sagen 'die Zusammenarbeit der ... LehrerInnen bestimmt das Gelingen bzw. Nichtgelingen von Integration'." (BEWS 1992, S. 55)

Um eine Veränderung des Curriculums in den Seminaren oder den Pädagogischen Hochschulen bzw. Universitäten zu erwirken, ist es notwendig, daß die von Integrationspädagogen und Beratern gemachten Erfahrungen und gewonnenen Erkenntnisse zur Kenntnis genommen werden. Dies kann bedeuten, daß sich diese Integrationsfachleute vermehrt auch als Universitäts- und Seminarlehrer sowie als Autor betätigen. Solche Personen können in hohem Maß wirkungsvolle Öffentlichkeitsarbeit unter Lehrern, Therapeuten und Sozialpädagogen leisten. Da sie aus der Praxis berichten können, sind sie besonders glaubwürdig. Sie sollten auch beigezogen werden, wenn es darum geht, Integrationspädagogik in die Lehrpläne der Lehrer- und Lehrerinnenbildung einzubauen.

Ein Überdenken der Lehrerbildung ist auch deshalb dringend, weil der Erfolg integrativer Beschulung mit der Art der Unterrichtsorganisation (Verhältnis von Differenzierung und Integration), mit dem Erleben des Unterrichtsklimas (Interaktionsqualität) und mit bestimmten Wahrnehmungsmustern abweichenden Verhaltens durch die RegelklassenlehrerInnen zusammenhängt. Echte Innovation im Unterricht mit integrativem Charakter ist zwingend mit einem Abbau äußerer Differenzierung und dem Aufbau innerer Differenzierung im Schulbereich verbunden (BÄCHTOLD 1990[2], S. 270,

WOCKEN 1992b, S. 2 ff.). Nur, damit Lehrer und Lehrerinnen inhaltliche und formale Neuerungen erlernen können, müssen ihnen solche erst vermittelt werden. Geschieht das nicht, besteht die Gefahr, in jenes Dilemma zu geraten, das nachstehend dargestellt ist.

Quelle: Die Grundschulzeitschrift, Heft 58. Stuttgart 1992, S. 26.

Wie ist diesem Dilemma beizukommen? Ich denke am ehesten dadurch, daß bei der Ernennung von neuen Seminarlehrern und Lehrbeauftragten an den Universitäten Pädagoginnen und Pädagogen gesucht werden, die erstens Erfahrung in der Integrationsarbeit mitbringen und zweitens eine ökosystemische Integrationspädagogik vermitteln und auch selbst praktizieren können. Damit solche Personen in die entsprechenden Führungspositionen ernannt werden, ist es notwendig, daß die Kommissionen, welche Hochschuldozenten und Seminarlehrer durch Wahl ernennen, ebenfalls kompetent gemacht werden bezüglich der Integrationspädagogik. Genau da wird noch einmal deutlich, wie wichtig es ist, daß sowohl von den Praktikern als auch von den Wissenschaftlern eine kontinuierliche Öffentlichkeitsarbeit geleistet wird. URS RÜEGGER weist ebenfalls auf diesen Problemkreis hin:

"Als schwierig erweist sich der Versuch, in der Ausbildung von LehrerInnen von Routine und Institutionalisierung wegzukommen. Während im Unterrichtsbereich vor allem die Zusammenarbeit der pädagogischen Fachkräfte weitgehend noch zu wünschen übrig läßt und die interdisziplinäre Zusammenarbeit der Seminardozenten in der Lehrerbildung minimal ist, zeigt sich diese Gefahr der Institutionalisierung und Routine vor allem auch in der Beratung von JunglehrerInnen im Kanton Zürich. Nur ein kleiner Teil der ... LehrerInnen erlebt die JunglehrerInnenberatung ... wirklich auch als Hilfe im Umgang mit Schulschwierigkeiten und sogenannt 'schwierigen SchülerInnen'. Hier ist die Realität noch weit von den integrationspädagogischen Forderungen nach intensiver Zusammenarbeit und Fachaustausch entfernt." (RÜEGGER 1992, S. 143)

PETER HEYER stellte die Frage: "Verschläft die Universität die Ausbildung für die integrative Schule?" Dann stellt er folgenden Sachverhalt fest:

"An den Grundschulen hat sich in den letzten zwanzig Jahren einiges in Richtung Integration bewegt – und an den Hochschulen? Sicher, es gibt mehr als ein Dutzend engagierter Wissenschaftlerinnen und Wissenschaftler, die viel für die Integrationsentwicklung in Deutschland getan haben. Geändert hat sich bisher aber nur etwas an der Institution, für die ausgebildet wird, nicht an der Universität selbst. ... als wäre die soziale Bewegung der Integration Behinderter an den Universitäten spurlos vorübergegangen." (HEYER 1992, S. 26)

9.2.6 Individualisierung des Unterrichts als Voraussetzung

WOCKEN nennt als erste Voraussetzung für die Integration 'die Individualisierung des Unterrichts'. Er sagt:

"... sie erfordert ein neues Denken. Wir müssen akzeptieren, daß alle Kinder verschieden sind. Alle sind einzigartig und einmalig. Alle Kinder, nicht nur die behinderten, sind besonders. Es ist deshalb auch falsch, von verschiedenen Kindern das Gleiche zu verlangen und verschiedene Kinder gleich zu behandeln. Erziehung und Unterricht müssen vielmehr so gestaltet werden, daß alle Kinder zu ihren persönlichen Möglichkeiten finden können." (WOCKEN 1992b, S. 2 f.)

Selbstverständlich darf durch die große innere Differenzierung und individuelle Förderung die soziale Einheit der Klasse und die Gemeinsamkeit des Unterrichts nicht zerstört werden (vgl. JAKOB MUTH 1986, S. 60 ff.).

9.2.6.1 Individualisierung der Ziele

Ein Unterricht, der von jedem Kind immer das verlangt, was es zu leisten vermag, wird in der Pädagogik als 'zieldifferenter Unterricht' bezeichnet. Das bedeutet *verschiedene Ziele für verschiedene Kinder*. Dabei wird die individuelle Förderung sicher an der ebenfalls individuellen Leistungsgrenze angesetzt, selten darüber, auf keinen Fall aber darunter. Soll ein großer, starker Junge im Hochsprung gleich bewertet werden wie ein kleiner, schwächlicher Junge, nur weil beide in der gleichen Klasse sind? Das ist völlig falsch, und dennoch ist genau das der schulische Alltag. Dabei soll sich doch jedes Kind entsprechend seinen Fähigkeiten entfalten können.

> "Wir müssen lernen, mit dem zufrieden zu sein, wenn ein Kind das wird, was es werden kann; wenn es das leistet, was es leisten kann. Mehr können wir von den Kindern vernünftigerweise nicht erwarten." (WOCKEN 1992b, S. 3)

Daß wir Erwachsenen von den Kindern dieses Prinzip selbstverständlich erwarten, wenn es um uns selbst geht, illustriert folgendes Beispiel. Es ist ein Gespräch, das sich zwischen Karin, einem gehörlosen Mädchen einer 1. Mittelschulklasse (6. Schuljahr) in Bozen (Südtirol) und seiner Deutschlehrerin, IRIS TATZ, auf dem Pausenhof abspielte:

Karin: "Frau Tatz, was ist das für ein Baum?"
Iris: "Das weiß ich nicht – ich bin Deutschlehrerin. Frag doch Frau Faller, die Biologielehrerin!"
Karin: "Frau Faller kann aber auch Deutsch!"

9.2.6.2 Individualisierung der Methoden

Natürlich ist es falsch, alle Kinder gleich zu behandeln. Auch wenn das ohne schlechte Absicht in der Illusion scheinbarer Gerechtigkeit geschieht. Da alle Kinder verschieden sind, besteht echte Gerechtigkeit nämlich gerade darin, daß nicht alle gleich behandelt werden, sondern entsprechend ihren Fähigkeiten. Das bedeutet im Unterricht, daß jedes Kind *jene* Hilfen bekommt, die es benötigt, um weitere Fortschritte zu machen.

In der Primarschule (Grundschule) benötigen die meisten Kinder keine speziellen Hilfen, um dem Unterrichtsgeschehen folgen zu können und Fortschritte im Lernen zu machen. Sie sind flexibel genug, um zu verstehen, was der Lehrer oder die Lehrerin von ihnen möchte. Einige Kinder brauchen vielleicht für eine begrenzte Zeit eine zusätzliche Hilfe, andere Kinder sind dauernd auf eine spezielle Hilfe angewiesen, beispielsweise ein hochgradig hörgeschädigtes

Kind auf Hörtraining und Unterstützung im Aufbau der Lautsprache. Dieses Unterrichtsprinzip, das in der Pädagogik als Prinzip der differenzierten Lernhilfe bezeichnet wird, kann beispielsweise im 'Werkstatt-Unterricht' (offenes Lernen) verwirklicht werden. Der Werkstatt-Unterricht setzt eine Minimierung des 'Frontalunterrichts' und gleichzeitig ein Mitbestimmen in der Abfolge der zu bewältigenden Aufgaben oder Lernschritte voraus. Die Kinder wählen dabei auch die Sozialform selbst aus, indem sie sich Hilfen oder Helfer suchen, sich an Mitschüler und Mitschülerinnen oder die Lehrerin bzw. den Lehrer wenden.

Zu dieser Unterrichtsform schreibt SUSANNE BEWS:

"Wir schätzen es sehr, daß ... der Zeit- und Stoffdruck für lernschwächere Kinder vermieden werden kann und zugleich für leichter und schneller lernende Kinder ein größeres Angebot zur Verfügung steht. Gleichzeitig sehen wir immer wieder, daß sich jedes Kind selbst am besten einschätzt und sich 'die Latte' eher höher als zu niedrig legt." (BEWS 1992, S. 86)

9.2.6.3   Individualisierung der Leistungsbewertung

Betrachtet man die folgende Karikatur, so wird klar, daß es ein purer Unsinn ist, die Leistungen verschiedener Kinder nach dem gleichen Maßstab zu bewerten.

Abb. 9.2.6-1: Er war nur ein Fachverständiger – kein Sachverständiger

ich höre ... nicht alles!

Es wäre eine dankbare Aufgabe, wenn sich Graphiker und Karikaturisten häufiger mit solchen gesellschaftlichen Anliegen auseinandersetzen würden. Bilder vermögen eben oftmals mehr auszusagen als viele Worte. Wir müssen immer wieder daran denken, daß Kinder einzigartig und einmalig sind. Man kann sie nicht miteinander vergleichen. Ein hörgeschädigtes Kind, das ein Diktat schreiben soll, wird nur auf seine Hörfähigkeit geprüft, vielleicht noch auf seine Frustrationstoleranzgrenze, sicher nicht auf seine Rechtschreibkenntnisse. Dennoch sind viele Lehrerinnen und Lehrer immer wieder der Meinung, daß sie dem hörgeschädigten Kind einen 'Behindertenbonus' geben würden, wenn sie bei einer bestimmten Leistung seine Hörbeeinträchtigung in die Notengebung miteinbeziehen würden. Sie sagen: "Ich muß doch bei allen Kindern den gleichen Maßstab anlegen, sonst bin ich ungerecht." In Berücksichtigung des in der Karikatur dargestellten Sachverhalts gibt es eigentlich nur eine Konsequenz: Verbale Zeugnisberichte anstelle von Ziffernzeugnissen. Nur sie ermöglichen eine individualisierende Leistungsbewertung. Da in einem integrativen Unterricht der Vergleich der Schüler und Schülerinnen untereinander ohnehin eingeschränkt ist, muß hier der intraindividuellen Leistungsbewertung erst recht ein besonders hoher Stellenwert eingeräumt werden.

9.2.7 Aufgaben des Förderzentrums

Mit welchen Veränderungen im pädagogischen Alltag haben die Mitarbeiter und Mitarbeiterinnen des Förderzentrums zu rechnen? Das läßt sich nicht pauschal sagen. Je nach Standpunkt, von dem aus man die Sache betrachtet, sind die Änderungen sehr einschneidend oder relativ unbedeutend. Für Lehrerinnen und Lehrer, die den Sprung aus der traditionellen Sonderschule bereits hinter sich haben und die schon in der Integration tätig sind, für die auch Beratung und Supervision von Regelschullehrern als selbstverständlich dazugehören, wird sich ein Förderzentrum höchstens im Sinne einer Entlastung bemerkbar machen. Damit meine ich, daß im Förderzentrum nämlich mehr Personal zur Verfügung steht, daß einzelne Aufgaben von verschiedenen Lehrerinnen und Lehrern durchgeführt werden können. Ganz anders ist die Ausgangslage für jene Sonderschulpädagogen, die noch in der vertrauten und von der Wirklichkeit abgeschotteten Welt ihrer Gruppe leben. Ihr klar geregelter Tagesablauf wird sich grundlegend verändern. Mit Sicherheit läßt sich nur sagen, daß dieses introvertierte Arbeiten der Vergangenheit angehört. Die neuen Aufgaben führen Sonderpädagogen durch als:

- AmbulanzlehrerIn in Regelklassen,
- TherapeutIn in Regelklassen,
- Team- oder Zweitlehrer in einer Integrationsklasse,
- BeraterIn in Regelklassen und in der Erwachsenenbildung.

Alle vier Bereiche erfordern teilweise völlig neue Berufsqualifikationen (vgl. 9.1.2 und 9.1.7). Es ist damit zu rechnen, daß nicht alle Kollegen und Kolleginnen willens oder fähig sind, diese Herausforderungen anzunehmen. Das bedeutet, daß sie sich entweder eine neue Arbeit suchen oder um eine RegelklassenlehrerInnenstelle bewerben. Dies erachte ich im Einzelfall zwar als Belastung, darf aber nicht dazu führen, daß deswegen eine Entwicklung verhindert wird, die zum Wohle des Kindes ist. Analoge Entwicklungen in der Industrie werden übrigens von unserer Gesellschaft mit der größten Selbstverständlichkeit akzeptiert. Man stelle sich nur einmal einen Technischen Zeichner vor, der sagt, er wolle heute noch immer mit den gleichen Methoden und Instrumenten arbeiten wie zu jener Zeit, als er seine Ausbildung beendet hatte. Mit Sicherheit kann dieser Zeichner seine Arbeitsstelle samt seinen anachronistischen Zeichenutensilien verlassen. Wenn er nicht bereit ist, sich moderne Technologien wie das CAD[46] anzueignen, hat er schlicht keine Chance, in seinem erlernten Beruf weiterzuarbeiten. Ich sehe nicht ein, weshalb es ausgerechnet im Bereich der Pädagogik, in dem es um die Gesamtentwicklung eines Menschen geht, anders sein soll.

PAT CHAPMAN, die zuerst als Gehörlosenlehrerin in einer Gehörlosenschule arbeitete und nun seit vier Jahren als Wanderlehrerin für den 'Service for Hearing Impaired Children' in Leicestershire tätig ist, schildert ihre berufliche Änderung wie folgt:

"Selbstverständlich hat sich mein Aufgabenbereich in den letzten vier Jahren sehr geändert. Ich bin von der Verantwortung eines täglichen Klassenlehrplanes befreit. Ich kann mich auf die einzelnen Kinder, die ich besuche, konzentrieren. Dadurch kann ich die Auswirkungen der Hörschädigung auf jedes Kind genauer beobachten. Ich kann mich mit den Hörgeräten befassen. Diese werden ständig überwacht, um ihre Funktion und optimale Einstellung für jedes Kind sicherzustellen. Der Lehrplan kann analysiert und mit den Lehrern besprochen werden, um auf diese Weise den Fortschritt des Kindes zu sichern. Es kann eine Menge erreicht werden, indem das Kind im Einzelunterricht gefördert wird: Die Arbeit in der Klasse wird unterstützt, das entsprechende Vokabular wird vermittelt und fehlende Hintergrundinformationen ergänzt. Alle Bemühungen konzentrieren sich darauf, das Kind erfolgreich in der normalen Klasse zu fördern."
(CHAPMAN 1992, S. 121)

Für einzelne Mitarbeiterinnen und Mitarbeiter des Förderzentrums besteht die Möglichkeit, sich weiterzubilden, um den Kollegen und Kolleginnen das notwendige Know-how zu vermitteln. Wichtig sind auch Personen, die Einführungs- und Trainingskurse für Regelschullehrer durchführen, Vorlesungen an Universitäten und Workshops an Seminaren abhalten können. Weiter gilt es, Langzeitstudien von einzelnen Schülerinnen und Schülern zu erstellen,

---

[46] CAD (engl.) ist die Abkürzung für 'Computer Aided Design' (Computerunterstütztes Zeichnen)

z. B. mittels Videodokumentationen, die der wissenschaftlichen Begleitung und Auswertung dienen können.

Ein weiterer Bereich, *der sehr wichtig ist und bisher in der Integrationspädagogik weitgehend ausgeklammert wurde*, besteht im Aufzeigen von sozialen Kontaktmöglichkeiten für hörgeschädigte Kinder und Jugendliche im *Freizeitbereich:* Weekends und Sommerfreizeiten für integrativ beschulte hörgeschädigte Kinder usw. Das bedeutet, daß Selbsthilfegruppen unterstützt werden sollten, da sie ein wichtiges Umfeld bieten können, in dem die Persönlichkeitsentwicklung und Orientierung an Gleichbehinderten stattfinden kann.

Das Förderzentrum ermöglicht es, sich in verschiedenen Tätigkeitsbereichen zu engagieren, z. B. können einige Kinder in Regelklassen begleitet werden und daneben noch Kurse für Regelschullehrer organisiert werden. Oder man kann Elternbegleitung im zeitlichen Umfeld einer Operation (z. B. Cochlea-Implantat) durchführen und daneben seine Fähigkeiten in einer Integrationsklasse einbringen.

Die Aufgaben eines Förderzentrums lassen sich in zwei Hauptbereiche zusammenfassen:

1. Schulisch-therapeutische Unterstützung der SchülerInnen in Regel- und Integrationsklassen im Sinne des Wanderlehrers bzw. der Wanderlehrerin oder als ZweitlehrerIn in einer Integrationsklasse. In beiden Fällen wird vorwiegend Arbeit *mit* dem Kind geleistet: Frühförderung, Mitarbeit im Unterricht, spezielle behinderungsspezifische Förder- und Therapiemaßnahmen, Mitentwickeln der individuellen Förderpläne ('IEP'), fallweise Begleitung in Berufsschule und am Arbeitsplatz, Betreuung in Spielgruppen.

2. Beratung im Sinne wie ich sie unter 9.1 beschrieben habe. Dies bedeutet Arbeit *für* das Kind: Ökosystemische Beratung insbesondere bei Übergängen von einer Schulstufe in die nächste, dies beispielsweise, indem die Bindeglieder zwischen dem zu verlassenden System und dem aufnehmenden System sichergestellt werden, Empathieförderung, Unterstützung bei der Handhabung technischer Hilfsmittel, z. B. Hörgeräte oder FM-Anlage, Initiieren und Mitentwickeln individueller Förderpläne ('IEP'), Organisation und Koordination medizinischer, psychologischer und sozialer Dienste.

9.2.8 Kosten des Förderzentrums

Ich will in diesem Abschnitt nicht auf eine detaillierte Kostenberechnung für ein Förderzentrum bzw. die Integration allgemein eingehen. Ich verweise auf eine Arbeit von JOSEF BAGUS (1983), der ausführt, daß für diese Beschulung nur ein Teil dessen ausgegeben werden müßte, was eine Sonderbeschulung kostet.[47] Aber meiner Meinung nach darf die Kostenfrage grundsätzlich nicht am Anfang einer so entscheidenden Frage wie der Integration stehen. Nach SANDER ist es auch nicht das Ziel des Förderzentrums, Integration 'kostenneutral' zu ermöglichen;

> "das primäre Ziel ist vielmehr, Integration ohne Zurückweisung (in Sonderschulen; Anm. d. Autors) zu ermöglichen. Förderzentren verursachen insbesondere dann zusätzliche Kosten, wenn sie neben der Integrationsunterstützung auch Präventionsaufgaben im Regelschulbereich übernehmen." (SANDER 1992, S. 116)

Im Zusammenhang mit der Kostenfrage der Integration sind die Gedanken des Zürcher Humangenetikers WERNER SCHMID von Interesse. Die medizinische Genetik setzt einen großen Teil ihrer Mittel dazu ein, mit Hilfe der pränatalen Diagnostik die Geburt mongoloider Kinder zu verhindern. SCHMID sagt, daß das Geld, das heute in die pränatale Forschung gesteckt werde – und im Effekt bei vielen Menschen den Irrglauben auslöse, eines Tages eine Menschheit ohne Behinderte zu erhalten – viel prospektiver in der integrativen Beschulung eingesetzt würde. Am Beispiel Dänemarks belegt er auf eindrückliche Weise,

> "daß durch eine Humanisierung des Schulsystems sehr viel erreicht werden kann, nicht nur für geistig Schwerbehinderte, sondern auch für Lernbehinderte leichteren Grades. Richtig an die Hand genommen, gereicht eine solche Umstellung auch dem begabteren Teil der Schüler nur zum Nutzen." (SCHMID 1982, S. 318)

Aufgrund seiner Nachforschungen in Dänemark kam SCHMID zu folgenden Ergebnissen:

> "Die Integration ist nicht billiger als unser System. Der Hauptunterschied besteht darin, daß die Sonderschulen nicht im Ghetto, sondern durch ebenso viele Fachkräfte, begleitend, erfolgt. Im Hintergrund sorgen koordinierende Spezialisten und 'Trouble shooters' dafür, daß das dezentralisierte System auch reibungslos funktioniert. In den heilpädagogischen Schulen der Schweiz trifft es auf ein bis zwei Schüler einen Betreuer, und in Dänemark ist das nicht anders."
> (SCHMID 1982, S. 320)

Ich finde, dem gibt es eigentlich nichts beizufügen. Prinzipiell fände ich es durchaus in Ordnung, wenn die Integration teurer wäre als das bestehende Sonderschulwesen. Schließlich würde sie das ermöglichen, was das gegenwär-

---

[47] ULF PREUSS-LAUSITZ führte im Februar 1993 beim Jahrestreffen Wiss. Begleitforschung folgende Überlegung aus: "Im Stadtbezirk Berlin-Kreuzberg ist für das laufende Schuljahr errechnet worden, daß einem Zusatzbedarf für die Integration im allg. Schulwesen von 550 Stunden ein Wegfall durch Rückgang der Sonderschülerzahlen von umgerechnet 500 Stunden gegenübersteht. Dabei sind noch nicht die durch kürzere Wege entstandenen verringerten Fahrtkosten (Taxikosten) enthalten." (PREUSS-LAUSITZ 1993, S. 5)

tige aussondernde und selektionierende System nicht vermag, nämlich eine qualitative Verbesserung, die für *alle* darin mündet, eine humaner gewordene Schule besuchen zu können. Das darf auch etwas kosten.

9.3 Gesellschaftliche Perspektiven

Derzeit sind in Deutschland und Österreich hoffnungsvolle Ansätze zur umfassenden Verwirklichung der Integration auch auf Gesetzesebene erkennbar. In Südtirol (Italien), wo teilweise ebenfalls deutsch gesprochen wird, ist der notwendige politisch-philosophische Entscheid zugunsten der Integration durch die italienische Gesetzgebung von 1977 gefällt worden. In der deutschsprachigen Schweiz mit ihrem extrem selektionierenden Schulsystem ist zu befürchten, daß ähnliche Bestrebungen auf heftige Abwehrmaßnahmen stoßen werden.

In meiner Arbeit als Berater für hörgeschädigte Mädchen und Jungen in Regelschulen erlebe ich täglich, daß unter den pädagogisch tätigen Menschen der Region Zürich ein weitgehender Konsens darin besteht, Integration im Alltag Wirklichkeit werden zu lassen. Trotz dieser grundsätzlichen Bereitschaft und einer breiten Palette an Beratungs- und Hilfsmöglichkeiten wird es unter den gegebenen ökosystemischen Voraussetzungen weiterhin hörgeschädigte Kinder geben, welche die Anforderungen der bestehenden Regelschule nicht erfüllen können. Für diese Kinder mögen derzeit die Sonderschulen noch notwendig sein. Solange jedoch nicht alle behinderten Kinder das Recht auf gemeinsamen Unterricht gesetzlich verbrieft haben, ist es besonders wichtig, alles zu vermeiden, was weiterhin den Eindruck festigen könnte, die Grenzen der 'Integrationsfähigkeit' lägen in dem einzelnen behinderten Kind.

Wie die Erfahrungen aus anderen Ländern (z. B. Italien und Dänemark) lehren, sind die Grenzen der Integration systembedingt. Damit lautet der Auftrag für all jene, die diese Zusammenhänge erkannt haben, steuernde Eingriffe in Systeme und Subsysteme zu unterstützen, um deren potentielle Selbsterhaltungstendenz zu behindern und Auslöser für eine Systementwicklung zu sein. Die Geschwindigkeit zur Entwicklung des Schulsystems, wie sie von den Familien und den Pädagogen, den Erziehungswissenschaftlern, den Ärzten, Psychologen und Linguisten gewünscht wird, ist nicht identisch mit jener, die von den Schulbehörden und Politikern beabsichtigt ist. Wenn sich jedoch zwei zähflüssige, aneinander haftende Massen mit unterschiedlichen Trägheiten und unterschiedlichen Geschwindigkeiten auf ein (gleiches?) Ziel hinbewegen, so entstehen – ausgehend von den Berührungsflächen – Reibungskräfte und Spannungen, die sich auf die ganzen Massen auswirken. Das bedeutet für die Praxis, bereit zu sein, mit Schwierigkeiten zu leben.

Ich bin jedoch davon überzeugt, daß die gestartete internationale Integrationsbewegung nicht aufzuhalten ist. Ein wirkungsvolles Hilfsmittel zum Erreichen einer integrationsbereiten Gesellschaft sehe ich in den sonderpädagogischen Förderzentren. Aus ökosystemischer Sicht stellt ein Förderzentrums für hörgeschädigte Mädchen und Jungen lediglich einen Teil dar in einer Gesamtkonzeption einer allgemeinen integrativen Förderung und Begleitung behinderter

Kinder und Jugendlicher. Das Förderzentrum könnte der Initialpunkt sein, vom dem aus entscheidende Impulse für die allgemeine Pädagogik und die ganze Gesellschaft ausgehen. Es könnte der Ort werden, von dem aus Initiativen für die Gestaltung eines gemeinsamen Lebens von Behinderten und Nichtbehinderten, auch über die Schule hinaus, entstehen, ein Ort also, von dem aus der Prozeß der allmählichen Überwindung von Sondereinrichtungen und die Förderung der Erziehung und Bildung innerhalb regulärer Einrichtungen unterstützt werden kann.

10. LITERATURVERZEICHNIS

ABBEL, P. J.: "Hearing-Impaired Children in Mainstream Schools in Nottinghamshire – A Survey". In: Journal of the British Association of Teachers of the Deaf. 10/5. 1986, S. 127-131
AFFOLTER, F.: Wahrnehmung, Wirklichkeit und Sprache. Villingen-Schwenningen 1987
AHRBECK, B.: Gehörlosigkeit und Identität. Probleme der Identitätsbildung Gehörloser aus der Sicht soziologischer und psychoanalytischer Theorien. Hamburg 1992
ALLEN, T. & OSBORN, T.: "Academic Integration of Hearing-Impaired Students: Demographic, Handicapping and Achievement Factors". In: American Annals of the Deaf. 129. 1984, S. 100-123
ALTORFER, H.: Der Übertritt in die Oberstufe bei integrativ beschulten Hörgeschädigten im Kanton Zürich. Unveröffentlichte Diplomarbeit am Heilpädagogischen Seminar Zürich. Zürich 1987
ALY, G. u. a.: Aussonderung und Tod – die klinische Hinrichtung der Unbrauchbaren. Berlin 1985
ANTOR, G.: "Von der Integrationsklasse zur Sonderschule". In: Sonderschule 37 (1992) 3, 1992, S. 159-168
ARNOLD, P.; WHEELER, J.: Problems of partially hearing students in further education. Sheffield 1980
BACH, H.: "Grundbegriffe der Behindertenpädagogik". In: BLEIDICK, U. (Hrsg.): Theorie der Behindertenpädagogik (Handbuch der Sonderpädagogik, Bd. 1). Berlin 1985, S. 3-24
BÄCHTOLD, A.: "Die Bedeutung lokalspezifischer Ausprägungen des Schulsystems für das Gelingen oder Misslingen integrativer Prozesse in Integrationsklassen". In: EBERWEIN, H. (Hrsg.): Behinderte und Nichtbehinderte lernen gemeinsam. Handbuch der Integrationspädagogik. Weinheim 1990[2]

BÄCHTOLD, A. u. a.: Integration ist lernbar – Erfahrungen mit schulschwierigen Kindern im Kanton Zürich. Luzern 1990
BAGUS, J.: Effizienzanalyse von Präventionsprogrammen, dargestellt am Beispiel der Vorbeugung, Früherkennung und Frühförderung hörgeschädigter Kinder. Spardorf 1983
BEWS, S.: Integrativer Unterricht in der Praxis. Innsbruck 1992
BIESOLD, H.: Klagende Hände. Lahn 1988
BLANCHET, A. L.: Moyens de généraliser l'éducation des sourds-muets sans les séparer de la famille et des parlantes. Paris 1856
BÖHLER, D. (Hrsg.): Elternarbeit konkret. Unser Kind ist hörbehindert. Dialog und Praxis. Ein Begleitbuch für Eltern. (Eigenverlag). Meggen (CH) 1992
BOLLNOW, O. F.: Existenzphilosophie und Pädagogik. Stuttgart 1977[5]
BOYES-BRAEM, P.: Einführung in die Gebärdensprache und ihre Erforschung. Hamburg 1990
BRONFENBRENNER, U.: Die Ökologie der menschlichen Entwicklung. Stuttgart 1980
BROWN, R.: A First Language, the early stages. London 1973
BRUNER, J.: Wie das Kind sprechen lernt. Bern 1987
CAPLAN, G.: "Emotional Crises". In: DEUTSCH. A./FISHBEIN, H. (Hrsg.): The Encycolpedia of Mental Health. Vol. 2. New York 1963
CHAPMAN, P.: "Integration, Segregation – Erfahrungen einer Lehrerin". In: Begabungsentfaltung gehörloser Schüler durch gemeinsames Lernen mit Nichtbehinderten. Vaduz 1992, S. 118-122
CHOMSKY, N.: Sprache und Geist. Frankfurt a. M. 1970
CLAUSS, G.; EBNER, H.: Statistik für Soziologen, Pädagogen, Psychologen und Mediziner. Bd. 1. Frankfurt a. M. 1989
CLAUSSEN, W. H.: "Die Erziehung des Schwerhörigen – eine Pädagogik im Zwischenfeld". In: Hörgeschädigtenpädagogik 34. Heidelberg 1980, S. 311-316
CLAUSSEN, W. H.: "Soziale Integration schwerhöriger Kinder durch schulorganisatorische Maßnahmen?". In: Zeitschrift für Heilpädagogik 22 (1971) 12, S. 799-812
CLAUSSEN, W. H.: "Reizwort 'Integration (I)' – Zur gegenwärtigen Krise der Schwerhörigenschule". In: Hörgeschädigtenpädagogik 43/4. Heidelberg 1989, S. 195-207; "Reizwort 'Integration (II)' – Zur gegenwärtigen Krise der Schwerhörigenschule". In: Hörgeschädigtenpädagogik 43/5. Heidelberg 1989, S. 280-291
CONRAD, R.: The deaf School Child; Harper & Row (Pub.). 1979
DAHMER, H.; DAHMER, J.: Gesprächsführung. Eine praktische Anleitung. Stuttgart 1982
DIE SCHULEN IM KANTON ZÜRICH 1990/91: Erziehungsdirektion des Kantons Zürich. Pädagogische Abteilung/Bildungsstatistik. Zürich 1991
DING, H. u. a.: "Drei Untersuchungen zur schulischen Integration schwerhöriger Kinder". In: Hörgeschädigtenpädagogik 31/2. Heidelberg 1977, S. 89-102

DING, H.: "Zur Notwendigkeit flankierender Maßnahmen". In: Hörgeschädigtenpädagogik 35/4. Heidelberg 1981, S. 231-233
DING, H.: "Bemerkungen zum Erziehungsziel Ich-Identität". In: Hörgeschädigtenpädagogik 35/6. Heidelberg 1981, S. 319-327
DITTLI, D. u. STURNY-BOSSART, G.: Besondere Schulung im Bildungssystem der Schweiz. Aspekte 41. Luzern 1991
DRAVE, W.: Lehrer beraten Lehrer. Beratung bei der Integration von sehbehinderten Schülern. "Integration" Bd. 7. Würzburg 1990
DUDEN: Fremdwörterbuch. Bd. 5. Mannheim 1990[5], S. 52
EBERWEIN, H.: "Zum Stand der Integrationsentwicklung und Integrationsforschung in der Bundesrepublik Deutschland. Dargestellt am Beispiel der Uckermark-Schule in Berlin". In: Zeitschrift für Heilpädagogik. 10/1984. 1984, S. 677-691
EBERWEIN, H.: Behinderte und Nichtbehinderte lernen gemeinsam. Handbuch der Integrationspädagogik. Weinheim 1988 u. 1990^2
ECK, C. u. a.: "Schule ohne Aussonderung – Uckermark-Grundschule. Eineinhalb Jahre Schulversuch". In: VALTIN, R. u. a. (Hrsg.): Gemeinsam leben – gemeinsam lernen. Behinderte Kinder in der Grundschule. Frankfurt a. M. 1984, S. 139-188
EIGNER, W.: "Schule ohne Aussonderung (für Skeptiker und Zweifler)". In: Behinderte Gesellschaft – Integration statt Aussonderung. Kongreßbericht. Hrsg.: Initiative Soziale Integration. Graz 1992, S. 15-29
ELLGER-RÜTTGARDT, S.: "Zur Funktion historischen Denkens für das Selbstverständnis der Behindertenpädagogik". In: Sonderpädagogik 16/2. 1986, S. 49-61
ELMIGER, P.: Soziale Situation von integriert geschulten Schwerhörigen in Regelschulen. S. 125, unveröffentlichte Diplomarbeit. Universität Freiburg (Schweiz) 1992
ERIKSON, E. H.: "Das Problem der Ich-Identität", (1956). In: ERIKSON, E. H.: Identität und Lebenszyklus. Frankfurt a. M. 1974, S. 123-215
ERIKSON, E. H.: Identität und Lebenszyklus. Frankfurt a. M. 1974
EVANS, D. & FALK, W.: Learning to be Deaf. Amsterdam 1986
FAULSTICH-WIELAND, H.: Koedukation – enttäuschte Hoffnungen? Darmstadt 1991
FEUSER, G.: Wider die Unvernunft der Euthanasie. Grundlagen einer Ethik in der Heil- und Sonderpädagogik. Aspekte 45. Luzern 1992
FRANK, E.: "Von der Individualität zur Sozialität". In: SCHWEIZ. VEREIN DER HÖRGESCHÄDIGTENPÄDAGOGEN (Hrsg.): Gemütsbildung in der Erziehung und Schulung Hörgeschädigter – Auftrag oder Luxus? (Hörgeschädigtenpädagogik: Beiheft 19). Heidelberg 1986, S. 117-127
FRASCH, H. u. WAGNER, A. C.: "Auf Jungen achtet man einfach mehr ...". In: BREHMER, I. (Hrsg.): Sexismus in der Schule. Weinheim 1982
FRERICHS, H.: "Integration, Segregation – Erfahrungen einer Lehrerin". In: Begabungsentfaltung gehörloser Schüler durch gemeinsames Lernen mit Nichtbehinderten. Vaduz 1992, S. 389-414
GERS, D. (Hrsg.): Das sonderpädagogische Förderzentrum. Soltau 1991

GIDONI, A. u. LANDI, N.: "Therapie und Pädagogik ohne Aussonderung. Italienische Erfahrungen". In: Pädagogik und Therapie ohne Aussonderung (Hrsg.: Tiroler Arbeitskreis für integrative Erziehung). Innsbruck 1989, S. 77-94

GLOOR, M.: "Mein Einstieg in die Betreuung hörgeschädigter Kinder in der Volksschule". In: MÜLLER-MARCON, U.; MÜLLER R. (Hrsg.): Bericht zur Arbeitstagung: »Hörgeschädigte Kinder in der Volksschule« am 25. November 1989 in der Schweiz. Schwerhörigenschule Landenhof. Zürich 1989, S. 7-9

GLOOR, M. & MÜLLER, R. (Hrsg.): Schwerhörige Kinder und Jugendliche in Regelschulen. Berichte der Arbeitstagungen 1990/1991. APPLETREE (Verein zur Förderung Hörgeschädigter in Familie und Ausbildung). Zürich 1992

GOFFMAN, E.: Stigma. Über Techniken der Bewältigung beschädigter Identität. Frankfurt a. M. 1965

GORDON, J. C.: "Deaf-mutes and the public schools from 1815 to today". In: American Annals of the Deaf 31/1885. 1985, S. 121-143

GRATWOHL, E.; LIENIN, T.: "Studienreise nach Schweden. Informationen und Eindrücke zur Gehörlosenbildung in Schweden". In: Hörgeschädigte Kinder 1/93. Hamburg 1993, S. 6-14

GREGORY, S. & MOGFORD, K.: "Early Language Developement in Deaf Children". In: WOOL et al. (Eds.): Perspective on British Sign Language and Deafness. Beckenham 1981

GRODDECK, N.: Theorie schulisch organisierter Lernprozesse. Rekonstruktionen zum Verhältnis von Schule, Gesellschaft und Erziehung. Weinheim 1977

GROSJEAN, F.: Life with Two Languages: An Introduction to Bilingualisme. Cambridge (Mass.) 1982

GÜNTHER, K.-B.: "Neuropsycholinguistische Aspekte der Gebärdensprache". In: Hörgeschädigtenpädagogik 44. Heidelberg 1990, S. 196-218

GÜNTHER, K.-B.: "Zweisprachigkeit von Anfang an durch Gebärden- und Schriftsprache. Neue Perspektiven in der Gehörlosenpädagogik". In: Das Zeichen 4: Teil I, S.293-306; Teil II, S. 428-438; Das Zeichen 5: Teil III, S. 41-48. Hamburg 1990/91

GÜNTHER, K.-B.: "Gehörlosenpädagogik zwischen Hörsprecherziehung, lautsprachbegleitenden Gebärden und Gebärdensprache". In: Hörgeschädigtenpädagogik 45/6. Heidelberg 1991a, S. 321-348

GÜNTHER, K.-B.: Überlegungen zur Beschulung gehörloser und an Taubheit grenzend schwerhöriger Kinder. Unveröffentlichtes Manuskript für einen Vortrag für Eltern der Sondertagesstätte für gehörlose Kinder in Hamburg. 1991b

HABERMAS, J.: "Stichworte zur Theorie der Sozialisation". In: HABERMAS, J.: Kultur und Kritik. Verstreute Aufsätze. Frankfurt a. M. 1973, S. 118-194

HABERMAS, J.: Zur Rekonstruktion des Historischen Materialismus. Frankfurt a. M. 1976

HAEBERLIN, U. u. a.: Die Integration von Lernbehinderten: Versuche, Theorien, Forschungen, Enttäuschungen, Hoffnungen. Bern 1990
HAEBERLIN, U. u. a.: Zusammenarbeit. Wie Lehrpersonen in integrativen Kindergärten und Schulklassen Kooperation zwischen Regel- und Sonderpädagogik erfahren. Bern 1992
HAGMANN, T. u. SIMMEN, R.: Systemisches Denken und die Heilpädagogik. Luzern 1990
HARRISON, D. E.: "The Education of Hearing-Impaired Children in Local Ordinary Schools – A Survey". In: Journal of the British Association of Teachers of the Deaf. 10/4. 1986, S. 96-102
HARRISON, D. et al.: "The Development of Written Language in a Population of Hearing-Impaired Children". In: Journal of the British Association of Teachers of the Deaf. 15/3. 1991, S. 76-85
HARRISON, D. R.: "Die Förderung schulischer und persönlicher Entwicklung hörgeschädigter Kinder in einer integrativen Einrichtung". In: Begabungsentfaltung gehörloser Schüler durch gemeinsames Lernen mit Nichtbehinderten. Vaduz 1992, S. 86-103
HARTMANN, H.: "Beobachtungen zu den sozialen und emotionalen Lernerfahrungen schwerhöriger Schüler in den Eingangsklassen des Lohmühlen-Gymnasiums". In: Bericht vom Internationalen Kongreß für Bildung und Erziehung Hörgeschädigter in Hamburg 1980. Bd. 2. Heidelberg 1984, S. 74-78
HARTMANN, H.: "Erfahrungen zweier Gruppen Schwerhöriger mit dem Regelkursbesuch am Lohmühlen-Gymnasium in Hamburg". In: Hörgeschädigte Kinder 26/3. Hamburg 1989, S. 140-144
HAUSSER, K.: Identitätsentwicklung. New York 1983
HEESE, G.: "Schwerhörigenpädagogik" In: SOLAROVA, S. (Hrsg.): Geschichte der Sonderpädagogik. Stuttgart 1983, S. 297-331
HELDSTAB, H. (Hrsg.): Kinder, die nicht sprechen. Neue Therapieansätze. Eigenverlag (Heldstab, Tischenlooweg 10, CH – 8800 Thalwil). 1991
HEYER, P.: "Grundsätze zur Gestaltung des Unterrichts". In: ROSENBERGER, M. (Hrsg.): Ratgeber gegen Aussonderung. Heidelberg 1988, S. 107-114
HEYER, P. u. a.: Wohnortnahe Integration. Gemeinsame Erziehung behinderter und nichtbehinderter Kinder in der Uckermark-Grundschule in Berlin. Weinheim 1990
HEYER, P.: "Verschläft die Universität die Ausbildung für die integrative Schule?" In: Die Grundschulzeitschrift. Heft 58. Velber 1992, S. 26 f.
HOBBS, N.: The Futures of Children. San Francisco 1975
HORSCH, U.: "Identität Schwerhöriger als Erziehungsziel". In: Schwerhörigkeit – die verkannte Behinderung. Tagungsbericht des SLV [Schweizerischer Schwerhörigen-Lehrer Verein] vom 1./2. Oktober 1990. Hrsg. Sonderschulen Hohenrain. Hohenrain 1990
HORSTKEMPER, M.: Schule, Geschlecht und Selbstvertrauen. Weinheim 1987
HUG, R.: Integrationsklasse 1c – Eindrücke und Erfahrungen. April 1992 bis Februar 1993, (Bezug direkt bei R. HUG). Reutte 1993

HUNTINGTON, A. & WATTON, F.: "Language and Interaction in the Education of Hearing-Impaired Children". In: Journal of British Association of Teachers of the Deaf. 8/4. 1984, S. 109-117
IVIMEY, G.: "The Psychological Bases of Oral Education." In: MULHOLLAND, A. (Ed.): Oral Education Today and Tomorrow. Washington 1981
JAMES, W.: Psychologie. Leipzig 1909
JANTZEN, W.: "Der Beitrag der Soziologie zur Sonder- und Heilpädagogik". In: GERBER, G./KAPPUS, H. u. a. (Hrsg.): Der Beitrag der Wissenschaften zur interdisziplinären Sonder- und Heilpädagogik. Wien (Universität) 1985, S. 105-119
JEGGE, J.: Dummheit ist lernbar. Reinbek 1983
JOHNSON, R. E. et al.: Zweisprachigkeit und die Öffnung des Lehrplans. Neue Perspektiven in der Bildung und Erziehung Gehörloser. Hamburg 1990
JUSSEN, H.: "Integration Hörgeschädigter – Überlegungen zum gegenwärtigen Stand der Diskussion". In: Hörgeschädigtenpädagogik 38/1. Heidelberg 1984, S. 286-302
JUSSEN, H.: "Möglichkeiten und Grenzen der gemeinsamen Unterrichtung behinderter und nichtbehinderter Kinder und Jugendlicher unter besonderer Berücksichtigung der Hörgeschädigten". In: Sonderpädagogik 17/4. 1987, S. 158-169
KAMMERER, E.: Kinderpsychiatrische Aspekte der schweren Hörschädigung. Stuttgart 1988
KAPRAL, A.: Schulversuch zur sonderpädagogischen Versorgung schwerhöriger Schülerinnen und Schüler an Regelschulen 1988-1991. Abschlußbericht. (Bezug: Westf. Schule für Schwerhörige, Bielefeld). Bielefeld 1991
KARLSON, P.: Kurzes Lehrbuch der Biochemie für Mediziner und Naturwissenschaftler. Stuttgart 1977[10]
KEPPLER, E.: "El Niño". In: Denkanstöße 1990, München 1989, S. 91-94
KILLILEA, M.: "Interaction of crises theory, coping strategies, and social support systems". In: SCHULBERG, H. C. / KILLILEA, M. (eds.): The modern practice of community mental health. San Francisco 1982, S. 163-214
KINTRUP, A.: Integration von gehörlosen Kindern und Jugendlichen in Regelschulen mit Hilfe von lautsprachunterstützenden Gebärden, dargestellt am Beispiel eines gehörlosen Mädchens in Reutte. Arbeit zur 1. Staatsprüfung an der Universität Hamburg. Hamburg 1992
KLAFKI, W.: "Handlungsforschung im Schulfeld". In: Zeitschrift für Pädagogik, Heft 19. 1973, S. 487-516
KLEBER, E. W.: Pädagogische Beratung. Entwicklung eines neuen Konzeptes am Beispiel der Kooperation zwischen Sonderschullehrern bzw. Psychologen und Grundschullehrern. Weinheim 1983
KRÄMER, I. K.: Die Nichtaussonderung von Kindern mit Sprachbehinderungen – eine Aufgabe für die allgemeine Schule. Dissertation an der TU Berlin. Berlin 1993

KRAPPMANN, L.: Soziologische Dimensionen der Identität. Stuttgart 1975
KRATZMEIER, H.: "Psychologische Fakten bei schwerhörigen Kindern". In: Sprache – Stimme – Gehör 14. Stuttgart 1990, S. 169-172
KREIE, G.: Integrative Kooperation: Über die Zusammenarbeit von Sonderschul- und Grundschullehrern. Weinheim 1985
KREIS, G.: "Durch die Integration von Ausländern fördern wir auch die Schweiz". In: Tages-Anzeiger vom 5. 1. 1993. Zürich, S. 2
LANE, H.: Mit der Seele hören. München 1988
LANFRANCHI, A.; HAGMANN, T. (Hrsg.): Immigrantenkinder – Plädoyer für eine integrative Pädagogik. Luzern 1992
LEHRPLAN FÜR DIE VOLKSSCHULE DES KANTONS ZÜRICH. 1991
LERCH, H.-U.: "Fragebogenerhebung bei Eltern und Klassenleitern hörgeschädigter Kinder in Regelschulen der deutschsprachigen Schweiz". In: LÖWE, A.: Hörgeschädigte Kinder in Regelschulen. Dortmund 1985
LERSCH, R.; VERNOOIJ, M.: "Integration Behinderter". In: LERSCH, R.; VERNOOIJ, M. (Hrsg.): Behinderte Kinder und Jugendliche in der Schule. Bad Heilbronn 1992, S. 81-92
LEWIN, K.: "Feldtheorie". In: GRAUMANN, C. F. v. (Hrsg.): LEWIN K. Werkausgabe Bd. 4. Bern 1982
LIENHARD, P.: Ertaubung als Lebenskrise – Bewältigung des Gehörverlustes im Erwachsenenalter. Luzern 1992
LINDEMANN, E.: "Symptomatology and management of acute grief". In: American Journal of Psychiatry 101. 1944, S. 141-148
LING, D.; LING, A.: Aural habilitation. The foundations of verbal learning in hearing impaired children. Washington D. C. 1978
LÖWE, A.: "Verzeichnis der wichtigsten nach 1945 in Buchform erschienenen deutschsprachigen Veröffentlichungen zur Hörgeschädigtenpädagogik und zu einigen ihrer Nachbardisziplinen". In: Hörgeschädigtenpädagogik 38/3. Heidelberg 1984, S. 182-189
LÖWE, A.: Hörgeschädigte Kinder in Regelschulen. Ergebnisse von Untersuchungen und Erhebungen in der Bundesrepublik Deutschland und in der Schweiz. Geers-Stiftung, Schriftenreihe Bd. 5. Dortmund [o. J., aufgrund der zitierten Literatur vermutlich 1985]
LÖWE, A.: Pädagogische Hilfen für hörgeschädigte Kinder in Regelschulen. Heidelberg 1987
LÖWE, A.: Hörprüfungen in der kinderärztlichen Praxis. Heidelberg 1989
LÖWE, A.: "Zur schulischen Integration gehört auch die soziale Integration". In: Hörgeschädigte Kinder 4/1990. Hamburg 1990, S. 202-212
LÖWE, A.: Hörgeschädigtenpädagogik international. Heidelberg 1992
LYNAS, W.: "Integration von hörgeschädigten Kindern in Großbritannien: Theorien, Ziele, Einstellungen". In: Begabungsentfaltung gehörloser Schüler durch gemeinsames Lernen mit Nichtbehinderten. Vaduz 1992, S. 70-83
MALSON, L. u.a.: Die wilden Kinder. Frankfurt a. M. 1972

MARCIA, J. E.: "Identity in Adolescence". In: Adelson, J. (Ed.): Handbook of Adolescent Psychology. New York 1980, S. 159-187
MARTIN, L. R.: Beraten und Beurteilen in der Schule. München 1980
MARTIN, S.: "Frischer Wind – oder – alter Hut?". In: Hörgeschädigtenpädagogik 4/1991. Heidelberg 1991, S. 213-222
MARTIN, U.: "Zur Erziehung Hörgeschädigter in der Regelschule – dargestellt am Beispiel Cornwalls (Großbritannien)". In: Hörgeschädigtenpädagogik 4/1986. Heidelberg 1986, S. 199-211
MARTIN, U.: "Probleme der Wahrnehmung beim Spracherwerb Gehörloser". In: LEUNINGER, H. (Hrsg.), Institut für deutsche Sprache und Literatur II, Johann Wolfgang Goethe-Universität: Frankfurter Linguistische Forschungen, Nr. 13. Frankfurt a. M. 1992, 61-70
MAY, B.: "Schwerhörige an der Regelschule aus der Sicht des Psychologen". In: BUNDESGEMEINSCHAFT DER ELTERN UND FREUNDE SCHWERHÖRIGER KINDER e. V. (Hrsg.): Möglichkeiten und Grenzen der Regelbeschulung Schwerhöriger. Tagungsbericht (Eigenverlag). Hamburg 1982, S. 34-37
MAYRING, P.: Einführung in die qualitative Sozialforschung. München 1990.
MEAD, G. H.: Geist, Identität und Gesellschaft. (1934). Frankfurt a. M. 1973
MEAD, G. H.: Gesammelte Aufsätze. Bd. I. Frankfurt a. M. 1987
MILANI-COMPARETTI, A. u. ROSER, L. O.: "Förderung der Normalität und der Gesundheit in der Rehabilitation". In: WUNDER, M. u. SIERCK, U. (Hrsg.): Sie nennen es Fürsorge. Behinderte zwischen Vernichtung und Widerstand. Frankfurt a. M. 1987[2], S. 77-88
MILLER, G. A. et al.: Strategien des Handelns: Pläne und Strukturen des Verhaltens. Stuttgart 1973
MÖCKEL, A.: "Die Funktion der Sonderschulen und die Forderung der Integration". In: EBERWEIN, H.: Behinderte und Nichtbehinderte lernen gemeinsam. Handbuch der Integrationspädagogik. Weinheim 1990[2], S. 31
MOOR, P.: Heilpädagogik. Ein pädagogisches Lehrbuch. Bern 1982
MÜLLER, H.: "Integration aus der Sicht der Schulbehörde". In: WOCKEN, H. u. a.: Integrationsklassen in Hamburger Grundschulen. Hamburg 1988, S. 25-48
MÜLLER, R. J.: Zur integrativen Beschulung hörgeschädigter Kinder. Unveröffentlichte Diplomarbeit am Heilpädagogischen Seminar Zürich. Zürich 1989
MÜLLER, R. J.: "Zusammenfassung". In: MÜLLER-MARCON, U.; MÜLLER, R. (Hrsg.): Bericht zur Arbeitstagung: "Hörgeschädigte Kinder in der Volksschule" am 25. November 1989 in der Schweiz. Schwerhörigenschule Landenhof. Zürich 1989, S. 5-6
MÜLLER, R. J.: "Integrationskonzepte in der Schweiz". In: MÜLLER-MARCON, U.; MÜLLER, R. (Hrsg.): Bericht zur Arbeitstagung: "Hörgeschädigte Kinder in der Volksschule" am 25. November 1989 in der Schweiz. Schwerhörigenschule Landenhof. Zürich 1989, S. 11-48

MÜLLER, R. J.: "Untersuchung über Umfang an Stützmassnahmen bei integriert beschulten hörgeschädigten Kindern". In: Hörgeschädigte Kinder 1/1991. Hamburg 1991, S. 51-52
MUTH, J.: "Integration von Behinderten. Über die Gemeinsamkeit im Bildungswesen.". In: NEUE DEUTSCHE SCHULE. Essen 1986
MUTH, J.: "Nichtaussonderung als gesellschaftspolitischer Auftrag". In: EBERWEIN, H.: Behinderte und Nichtbehinderte lernen gemeinsam. Handbuch der Integrationspädagogik. Weinheim 1990², S.11-18
MUTZECK, W.: "Kollegiale Supervision. Wie LehrerInnen durch reflektierte Erfahrung, gegenseitige Beratung und Stützung lernen, ihren Berufsalltag besser zu bewältigen". In: Forum Pädagogik. 4/1989. Baltmannsweiler 1989, S. 178-182
NORWICH, B.: Special Needs in Ordinary Schools. Reappraising Special Needs Education. London 1990
OKSAAR, E.: Spracherwerb im Vorschulalter. Einführung in die Pädolinguistik. Stuttgart 1977
ODREITZ, H. u. a.: "Frühförderung auditiv beeinträchtigter Kinder und Einsatz technischer Medien zur Integration". In: Hörgeschädigte Kinder 25/4. Hamburg 1988, S. 186-193
OERTER, R.: "Jugendalter". In: OERTER, R.; MONTADA, L.: Entwicklungspsychologie. München 1982, S. 242-305
PEARLIN, L. I./SCHOOLER, C.: "The structure of coping". In: Journal of Health and Social Behavior 1978, 19 (March), S. 2-21
PINTER, R.: "The Measurement of Language Ability and Language Progress of Deaf Children". In: Volta Review. 20, S. 755-764
PLATH, P.: Das Hörorgan und seine Funktion. Berlin 1981
POIZNER, H. et al.: Was die Hände über das Gehirn verraten. Hamburg 1990
POPPER, K. R.; LORENZ, K.: Die Zukunft ist offen. Das Altenberger Gespräch. Texte des Wiener Popper-Symposiums. München 1985
PREUSS-LAUSITZ, U.: "Statt Sonderschulen – Schulen ohne Aussonderung. Über das Konzept einer gemeindenahen, integrierten Schule". In: PÄD. EXTRA 5/1982. 1982, S. 17-20
PREUSS-LAUSITZ, U. u. a.: Integrative Förderung Behinderter in pädagogischen Feldern Berlins. Erfahrungen – Probleme – Perspektiven. TUB-Dokumentation Weiterbildung, Heft 12. Berlin 1985
PREUSS-LAUSITZ, U.: "Soziale Beziehungen in Schule und Wohnumfeld". In: HEYER, P. u. a.: Wohnortnahe Integration. Weinheim 1990, S. 95-128
PREUSS-LAUSITZ, U.: "Von der Sonderschule zum Förderzentrum – ein Irrweg?!" [unveröffentlichtes Manuskript] Ein Beitrag zur Arbeitsgruppe 'Beratungs- u. Förderzentren' beim Jahrestreffen Wissenschaftliche Begleitforschung vom 24. - 26. 2. 1993 in Ludwigsfelde-Struveshof (Brandenburg). 1993
PRILLWITZ, S.: "Hamburger Notations-System der Gebärdensprache – Entwicklung einer Gebärdenschrift mit Computeranwendung". In: Das Zeichen 6. Hamburg 1988, S. 74-85

PRILLWITZ, S. u. a.: HamNoSys. Version 2.0. Hamburger Notationssystem für Gebärdensprache. Eine Einführung. Hamburg 1989

RAIDT, P.: "Möglichkeiten und Grenzen der schulischen Integration schwerhöriger Kinder im Saarland". In: Hörgeschädigte Kinder 3/1987. Hamburg 1987, S. 135-138

RAIDT, P.: "Schulische Eingliederung hörgeschädigter Kinder in saarländische Regelschulen im Schuljahr '88/89". In: SANDER, A. u. RAIDT, P.: Integration behinderter Kinder und Jugendlicher in Regelschulen; Jahresbericht 1988 aus dem Saarland. Saarbrücker Beiträge zur Integrationspädagogik, Bd. 3. St. Ingbert 1989, S. 177-200

RAIDT, P.: "Die Unterrichtung hörgeschädigter Schüler/innen – eine Auseinandersetzung mit einem BDT-Positionspapier". In: SANDER, A. u. a.: Integration und Sonderpädagogik; Saarbrücker Beiträge zur Integrationspädagogik, Bd. 6. St. Ingbert 1991 bzw. 1992^2, S. 195-203

REGLEMENT ÜBER DIE SONDERKLASSEN, DIE SONDERSCHULUNG UND STÜTZ- UND FÖRDERMASSNAHMEN: Gesetze und Verordnungen über die Volksschule und die Hauswirtschaftliche Fortbildungsschule. 412.13 v. 3. Mai 1984, Zürich 1987

REISER, H.: "Wege und Irrwege zur Integration". In: SANDER, A. u. RAIDT, P.: Integration und Sonderpädagogik; Saarbrücker Beiträge zur Integrationspädagogik. Bd. 6. St. Ingbert 1991 bzw. 1992^2, S. 13-33

RICHTLINIEN ZUM REGLEMENT ÜBER DIE SONDERKLASSEN, DIE SONDERSCHULUNG UND STÜTZ- UND FÖRDERMASSNAHMEN: Gesetze und Verordnungen über die Volksschule und die Hauswirtschaftliche Fortbildungsschule. 412.130.2 v. 27. Dezember 1985. Zürich 1987

ROESER, R.; DOWNS, M. (eds.): Auditory disorders in school children. New York 1981

ROGERS, C. R.: "Entwicklung und gegenwärtiger Stand meiner Ansichten über zwischenmenschliche Beziehungen". In: GESELLSCHAFT FÜR WISSENSCHAFTLICHE GESPRÄCHSPSYCHOTHERAPIE e.V. (Hrsg.): Die klientenzentrierte Gesprächspsychotherapie. München 1975

ROGERS, C. R.: Der neue Mensch. Stuttgart 1981

ROGERS, C. R.: Lernen in Freiheit. Zur inneren Reform von Schule und Universität. Frankfurt a. M. 1988

ROSER, O.-L.: "Vorschlag und Gegenvorschlag: Der Dialog in der Vielfalt der Lebenswelt behinderter Menschen". In: Behinderte in Familie, Schule und Gesellschaft. Heft 3. Graz 1990

RUDNICK, M.: Behinderte im Nationalsozialismus. Weinheim 1985

RÜEGGER, U.: Integrationspädagogik in der Lehrerbildung. Luzern 1992

SAINT-EXUPÉRY, A. DE: Der kleine Prinz. Zürich 1950

SALZ, W.: "Schwerhörige an der Regelschule aus der Sicht des Psychologen". In: BUNDESGEMEINSCHAFT DER ELTERN UND FREUNDE SCHWERHÖRIGER KINDER e. V. (Hrsg.): Möglichkeiten und Grenzen der Regelbeschulung Schwerhöriger. Tagungsbericht (Eigenverlag). Hamburg 1982, S. 25-33

SALZ, W.: "Ambulante sonderpädagogische Förderung hörgeschädigter Kinder und Jugendlicher in Rheinhessen-Pfalz". In: Begabungsentfaltung gehörloser Schüler durch gemeinsames Lernen mit Nichtbehinderten. Vaduz 1992, S. 356-379

SALZSÄULER, R. u. a.: "Bilinguale Integration in einer Berliner Kindergarten-Gruppe – Skizze eines Modellversuchs". In: Das Zeichen 22/92. Hamburg 1992, S. 449-460

SANDER, A.: "Zum Problem der Klassifikationen in der Sonderpädagogik – Ein ökologischer Ansatz". In: Vierteljahresschrift für Heilpädagogik und ihre Nachbargebiete 54 (1985). Freiburg (CH) 1985, S. 15-31

SANDER, A.: "Zur ökosystemischen Sichtweise in der Sonderpädagogik". In: EBERWEIN, H. (Hrsg.): Fremdverstehen sozialer Randgruppen. Berlin 1987, S. 207-221

SANDER, A.: "Behinderungsbegriffe und ihre Konsequenzen für die Integration". In: EBERWEIN, H. (Hrsg.): Behinderte und Nichtbehinderte lernen gemeinsam – Handbuch der Integrationspädagogik. Weinheim 1988, S. 75-82

SANDER, A.: "Schule und Schulversagen aus ökosystemischer Sicht". In: HUSCHKE-RHEIN, R.: Systemische Pädagogik. Köln 1990, S. 65-72

SANDER, A.: "Integration behinderter Schüler und Schülerinnen auf ökosystemischer Grundlage". In: SANDER, A. u. RAIDT, P.: Integration und Sonderpädagogik; Saarbrücker Beiträge zur Integrationspädagogik, Bd. 6. St. Ingbert 1991, S. 41-47

SANDER, A.: "Selektion bei der Integration". In: LERSCH, R.; VERNOOIJ, M. (Hrsg.): Behinderte Kinder und Jugendliche in der Schule. Bad Heilbronn 1992, S. 106-117

SANDER, A.: "Kind-Umfeld-Diagnose als Voraussetzung integrativen Unterrichts". In: GEHRMANN, P. u. HÜWE, B. (Hrsg.): Forschungsprofile der Integration von Behinderten. Bochumer Symposion 1992. Essen 1993, S. 63-71

SCHARFENBERG, J.: Religion zwischen Wahn und Wirklichkeit. Hamburg 1972

SCHILDROTH, A. & KARCHMER, M. (Eds.): Deaf Children in America. San Diego 1986

SCHLOSS, P. J.; SMITH, M. A.: Teaching Social Skills to Hearing-Impaired Students. Volta Place, N.W. 1990

SCHMID, W.: "Schulschwierigkeiten und Genetik". In: Wiener klinische Wochenschrift. Heft 94, 12/1982. Wien 1982, S. 318-320

SCHMID-GIOVANNINI, S.: Ratschläge und Anleitungen für Eltern und Erzieher hörgeschädigter Kinder. Heftreihe. Internationales Beratungszentrum (Hrsg.), Zollikon/CH. [o. J.; ca. 1985]

SCHMITTEN, I.: Schwachsinnig in Salzburg – zur Geschichte einer Aussonderung, Salzburg 1985

SCHNACK, D. u. NEUTZLING, R.: Kleine Helden in Not – Jungen auf der Suche nach Männlichkeit. Hamburg, 1990

SCHÖLER, J.: "Die Arbeit von Milani-Comparetti und ihre Bedeutung für die Nicht-Aussonderung behinderter Kinder in Italien und in der Bundesrepublik Deutschland". In: SCHÖLER, J. (Hrsg.): «italienische verhältnisse» – insbesondere in den Schulen von Florenz. Berlin 1987
SCHÖLER, J. (Hrsg.): «italienische verhältnisse» – insbesondere in den Schulen von Florenz. Berlin 1987
SCHÖLER, J.: "Herausforderung: Kleine bunte Wedel". In: Pädagogik und Therapie ohne Aussonderung. Hrsg.: Tiroler Arbeitskreis für integrative Erziehung. Innsbruck 1990
SCHÖLER, J.: "Kinder mit und ohne Behinderung gemeinsam erziehen". In: Pädagogik, Heft 1. Hamburg 1991, S. 6-9
SCHÖLER, J. u. SEVERIN, B.: StützpädagogInnen oder Aspekte einer positiven Einzelfallhilfe in kooperativen Arbeitszusammenhängen. Arbeitsstelle "Integrative Förderung schulschwacher/behinderter Kinder und Jugendlicher". TU Berlin, Fachbereich 22, Erziehungs- und Unterrichtswissenschaften. Berlin 1991
SCHÖLER, J.: "Grenzenlose Integration". In: LERSCH, R.; VERNOOIJ, M. (Hrsg.): Behinderte Kinder und Jugendliche in der Schule. Bad Heilbronn 1992, S. 81-92
SCHÖNWÄLDER, H.-G.: "Belastungen im Lehrerberuf". In: Pädagogik, Heft 6. Hamburg 1989, S. 11-14
SCHÖNWIESE, V.: "Fördern ohne auszusondern". In: BEWS, S.: Integrativer Unterricht in der Praxis. Innsbruck 1992, S. 5
SCHULSTATISTIK: Aktuelle statistische Mitteilungen der Erziehungsdirektion des Kantons Zürich 1/1991. Zürich 1991
SCHWEITZER, F.: Identität und Erziehung. Weinheim 1985
SEIFERT, K. H.: "Soziologische Aspekte der Gehörlosigkeit und Schwerhörigkeit". In: JUSSEN, H.; KRÖHNERT, O. (Hrsg.): Pädagogik der Gehörlosen und Schwerhörigen. Berlin 1982, S. 633-660
SHERRINGTON, C.: The integrative action of the Nervous System. Mass. 1947
SIERCK, U.: "Mißachtet – Ausgesondert – Vernichtet. Zur Geschichte der Krüppel". In: WUNDER, M. u. SIERCK, U. (Hrsg.): Sie nennen es Fürsorge. Behinderte zwischen Vernichtung und Widerstand. Frankfurt a. M. 1987^2, S. 27-42
SKINNER, B. F.: Science and human behavior. New York 1953
SNOW & FERGUSON (Eds.): Talking to Children: Language input and Acquisition. Mass. 1977
SPECK, O.; WARNKE, A.: Frühförderung mit den Eltern. München 1983
SPECK, O.: System Heilpädagogik. Eine ökologisch reflexive Grundlegung. München 1988
STOELLGER, N.: "Zur Übertragbarkeit und Verallgemeinerung der integrationspädagogischen Erfahrungen aus dem Integrationsversuch an der Fläming-Grundschule". In: HETZNER, R.; STOELLGER, N.: Bericht der Wissenschaftlichen Begleitung der Integrationsklassen an der Fläming-Grundschule in Berlin-Schöneberg – sonderpädagogischer Teil BLK-Projekt 1983-1986. Berlin 1989

STRAUMANN, J.: "Schulische Integration von Hörgeschädigten". In: EFTLV (Hrsg.): Integration. Namur 1978, S. 293-308
STURNY-BOSSART, G.: "Ausländische Schüler in Schweizer Sonderschulen". In: Bulletin 3/92. Luzern 1992.
SÜSS, G.: Bewähren und Versagen schwerhöriger Kinder in Normalschulen. Erziehungswissenschaftliche Arbeit. PH Heidelberg 1966
TAGES-ANZEIGER: "Schüler zu Recht in Kleinklasse versetzt", Ausgabe vom 12. April 1991. Zürich, S. 9
TIEFENBACHER, R.: "Integration hörgeschädigter Kinder in der Regelschule". In: Hörgeschädigtenpädagogik 28. Heidelberg 1974, S. 8-19
TVINGSTEDT, A.-L.: "Mainstreaming und soziale Integration. Ein Bericht über empirische Forschung". In: INTERNATIONAL FEDERATION OF THE HARD OF HEARING (Hrsg.): International Symposium on Education of the Hard of Hearing. Hamburg, 29. - 30. Juni 1985. Braunschweig 1986, S. 112-118
TVINGSTEDT, A.-L.: "Der schwerhörige Schüler in der Klasse". In: BUNDESGEMEINSCHAFT DER ELTERN UND FREUNDE SCHWERHÖRIGER KINDER e.V. (Hrsg.): Schwerhörige Schüler in der Regelschule. Konferenzbericht (Eigenverlag). Hamburg 1989, S. 60-71
ULICH, D. u. a.: Psychologie der Krisenbewältigung – Eine Längsschnittuntersuchung mit arbeitslosen Lehrern. Weinheim 1985
ULICH, H.: "Die deutschsprachige Schweiz im Spiegel des internationalen Trends zur integrativen Schulung hörgeschädigter Kinder". In: BÜRLI, A.; STURNY-BOSSART, G.: Jahrbuch 1988/89 zur Schweizer Heilpädagogik. Luzern 1990, S. 77-86
VALTIN, R. u. KOPFFLEISCH, R.: "'Mädchen heulen immer gleich' – Stereotypen bei Mädchen und Jungen". In: Valtin, R. u. WARM, U. (Hrsg.): Frauen machen Schule. Frankfurt a. M. 1985
VERNOOIJ, M.: "Überlegungen und Konzepte zur Aus-, Fort- und Weiterbildung von Pädagogen in integrativen Einrichtungen". In: SANDER, A. u. RAIDT, P.: Integration und Sonderpädagogik; Saarbrücker Beiträge zur Integrationspädagogik, Bd. 6. St. Ingbert 1991 bzw. 1992², S. 265-274
WATZLAWICK, P. et al.: Menschliche Kommunikation. Bern 1969
WATZLAWICK, P.; KREUZER, F.: Die Unsicherheit unserer Wirklichkeit. Ein Gespräch über den Konstruktivismus. München 1988³
WELLS, G: Learning through Interaction. The study of language developement. Mass. 1981
WERTHEIMER, M.: Drei Abhandlungen zur Gestalttheorie. Darmstadt 1963
WHO: International Classification of Impairments, Disabilities and Handicaps. World Health Organization. Genf 1980
WILLI, J.: Ko-Evolution. Die Kunst gemeinsamen Wachsens. Reinbek b. Hamburg 1985
WISCH, F.-H.: Lautsprache und Gebärdensprache. Die Wende zur Zweisprachigkeit in Bildung und Erziehung Gehörloser. Hamburg 1990

WOCKEN, H.: "Sonderpädagogisches Förderzentrum". In: Beiträge zur integrativen Pädagogik. Arbeit – Bildung – Gesellschaft, Bd. 9. Hamburger Buchwerkstatt. Hamburg 1990, S. 33-60
WOCKEN, H.: "Bewältigung von Andersartigkeit. Untersuchung zur Sozialen Distanz in verschiedenen Schulen". In: Behinderte Gesellschaft – Integration statt Aussonderung. S. 30-52. Kongreßbericht. Hrsg.: Initiative Soziale Integration, Graz 1992.
WOCKEN, H.: "Integration von Kindern mit Behinderungen und Sonderschulen". Vortrag von H. WOCKEN am Institut für Sonderpädagogik der Universität Zürich 1992b
WOOD, D. et al.: Teaching and Talking with Deaf Children. Chichester 1986
WYGOTSKI, L. S.: Denken und Sprechen. Berlin 1964
WYSS, D.: Die tiefenpsychologischen Schulen von den Anfängen bis zur Gegenwart. Göttingen 1972
ZAUGG, P.: Ich höre die Glocke nicht. [Zu beziehen bei: Kantonale Sprachheilschule, CH-3053 Münchenbuchsee, Tel. 031/869 13 16] Bern 1988
ZIELKE, G.: "Einsatz von SonderpädagogInnen in integrativ arbeitenden Grundschulen". In: EBERWEIN, H.: Behinderte und Nichtbehinderte lernen gemeinsam. Handbuch der Integrationspädagogik. Weinheim 1990^2, S. 227-234

Hinweise, Quellenangaben:

Das Copyright © der verwendeten Illustrationen, die ich nicht selbst erstellt habe, liegt bei den unten aufgeführten Karikaturisten bzw. den Verlagen:

PÉCUB, Karikaturist im «EDUCATEUR»	S. 67
HEUBERGER, HERMENEGILD, Karikaturist CH–6133 Hergiswil	S. 73 & 75
LIENHARD, DANI, Graphiker, Rindermarkt 14, CH–8001 Zürich	S. 134
«NEBELSPALTER», eine schweizerische humoristisch-satirische Zeitschrift, CH–Rorschach	S. 229

Titelauswahl

ARMIN LÖWE
Hörprüfungen in der kinderärztlichen Praxis
Eine Einführung für Kinderärzte, medizinisch-technische Assistentinnen, Arzthelferinnen und Logopädinnen
1989. 135 Seiten mit 56 Abbildungen. Kartoniert.
ISBN 3-89149-158-1

ARMIN LÖWE
Pädagogische Hilfen für hörgeschädigte Kinder in Regelschulen
Eine Handreichung für Eltern und Lehrer gehörloser und schwerhöriger Regelschüler
3. Auflage. 1992. 144 Seiten mit 26 Abbildungen. Kartoniert.
ISBN 3-89149-187-5

ARMIN LÖWE
Hörerziehung für hörgeschädigte Kinder
Geschichte – Methoden – Möglichkeiten
1991. 231 Seiten. Kartoniert.
ISBN 3-89149-177-8

ARMIN LÖWE
Hörgeschädigtenpädagogik international
Geschichte – Länder – Personen – Kongresse. Eine Einführung für Eltern, Lehrer und Therapeuten hörgeschädigter Kinder.
1992. 340 Seiten. Kartoniert.
ISBN 3-89149-183-2

Edition Schindele
Universitätsverlag C. Winter · Edition Schindele · Postfach 10 61 40
69051 Heidelberg · Tel. 0 62 21/77 02 60 · Fax 0 62 21/77 02 69
Auslieferung: HVS

Titelauswahl

GERHARD EBERLE/GÜNTER REISS (Hrsg.)
Probleme beim Schriftspracherwerb
Möglichkeiten ihrer Vermeidung und Überwindung
1987. 386 Seiten. Kartoniert.
ISBN 3-89149-127-1

ANDREAS D. FRÖHLICH (Hrsg.)
Lernmöglichkeiten
Aktivierende Förderung für schwer mehrfachbehinderte Menschen
2., völlig überarbeitete Auflage 1989. 198 Seiten mit
36 Abbildungen. Kartoniert.
ISBN 3-89149-155-7

ANDREAS D. FRÖHLICH (Hrsg.)
Wahrnehmungsstörungen und Wahrnehmungsförderung
8. Auflage 1994. 118 Seiten. Kartoniert.
ISBN 3-89149-176-X

BRUNO FISCHER/PETER BILLICH (Hrsg.)
Hör-Spracherziehung
Eine Auswahl von Texten aus „Neue Blätter für Taubstummenbildung" und
„Hörgeschädigtenpädagogik" zu Ehren von Professor Armin Löwe
1988. (Heidelberger Sonderpädagogische Schriften, Bd. 17).
183 Seiten. Kartoniert.
ISBN 3-89149-149-2

Edition Schindele
Universitätsverlag C. Winter - Edition Schindele · Postfach 10 61 40
69051 Heidelberg · Tel. 0 62 21/77 02 60 · Fax 0 62 21/77 02 69
Auslieferung: HVS

Veröffentlichungen aus dem Fachbereich Sonderpädagogik der PH Heidelberg

OTTO BÖHM/ELKE DREIZEHNTER/GERHARD EBERLE/
GÜNTER REISS
Die Übung im Unterricht bei lernschwachen Schülern
Probleme und praktische Anregungen aus der Schule für Lernbehinderte

1990. (Beiträge zum Unterricht mit lernschwachen Schülern, Bd. 1). 201 Seiten mit zahlreichen Abbildungen. Kartoniert. ISBN 3-89149-162-X

OTTO BÖHM/URSULA MÜLLER
Konzeption eines Rechtschreibunterrichts bei lernschwachen Schülern
Theoretische Begründung und Anleitung für die Realisierung in der Praxis

1991. (Beiträge zum Unterricht mit lernschwachen Schülern, Bd. 2). 181 Seiten mit zahlreichen Abbildungen. ISBN 3-89149-163-8

OTTO BÖHM unter Mitarbeit von HEIKE KRÜGER
Situations- und sinnorientiertes Lesenlernen bei lernschwachen Schülern
Informationen – Erörterungen – Praktische Vorschläge

(Beiträge zum Unterricht mit lernschwachen Schülern, Bd. 3). 1993. 177 Seiten mit zahlreichen Abbildungen. Kartoniert. ISBN 3-89149-173-5

OTTO BÖHM/ANGELA MOOSMANN
Vom herkömmlichen Aufsatzunterricht zum adressatengerichteten und kreativen Schreiben
(Arbeitstitel). (Beiträge zum Unterricht mit lernschwachen Schülern, Bd. 4). ISBN 3-89149-174-3 In Vorbereitung

Edition Schindele

Universitätsverlag C. Winter - Edition Schindele · Postfach 10 61 40
69051 Heidelberg · Tel. 0 62 21/77 02 60 · Fax 0 62 21/77 02 69
Auslieferung: HVS